테마별 실무서 7

세무조사 세무

◆ 한국세무사회

발간사

세무사는 공공성있는 세무전문가로 납세자권익 보호와 성실한 납세의무 이행에 이바지하는 사명이 있습니다. 이 때문에 세무사는 모름지기 높은 전문성과 책임성을 갖춰야 하고 이를 위한 연구와 교육은 아무리 강조해도 지나치지 않습니다.

한국세무사회는 그동안 많은 세법책과 실무서를 발간하면서 회원의 전문성과 책임성을 함양하기 위해 노력해왔습니다. 하지만 회원보다는 관성적인 출판에 그치고 저자 편의가 앞서 사업현장의 회원님을 만족시키는데 부족함이 참 많았습니다.

제33대 한국세무사회는 도서출판까지 혁신하여 사업현장의 회원들의 직무 요령, 리스크 관리 및 컨설팅기법 등을 망라해 회원들이 책상머리에 두고 무시로 회원을 돕는 '실사구시 지침서'를 어떻게 마련할지 고민해왔습니다.

그 결과 세목별 기본서, 신고실무도 회원친화적으로 형식과 콘텐츠도 바꾸고 회원님이 전문적인 핵심직무를 수행할 때 유용한 길잡이가 될 '테마별 실무서 시리즈'를 새롭게 내게 되었습니다.

'한국세무사회 테마별 실무서'는 사업현장에서 부딪히는 핵심주제 50개를 추출하고 각 테마마다 최고의 전문가가 참여하여 관계법령, 예규 및 판례의 나열 아닌 직무요령과 리스크 관리, 컨설팅 기법 등 권위있는 전문 집필자의 노하우까지 담아냈습니다.

조세출판사에 큰 획을 그을 책이 될 '한국세무사회 테마별 실무서 시리즈'가 앞으로 개정과 증보를 거듭하면서 사업현장의 회원님을 최고의 조세전문가로 완성시키는 기념비적인 책이 되리라 믿어 의심치 않습니다.

어려운 여건에도 남다른 열정과 전문성으로 '한국세무사회 테마별 실무서'가 탄생하는데 함께해주시는 집필진 세무사님과 한국세무사회 도서출판위원회 위원님께 고마움을 전합니다.

2025년 1월

한국세무사회 회장 구 재 이

CONTENTS

세무조사 세무

》》》 제1장 • 국세청 전산시스템 및 정보수집능력 ············· 9
   01. 세무조사 대상의 자료조사는 어떻게 하나요? ············· 9
   02. 국세청의 정보시스템과 세무조사 방식이 궁금해요! ········ 11
   03. 세무공무원의 정보자료는 무엇이 있나요? ············· 16
   04. 세무공무원 정보자료가 활용된 구체적인 사례가 궁금해요! ·· 17
   05. 국세청이 정보를 얻는 기관이 따로 있나요? ············· 19
   06. 탈세를 막는 과정을 알려주세요! ··················· 21
   07. 세무조사받기 딱 좋은 현금입출금 습관은 무엇인가요? ···· 23
   08. 가족간 계좌이체 이렇게 하면 되나요? ··············· 25
   09. 국세청, 문서감정 분야 국제공인인증! ··············· 27
   10. 빅데이터가 구체적으로 어떻게 활용되나요? ············ 29
   11. 거짓을 숨기기 쉽지 않은 세상이라고요? ············· 31

》》》 제2장 • 세무조사의 종류 및 선정 ··················· 35
   01. 일반 세무조사와 조세범칙조사는 뭐가 다른가요? ·········· 35
   02. 통합조사와 세목별 조사에 대해서 알려주세요! ············· 38
   03. 그 외 세무조사의 종류를 모두 알려주세요! ············· 40
   04. 정기 선정과 수시선정은 어떻게 하나요? ············· 41
   05. 납세자의 성실도는 어떻게 분석하나요? ············· 45
   06. 수시세무조사의 법적 근거는 무엇인가요? ············· 48

CONTENTS

   07. 차명계좌와 탈세자 선정방법이 궁금해요! ·················· 49
   08. 차명계좌 세무조사 대상자 어떤 경우에 선정되나요? ········ 52
   09. 세무조사 사례와 탈세 제보에 대해 알고 싶어요! ············ 55
   10. 탈세제보 포상금 이대로 좋은가? ······························· 57

》》》 제3장 · 세무조사의 유예와 면제 ························ 59
   01. 세무조사 유예제도는 무엇인가요? ······························ 59
   02. 해명자료 제출? 제때 제대로 제출하면 세무조사 안 받는다 ····· 66
   03. 적격증빙을 수취하지 못할 때 대처법 ·························· 69
   04. 세무조사 실제 사례가 궁금해요! ································ 71

》》》 제4장 · 세무조사 대상자 ································· 75
   01. 세무조사를 실시하는 핵심 이슈를 알려주세요! ················ 75
   02. 서민생활 밀접분야에도 세무조사 대상이 있다고요? ·········· 77
   03. 난 승려인데 기도해주고 받은 시주금에 무슨 세금이요? ··· 78
   04. 국부유출 역외탈세 혐의자를 잡아주세요! ······················ 79
   05. 김구 가문도 상속세 세무조사 받았다 ·························· 85
   06. 가지급금, 가수금도 세무조사 하나요? ·························· 89
   07. 특허권-상표권으로 가지급금 해결 가능할까? ················ 95
   08. 전세자금도 세무조사 하나요? ···································· 98

CONTENTS

   09. 세무조사시 세무조사관들이 반드시 확인하는 6가지 ······· 101
   10. 가업승계 이렇게만 하면 세무조사 안받는다 ·················· 105

제5장 • 세무조사 실시단계 ··· 109
   01. 세무조사할 때 납세자가 지켜야 할 태도를 알려주세요! ·· 109
   02. 세무조사와 관련된 규정이 궁금해요! ···························· 112
   03. 납세자의 금융거래 확인은 어떻게 이루어지나요? ·········· 116
   04. 세무조사의 종결과 결과통지가 궁금해요! ······················ 117
   05. 조사공무원들은 어떻게 세무자료를 분석·조사하나요? ··· 118
   06. 양도소득세의 현장확인 및 조사는 어떻게 진행되나요? ·· 123
   07. 상속세와 증여세의 현장확인 및 조사도 궁금해요! ········ 126
   08. 쫄지 말고 침착하게... 세무조사 대응 3단계 전략 ·········· 131

제6장 • 실제 세무조사시 세금폭탄 사례 ······························· 135
   01. 꼬마빌딩 기준시가로 신고시 세금폭탄 맞는다 ················ 135
   02. 내연녀에게 몰래 준 5억원 세금폭탄된 사연 ···················· 139
   03. 다가구주택 용도변경시 세금폭탄 맞는다 ························· 141
   04. 부모찬스 '엄카족' 세무조사 받는 사례들 ························ 145
   05. 허위계약서 작성이 결코 절세방법이 될 수 없는 이유 ···· 149
   06. 기재부 유권해석 변경 1세대1주택 양도시 세금폭탄 '비상' ···· 152
   07. 사망전 상속재산처분! 세금폭탄 맞는다 ·························· 156
   08. 아들에 4억 증여한후 세무조사 당한 병원장 왜? ············ 160

09. '뻥튀기' 매출 세금폭탄으로 돌아온다 ·············· 162
10. 기부 천사 사망 후 세금폭탄이 웬 말? ················ 164
11. 자녀에게 주택증여 시 세금을 추징당하지 않으려면 ······ 166
12. 유튜버, 원치 않는 세금폭탄 피하려면 ················ 168
13. 사업자명의대여 세금폭탄으로 돌아온다 ··············· 170
14. 국세청이 알려주는 양도세 실수톡톡 사례 ············· 172
15. 농지분할매매 양도세 2억원 감면 받을수 있다고? ········ 174
16. 정관 내용 부실하면 세무조사 받는다 ················· 177
17. 어설픈 오피스텔 투자, 세금 폭탄 맞는다 ·············· 179

제7장 · 세무조사에 대한 행정 및 사법적 대응 ··············· 183
01. 위법·부당한 세무조사는 어떻게 대처해야 하나요? ······· 183
02. 부당하게 세무조사 확대한 세무조사관 징계 ············ 184
03. 세무조사 받은 후 또 해명자료 요구, 중복조사일까? ······ 188
04. 납세자보호위원회는 무엇을 하는 곳인가요? ············ 190
05. 조세불복절차 이행은 어떻게 하는 건가요? ············· 194
06. 고충청구제도는 어떻게 활용해야 하나요? ············· 197
07. 이럴 때는 국세청이 아무리 과세해도 취소될 수 있다 ···· 199
08. 전심절차 관련 조세소송의 사례를 알려주세요! ········· 202
09. 부당한 중복조사는 중지 명령이 가능하다구요? ········· 203
10. 정당한 사유 없는 세무조사 기간연장은 어떻게 하나요? ··· 210
11. 세무조사인지 아닌지 헷갈려요! ························ 211

제1장

국세청 전산시스템 및 정보수집능력

01 세무조사 대상의 자료조사는 어떻게 하나요?

세무조사를 위한 자료조사도 쉽지 않던 시절이 있었습니다. 1985년에 필자가 국세청에 입사해 근무할 당시 외부 기관에서 세무조사 자료를 수집하려면 최소한 2주 정도는 소요되었습니다. 해당 기관에 협조공문을 보내도 협조공문을 받은 기관에서 즉시 답변해주는 경우는 거의 없었습니다. 대부분 세월아 네월아 시간이 지나기 일쑤였지요. 어쩔 수 없이 세무서 직원이 해당 기관을 방문해 간곡히 자료협조를 요청해서 겨우 원하는 자료를 얻을 수 있었습니다.

우리나라가 몹시 가난했던 시절에는 해외여행 빈도가 잦은 사람이 세무조사 대상에 자주 선정되었습니다. 세무공무원들은 자체 탈세 정보자료를 의무적으로 제출해야 하는데 해외여행 자료가 단골 수집 메뉴였던 것입니다. 국세청 직원이 조사대상자 선정을 위해 해외여행이 빈번한 사람을 선정하려고 출입국관리사무소에 해외여행 자료를 의뢰하면 몇 주가 지나서야 겨우 자료를 수집할 수 있었습니다.

하지만 지금은 전산프로그램의 빅데이터가 기관별로 호환돼 국세청 직원이 원하는 자료를 단 한 번의 마우스 클릭으로 해결되는 시대를 살고 있습니다. 빅데이터는 기존의 관리 방법이나 분석 체계로 처리하기 어려운 엄청난 양의 데이터를 뜻합니다. 기업이나 정부, 포털 등이 빅데이터를 효과적으로 분석함으로써 미래를 예측

하고 최적의 대응방안을 찾아 새로운 가치를 창출하기 때문에 주목받고 활용되고 있습니다.

우리나라는 부동산투기 열풍으로 종종 나라가 시끄러워집니다. 좁은 땅에 인구가 많다 보니 전 국토가 마치 투기의 대상처럼 되는 것입니다. 특히 기획부동산 업자들이 지방의 불모지 땅을 헐값으로 사들인 뒤 분할해서(일명 쪼개기) 고가로 분양해 선량한 피해자들이 발생하는 사회문제가 심각합니다. 국세청에서는 이런 기획부동산 업체를 찾아내 세무조사를 해야 하는데 예전에는 자료수집도 쉽지 않았지만, 이제는 컴퓨터의 빅데이터가 기획부동산 업체를 잡아내고 있습니다.

그뿐만 아니라 사주의 자녀가 있는 외국에 지점을 낸 업체, 회사대표의 친인척 명의로 사업자등록을 낸 현황 등을 빅데이터로 검색해낼 수 있습니다. 빅데이터로 검색한 자료를 근거로 특수 관계자 간의 부당거래행위를 조사할 수 있도록 조사선정 대상에 전산시스템이 커다란 역할을 하고 있습니다.

물론 국세청이 가진 정보시스템을 이용해 검색된 모든 자료가 세무조사로 이어지는 것은 아닙니다. 대부분 자료는 맞춤형 신고 안내자료로 활용되고 있습니다.

부가가치세, 종합소득세, 법인세 등은 신고 기한 전에 사전안내문을 납세자에게 보냅니다. 사전안내문에 전산시스템이 검색해낸 세무상 탈세의 혐의가 있는 부분을 기록합니다. 이를 받아본 납세자가 스스로 사전안내문의 내용을 반영해서 성실하게 신고하도록 합니다. 이렇듯 국세청의 정보시스템은 세무조사 대상 선정은 물론이고 아래와 같이 맞춤형 신고 안내자료로도 활용되고 있습니다.

사전 신고 후에는 반드시 '신고 후 검증'이 따라붙는다고 볼 수 있습니다. 국세청은 매 신고 때마다 납세자가 자발적으로 성실신고할 수 있도록 도움자료를 신고 전에 최대한 제공하지만 신고 후에는 신고도움자료 반영 여부를 정밀 분석해 엄정한 세무검증을 하고 문제점 발견시 세무조사대상자로 선정한다는 사실을 숙지해야 합니다.

제1장 국세청 전산시스템 및 정보수집능력

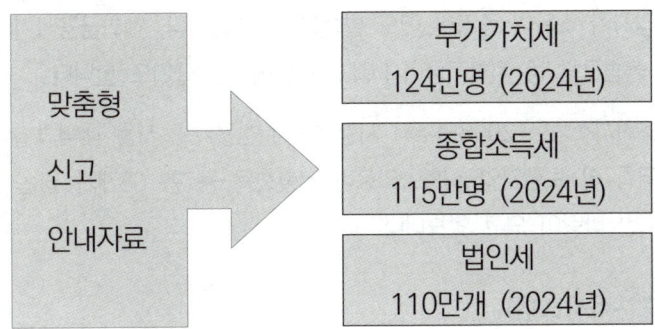

| 02 | 국세청의 정보시스템과 세무조사 방식이 궁금해요! |

국세청은 아래와 같은 다양한 정보시스템을 구축해 놓았으며 다양한 정보시스템을 통해 얻어지는 자료를 바탕으로 세무조사대상자를 선정하고 있습니다.

1. TIMS(국세정보관리시스템)

납세자가 신고한 부가가치세신고서, 종합소득세신고서, 법인세신고서 등 각종 신고서와 탈세 제보 내용을 분석하고 관리하는 시스템으로 2003년 구축되었습니다. 가장 오래된 시스템인 TIS(국세통합시스템)는 기업과 개인의 모든 경제활동 자료를 담고 있습니다. 사업자등록번호나 주민등록번호만 입력해도 모든 기업과 개인의 소득과 자산 내역을 볼 수 있는 시스템으로 1997년 1월 가동을 시작했습니다.

기존 수작업 방식에서 자동화 방식으로 탈세 혐의자와 세무조사 대상자를 선정하게 된 것입니다. 나아가 TIMS는 TIS가 축적한 정보를 여러 형태로 검색하고 정보 간의 상호 연관성을 분석해서 조사대상 추출에 효율성을 높였습니다. 과거 단편적인 정보로 이뤄지던 수동적인 분석에서 벗어나 과학적인 정밀 분석을 하게 된 것입니다.

2. PCI(소득지출분석시스템)

납세자의 신고소득 대비 지출 내역을 전산으로 분석하는 시스템입니다. 특별한 소득원이 없으면서 과다한 지출이 발생하면 탈세 혐의로 세무조사를 받게 됩니다. 반대로 특별한 이유 없이 갑자기 소득이 증가한 예도 발생할 수 있습니다. 전화금융사기 조직의 대포통장이라든가 불법오락 등 지하자금이 PCI 시스템에 걸려들기도 합니다.

연말정산간소화시스템은 2006년부터 시행됐는데 신용카드 사용 내역과 현금영수증 사용 금액, 연금저축 및 보험가입 현황, 의료비 지출항목 등 총 68개가 넘는 항목이 축적되어 PCI를 위한 바탕이 되고 있습니다.

3. CAF(성실도분석시스템)

납세자가 국세청에 신고한 각종 신고자료를 토대로 원재료비율, 매출액 신장률, 소득률 등을 동종업체와 비교하거나 당해 업체의 직전 연도와 비교해서 분석하는 시스템입니다. 400여 개의 평가요소가 있는데 국세청의 정기 세무조사 대상자 선정을 대부분 성실도 분석을 통해서 하고 있습니다.

일반적으로 법인 대상으로 정기 세무조사 대상을 선정하는 데 활용하는 것으로 많이 알려져 있지만 고소득 자영업자에게도 적용됩니다. 신고자료로 신고성실도를 파악해서 성실신고안내문을 발송하는 데 중요한 역할을 하고 있습니다.

4. FAC(첨단탈세방지센터)

국세청은 신종 탈세유형 분석, 첨단 조사기법 개발, 과학적 과세증거 확보 등을 위해 '첨단 탈세 과학수사대(CSI)'라는 별명을 가진 FAC(첨단탈세방지센터)를 2011년부터 운영하고 있습니다. 정기 세무조사 대상 법인 선정 시 대표자와 최대주주 등 개인제세·재산제세 탈루혐의까지 분석해서 조사대상으로 선정합니다.

정기 세무조사라도 탈루혐의가 상당한 경우에는 금융, 거래처, 관련 기업을 동시에 조사하기도 합니다. 또 역외탈세 조직(역외탈세전담반)을 통해 해외 세원동향 수집·분석, 탈세 정보 교환 등 국제공조를 활성화해서 역외탈세에 대해 능동적으로 대처하고 있습니다.

5. 연말정산간소화시스템

국세청에서는 세무조사 자료로 연말정산간소화시스템의 현금영수증 발행 내역과 신용카드 발행 내역을 빅데이터로 활용하고 있습니다. 예를 들면 대표자의 업종이나 사업장과 신용카드 발행 내역을 연계 분석해서 사업과 무관하게 사용된 신용카드 결제액을 적발해내는 방식입니다.

6. FIU(금융정보분석원)

금융기관을 이용한 범죄자금의 자금세탁행위와 외화의 불법유출을 막기 위해 2001년 11월 설립된 금융위원회 산하 기관입니다. 과세자료의 제출 및 관리에 관한 법률에 따라 공공기관에서는 국세청에 정보를 제공합니다. 현재 국세청에서는 FIC(금융정보분석원)로부터 의심거래정보(STR)와 고액현금거래정보(CTR)를 받아 세무조사 자료로 활용합니다.

FIU의 가장 중요한 임무는 금융회사의 다양한 의심거래 보고를 자체 분석하는 일입니다. 물론 보고된 의심거래를 FIU가 다 뒤지는 건 아닙니다. 10%가량만 추려서 본격적으로 관련자의 신용평가 및 범죄 경력 등 다양한 자료를 총동원해 범죄 혐의를 가려냅니다. 이로써 어느 정도 혐의가 입증되면 검찰 및 경찰과 국세청 등에 넘깁니다.

지방국세청별 FIU정보 세무조사 활용 실적(2021년)

단위: 건, 억원

구분	합계	서울청	중부청	부산청	인천청	대전청	광주청	대구청
조사건수	12,888	4,746	2,486	1,701	1,517	891	772	775
추징세액	20,807	10,738	4,286	1,971	1,433	921	793	665
건당 추징세액	1.6	2.3	1.7	1.2	0.9	1.0	1.0	0.9

7. 세무공무원의 자체 탈세 정보수집 등

모든 세무공무원은 연간 1건 이상 자체 탈세 정보자료를 제출해야 합니다. 필자가 국세청에서 공직 생활하던 어느 날 아침, 얼굴이 벌게져서 서장실에서 과사무실로 돌아온 과장님이 "이 사람들아, 왜 자체 탈세 정보자료를 안 내서 내가 아침부터 서장한테 깨

지게 만들어? 오늘 퇴근 전까지 무조건 한 건씩 나한테 자료 제출하고 퇴근해. 알겠어?!"라고 윽박질렀습니다. 자체 탈세 자료수집에 세무공무원들은 적잖은 스트레스를 받습니다. 필자도 이때 고민 끝에 지인에 대해 자체 탈세 정보자료를 작성해서 제출했었습니다.

또한 국세청은 각종 탈세 제보를 하는 사람들에게 포상금을 지급하고(최대 1억원에서 최근 40억원까지 대폭 인상) 있습니다. 가까운 사람이어야 탈세 정보를 알고 제보할 수 있습니다. 이처럼 탈세 제보는 가까운 지인에 의해서 이뤄진다는 사실을 꼭 기억하시기 바랍니다.

8. 심리분석보고서

세무조사국에서 조사대상자 선정을 위해 작성하는 보고서로 세무조사를 하기 전 대상업체에 대한 탈세 정보를 미리 조사하는 자료입니다. 심리분석보고서에는 조사대상자 선정사유 등을 기록합니다. 납세자가 세무조사 결과에 대해 조세 불복을 제기할 경우 국세청이 세무조사 대상자를 법적 절차에 따라 적법하게 선정했는지를 법원이 판단할 때 심리분석보고서가 근거자료로 활용됩니다.

9. 외국정부 기관자료, 세무조사 결과자료

외국정부와 조세협약을 체결해 각종 과세자료와 금융자료를 국가 간에 공유하고 있습니다. 현재 우리나라는 전 세계 98개 국가와 금융정보를 자동교환하고 있습니다. 또한, 국세청에서는 세무조사 결과자료를 전산 입력해 사후 관리자료로 지속해서 활용하고 있습니다.

1. TIMS (국세정보관리시스템)

-> 납세자가 신고한 각종 신고서와 탈세 제보 내용 분석 관리 (2003년 구축)
-> 가장 오래된 시스템 TIS : 기업/개인의 모든 경제 활동 자료 보관
-> 사업자등록번호, 주민등록번호 입력시 기업과 개인의 자산 내역 열람 가능
-> 자동화 방식으로 탈세 혐의자와 세무조사 대상자 선정

2. PCI (소득지출분석시스템)

-〉 납세자의 신고소득 대비 지출 내역을 전산으로 분석

-〉 특별한 소득원 없이 과다 지출 혹은 소득 증가 시 탈세 혐의
 ex) 전화금융사기 조직의 대포통장, 불법 오락

-〉 PCI를 위한 바탕 → 연말정산간소화시스템(신용카드 사용 내역, 현금영수증 사용 금액 등 68개 넘는 항목 축적…)

3. CAF (성실도분석시스템)

-〉 납세자가 신고한 자료를 토대로 원재료비율, 매출액 신장률, 소득률 등을 동종업체와 비교하거나 당해 업체의 직전 연도와 비교, 분석 (400여개 평가 요소)

-〉 국세청의 정기 세무조사 대상자 선정은 대부분 성실도 분석으로 진행

-〉 법인 대상 정기 세무조사 대상 선정에 활용, 고소득 자영업자에게도 적용

4. FAC (첨단탈세방지센터)

-〉 신종 탈세유형 분석, 첨단 조사기법 개발, 과학적 과세증거 확보

-〉 세무조사 대상 법인 선정 시 대표자, 최대 주주 등 개인제세·재산제세 탈루혐의까지 분석

-〉 정기 세무조사라도 탈루혐의↑ : 금융, 거래처, 관련 기업 동시 조사

-〉 역외탈세 조직을 통해 해외 세원 동향 수집, 탈세 정보 교환등 국제 공조 활성화

5. 연말정산간소화시스템

-〉 현금영수증 발행 내역, 신용카드 발행 내역 빅데이터 활용
 ex) 대표자의 업종, 사업장과 신용카드 발행 내역 연계 분석해 사업과 무관한 결제액 적발

6. FIU (금융정보분석원)

-> 금융기관을 이용한 자금세탁행위와 외화 불법유출을 막기 위한 기관
-> FIC로부터 의심거래정보, 고액현금거래정보 받아 세무조사 자료 활용
-> 금융회사의 다양한 의심거래 보고 자체 분석 (10% 가량 분석)

7. 세무공무원의 자체 탈세 정보 수집 등

-> 모든 세무공무원은 연간 1건 이상 자체 탈세 정보자료 제출
-> 각종 탈세 제보를 하는 사람에게 포상금 지급 (최대 1억원에서 최근 40억원 인상)

03 세무공무원의 정보자료는 무엇이 있나요?

　세무서에서는 과별로 연간 5억원(지방은 3억원) 이상의 탈세 정보를 1년에 1건 이상 지방국세청에 제출해야 합니다. 세무서 단위로 실적을 평가하기 때문에 관리자들이 신경을 많이 쓸 수밖에 없고 직원들도 자체 탈세 정보자료 업무로 적지 않은 스트레스를 받습니다. 세무서에서는 과별로 세원 동향자료를 수집해서 지방국세청에 반기보고 합니다. 조사관리과에 세원 정보팀이 별도로 있어서 상시 세원 정보자료를 육하원칙에 따라 수집하고 있습니다.

　또한, '~카더라' 등의 시중 정보인 '밀알 정보'가 내부분석보고서에 작성되며, 세무조사 시 내부분석보고서를 가지고 중점적으로 활용하고 있습니다. 밀알 정보는 국세청이 직원들이 일상생활에서 접한 다양한 정보를 제출하도록 해서 세원 관리에 활용하기 위해 도입한 것으로 국세청의 주요한 정보수집 기능으로 자리 잡았습니다.

　세무공무원은 현재 2만 명이 넘습니다. 이 직원들은 주변의 대화나 지인들과의 대화 등에서 많은 정보를 얻습니다. 이러한 정보들이 쌓여서 탈세 정보의 바탕이

됩니다. 국세청의 밀알 정보는 직원 1인당 연간 약 10건, 모두 20만 건 이상이 수집되고 있습니다. 실제로 2015년에 세무서 직원을 통해 획득한 20만 건의 정보 중 70%가 유효한 정보였습니다. 그뿐만 아니라 민원상담 업무와 현지 확인, 조사 과정에서 취득한 작은 소식과 퇴직한 직원과의 교류를 통해 얻은 개별업체의 내부 사정은 모두 귀중한 정보가 됩니다.

그러면 세무공무원은 어떤 입소문이나 정보에 귀를 쫑긋거릴까요? 가장 대표적인 경우는 업소의 현금결제 유도, 현금영수증 발급 거부, 신용카드 위장가맹입니다. 이런 업소는 일정 기간 납세 실적을 지켜본 뒤 업황보다 부가가치세·종합소득세 신고금액이 적으면 세무조사 후보에 오르게 됩니다.

고객이 자리를 잡기 어려울 정도로 장사가 잘 되어 매장을 넓히거나 종업원이 늘어나는데도 납세액이 늘지 않으면 역시 탈세 가능성을 의심받게 됩니다. 결혼이나 장례를 치른 뒤 증여나 상속을 통해 상당한 재산 변동이 있었는데 신고가 누락되었을 때도 단서가 됩니다. 임대료 역시 중요한 판단근거가 됩니다. 점포임대료가 비싼데도 납세액이 적다면 탈세 가능성이 크기 때문입니다. 업종별로 통상적인 마진(이윤)이 있는데도 매장규모나 임대료에 비해 납세 실적이 적으면 탈세를 의심할 수 있습니다.

04 세무공무원 정보자료가 활용된 구체적인 사례가 궁금해요!

국세청이 세무공무원들의 정보보고 수당으로 2022년도에 428억원이 지급되었다고 합니다.

과거 국세청 감사관실 A 세무주사가 세무서를 감사하면서 작성한 세원 정보자료가 세무조사 자료로 활용된 사례를 소개하겠습니다.

A. 세무주사는 00세무서를 감사하면서 건물신축판매업의 경우에 직전 연도에 일정 수입금액 미만의 소액으로 수입금액을 신고하면 다음연도에 종합소득세 신고 시 단순경비율을 적용받을 수 있었던 규정을 악용한 탈세 사실을 발견했습니다. 건물신축업자가 고의적으로 최초 사업연도에 아주 소액으로 수입금액을 신고한 후 그 다음 사업

연도에 매출액이 수십억원에 해당하지만, 장부기장을 하지 않고 단순경비율을 적용받음으로써 거액의 소득세를 지능적으로 탈세한 사실을 적발해낸 것입니다.

A. 세무주사는 OO세무서 감사 시 7건에 21억원에 해당하는 소득세를 추징하는 감사실적을 올렸습니다. 이에 그치지 않고 A 세무주사는 이렇게 지능적으로 소득세를 탈세한 건물신축판매업자가 전국적으로 산재해 있을 것으로 판단해 국세청의 정보시스템을 활용해 전국적인 지능적 탈세를 혐의자를 파악했습니다.

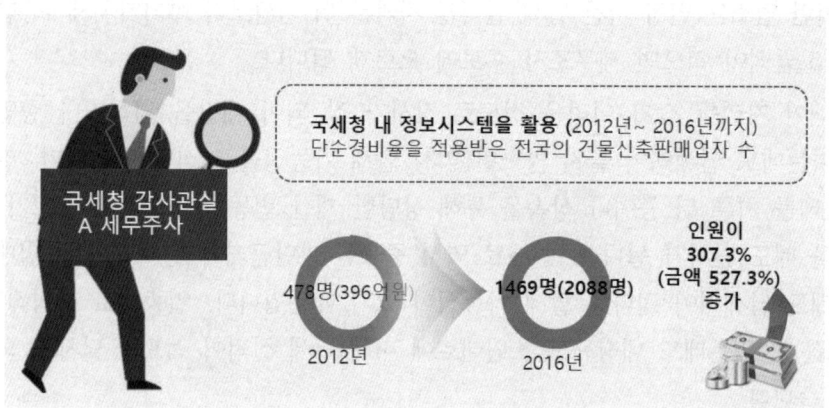

그 결과 직전 연도에는 수입금액을 소액으로 신고한 후 다음연도에 수입금액이 30억원 이상임에도 불구하고 단순경비율을 적용받은 사업자가 697명이나 되는 사실을 적발했습니다.

국세청에서는 이렇게 지능적으로 탈세를 시도한 건물신축판매업자 697명에 대해 특정 감사를 시행하기로 했습니다. 그래서 697명에 대한 탈루혐의 및 구체적인 점검방법을 일선 세무서에 하달했습니다. 그리고 수입금액 50억원 이상인 건물신축판매업자에 대해서는 직접적인 점검을 시행했습니다.

그 결과 국세청에서는 397명의 건물신축판매업자에 대해 346명은 수정 신고하도록 유도했고 190명은 직접 세무조사하도록 일선 세무서에 독려했습니다. 그래서 1,258억원의 세금을 추징하는 실적을 올리게 되었습니다.

〈출처 : 한국납세자 연맹〉

05　국세청이 정보를 얻는 기관이 따로 있나요?

국세청은 아래와 같이 여러 정부기관 들로부터 방대한 자료를 받아 세무조사 업무에 활용합니다.

기관명	정보수집자료
금융감독원	검사받는 기관에 대한 검사 결과 자료중 공시된 자료
국민건강보험공단	가입자나 피부양자에게 지급된 금액 자료
농림축산식품부	농업소득 보전 직접 지불금 지급대상자 자료
법원행정처	근저당권 자료
임대사업자	임차권 양도 자료
지방자치단체	등기 또는 등록 중 저당권, 가압류, 담보권의 설정 자료
국토교통부	부동산종합 공부의 등록사항 자료
신용카드업자	카드별, 종류별 국내외 연간 사용 자료
여신전문금융업협회	주유소의 신용카드, 직불카드 및 선불카드 관련 자료
한국예탁결제원	예탁증권등과 관련한 이자, 배당소득 지급자료
인천국제공항공사	어업에 대하여 지급된 손실 보상금 지급자료
한국농어촌공사	수탁하는 농지의 임차료 지급자료
행정안전부	근저당권 자료
해양경찰청	임차권 양도 자료
외교부	해외이주 신고자료
대한적십자사	재화의 공급 사실 자료
한국마사회	말 등록 자료

필자가 일선 세무서 재산세과에 근무하던 때, 재산세과 업무 중 하나로 등기자료 보완업무가 있었습니다. 등기자료 보완업무란 법원 등기소로부터 등기자료를 받아

서 일선 세무서 재산세과 세무공무원들이 받은 등기자료를 일일이 빨간색 볼펜으로 수정 보완해서 다시 등기소로 전달하는 업무입니다. 등기자료에 오류가 많아서 바로 세무자료로 활용하기 어려웠기 때문에 세무공무원들이 수동으로 등기사항에 오류가 있는지 없는지를 일일이 검토해서 보완해야 했습니다.

등기 보완업무에 상당히 많은 시간이 소요되기에 필자도 등기 보완업무에 엄청난 스트레스를 받았던 기억이 선명합니다. 지금은 모든 등기업무가 법원 등기소와 국세청 간에 빅데이터 자료가 전산으로 호환되어서 이렇게 비효율적으로 시간 낭비하는 일은 없어졌습니다.

국세청이 각 기관으로부터 받은 정보자료를 어떻게 세무조사 자료로 활용하는지 필자가 세무공무원으로 재직 시에 발생했던 사건을 예로 들어 보겠습니다.

국세청에서는 농림축산식품부로부터 쌀 직불금 자료를 수집한 후 쌀 직불금 수령자료를 일선 세무서에 세무조사 대상자로 하달했습니다. 쌀 직불금 자료는 쌀값 폭락으로 쌀농사를 짓는 농민들에게 정부에서 보조금을 주는 제도입니다.

식량 안보 차원에서 쌀농사를 짓는 농민을 보호하려고 정부에서 농민에게 보조금을 주는 것입니다. 그런데 이 보조금을 농지소유주가 아니라 해당 농지에서 농사를 지었던 소작인들이 실제로 수령해 갔습니다.

소작을 주었던 농지를 양도하는 경우에는 8년 자경이나 농지대토 등의 양도소득세를 감면받을 수 없습니다. 그런데 소작을 준 상당수의 농지소유주가 자기가 직접 농사를 지었다고 국세청에 거짓으로 양도소득세를 신고해서 세금감면을 받았던 것입니다.

국세청이 농림축산식품부로부터 수령한 쌀 직불금 보전자료로 가짜 농민이 거짓으로 신고한 양도소득세에 대해 일제 세무조사를 했고 소작을 줬던 부지기수의 많은 농지소유주가 세금폭탄을 맞게 되었습니다.

최근에는 국토교통부로부터 국세청이 자금출처자료를 받아 부동산투기와 관련된 납세자들에 대한 세무조사를 진행하는 것이 수차례 언론에 보도되고 있습니다. 농림축산식품부와 국토교통부 사례에서 보는 것과 같이 국세청은 정부의 방대한 기관으로부터 수시로 자료를 받아 세무조사 자료로 활용한다는 사실을 숙지해서 부지불식간에 세무조사를 받고 세금폭탄 맞는 일이 없기를 바랍니다.

06   탈세를 막는 과정을 알려주세요!

금융정보분석기구(FIU, Financial Intelligence Unit)가 금융기관으로부터 자금세탁 관련 혐의거래 보고 등 금융정보를 수집하고 분석해서 법집행기관에 제공합니다.

국내·국제적으로 이뤄지는 불법자금의 세탁을 적발하고 예방하기 위한 법적, 제도적 장치로서 사법제도, 금융제도, 국제협력을 연계하는 종합 관리시스템으로 자금세탁방지제도를 시행하고 있습니다.

자금세탁(Money Laundering)은 일반적으로 '자금의 위법한 출처를 숨겨 적법한 것처럼 위장하는 과정'을 의미합니다. 우리나라는 '불법재산의 취득·처분사실을 가장하거나 그 재산을 은닉하는 행위 및 탈세 목적으로 재산의 취득·처분 사실을 가장하거나 그 재산을 은닉하는 행위'로 규정(특정금융거래보고법 제2조 제4호 및 범죄수익규제법 제3조 참조)하고 있습니다.

의심거래정보(STR)	고액현금거래(CTR)
금액 제한이 없고, 은행원의 주관적인 판단에 의해 범죄가 의심되는 경우	2,000만원 이상 ▼ 1,000만원 이상 변경 (2019.07.01일부터)

금융회사는 FIU에 고액현금거래를 보고해야 합니다. 2019년 6월까지는 고액현금거래 기준금액이 2,000만원이었는데 2019년 7월 1일부터 1,000만원 으로 내려갔습니다. 2019년 6월 24일 '특정 금융거래정보의 보고 및 이용 등에 관한 법률 시행령' 개정안이 통과됐기 때문입니다.

고액현금거래보고(CTR, Currency Transaction Repot) 대상은 금융회사와 고객이 거래할 때 고객이 현금을 직접 금융회사에 지급하거나 금융회사로부터 받는 거래입니다. 즉 현찰의 입출금이나 수표와 현금 간 교환 등이 보고대상입니다.

그러나 계좌 간 이체나 외국환 송금, 공과금 수납 등은 보고대상이 아닙니다. 예를 들어 A가 자신의 은행계좌에서 B의 은행계좌로 물건대금 1,200만원을 이체

했을 때, A가 B에게 물건대금 1,200만원을 자신이 보유한 현금으로 지급했을 때, A가 자신의 은행계좌에서 1,200만원을 수표로 찾았을 때는 대상에 포함되지 않습니다.

금융기관 1,000만원 이상 현금의 입출금, 창구거래뿐만 아니라 현금자동입출금기 상의 현금입출금, 야간금고에서 현금 입금 등도 포함됩니다. '가'은행에서 A가 본인 명의의 2개 계좌를 이용해서 오전에 A계좌에서 현금 500만원, 오후에 B계좌에서 현금 500만원을 각각 찾은 경우는 보고대상입니다. 그러나 '나'은행에서 B가 오전에 본인 계좌에 현금 600만원을 입금하고, 오후에 같은 은행에서 현금 500만원을 찾으면 보고대상에 해당하지 않습니다.

회계상 가치 이전만이 이뤄지는 거래(계좌이체, 인터넷뱅킹 등)도 보고대상에 해당하지 않습니다. 자기앞수표 거래는 CTR의 보고대상이 아니지만, 수표를 제시하고 현금을 찾아가거나 현금을 수표로 교환하는 경우에는 현금거래가 수반되므로 보고대상입니다.

고액현금거래 기준금액은 2006년 제도 도입 후 5,000만원 이상에서 2008년 3,000만원 이상, 2010년 2,000만원으로 이상으로 조정되었다가 2019년 7월1일부로 1,000만원 이상 하향 되었습니다. 이 제도를 도입한 미국, 캐나다, 호주 등 주요국의 기준금액 역시 1만 달러(한화 약 1,000만원)로 이번 개정 기준금액과 비슷합니다.

연도	2006	2008	2010	2019
금액	5,000만원 이상	3,000만원 이상	2,000만원 이상	1,000만원 이상

한편, 다른 금융회사와 달리 그동안 자금세탁방지의무가 부과되지 않았던 전자금융업자 및 대부업자에 대해서도 의무가 부과됩니다. 대부업자의 경우 자금세탁 위험성이 높은 자산규모 500억원 이상의 업자에 한정합니다.

07 세무조사받기 딱 좋은 현금입출금 습관은 무엇인가요?

국세청은 계좌이체가 아닌 현금거래는 탈세가 목적이라는 인식을 갖고 있습니다. 그래서 국세청은 금융정보분석원에서 국세청으로 통보되는 고액현금거래와 의심거래보고내역을 통해 세무조사를 실시하고 있는데 금융정보분석원 제공자료에 의한 세금추징실적이 연간 2조원을 넘어서고 있습니다.

제조업을 하고 있는 김 아무개 사장이 3년 전 겪었던 일입니다. 그는 자신의 거래은행으로부터 한 장의 공문을 받은 적이 있습니다. 그것은 바로 금융정보분석원이 국세청에 통보한 '금융거래정보 제공사실 통보서'였습니다. 자신의 금융거래가 국세청에 통보됐다는 내용에 김 사장은 세무조사를 받게될지도 모른다는 공포감으로 한동안 불면의 밤을 보내야 했습니다. 다행히 김 사장은 국세청으로부터 별다른 세무간섭을 받지 않고 지나갔지만 지금도 그때 일을 생각하면 등골이 오싹해 진다며 안도의 한숨을 내쉬곤 합니다.

2023년 8월 말 전체 화폐발행잔액 176조8,000억원 가운데 5만원권 지폐는 155조7,000억원 이었습니다. 이는 전체 화폐발행잔액의 88% 정도를 차지하고 있다고 합니다. 화폐발행잔액 중 5만원권의 비중이 90%에 육박하지만 시중 유통 후 한국은행으로 돌아오는 비중은 절반 수준으로 파악된다고 합니다. 5만원권 발행이후 환수율(발행액 대비 환수액)은 40~60% 수준을 유지하다가 코로나19 팬데믹 기간인 2020년 24.2%, 2021년 17.4%까지 떨어졌습니다. 5만원권 회수율이 저조한 이유에 대해 많은 전문가들은 미 회수된 5만원권 상당액이 지하자금으로 은닉되고 있기 때문이라고 진단했습니다.

정부는 5만원권 지폐가 지하자금으로 은닉되고 있는 것을 방지하기 위해 최근 금융정보분석원의 역할을 강화시킨바 있습니다. 이에 따라 국세청은 금융정보분석원의 정보자료를 통한 세무조사를 강도 높게 진행하고 있습니다.

현재 특정금융거래정보법 제4조의2 규정에 따르면 금융기관은 고객이 1,000만원 이상 현금등을 금융거래의 상대방에게 지급하거나 영수하는 경우 또는 수수한 재산이 불법재산이라고 의심되는 합당한 근거가 있는 경우에는 그 사실을 30일 이내에 금융정보분석원장에게 보고하도록 되어있습니다.

이같이 국세청에서 금융거래내역 통보서의 정보를 활용해 세무조사를 강화하고 있는 만큼 가급적 금융정보분석원에 자신의 현금거래 정보가 보고되는 일이 없도록 하는 것이 좋을 것입니다.

현금입출금을 조심해야 하는 경우가 또 있습니다. 바로 주택을 취득하는 경우입니다. 조정대상지역내 3억원 이상인 주택과 투기과열지구내 주택을 취득할 경우에는 관할구청에 자금조달계획서를 의무적으로 제출해야 합니다. 자금조달계획서를 제출한 경우 몇 달 후에 관할구청이나 한국부동산원에서 소명안내문을 받게 될 수도 있습니다. 소명안내문을 받게 되면 계약지급일 2주 전부터 잔금지급일 2주 후까지 입출금내역 전체를 제출해야 합니다. 입출급내역 중 현금입출금이 많을 경우, 관련내용이 국세청에 통보되어 세무조사를 받게 되는 경우가 종종 발생합니다.

실제 K씨의 경우도 주택취득자금 조달계획서와 관련해 국세청으로부터 세무조사를 받고 수억원의 증여세 폭탄을 맞게 된 사례입니다. K씨는 증여세를 내지 않으려고 자신의 부모로부터 현금을 받아 자신의 계좌에 입금한 후 자금조달계획서에 자금출처로 제출했습니다. 이 경우 국세청은 당연히 K씨가 부모로부터 증여를 받은 것으로 추정합니다. 부모로부터 고액현금을 받아 자신의 계좌에 입금했던 K씨는 자신의 주택취득자금에 대한 증여세는 물론 부친의 사업장에 대해 매출누락 혐의까지 더해져 특별 세무조사까지 받게 되었습니다. K씨가 현금입출금을 하지 않고 차라리 부모로부터 차용증을 작성하고 계좌이체를 받았더라면 증여세를 추징당하는 일은 없었을 것입니다. 뿐만 아니라 가족에 대한 세무조사로 확대되는 일은 없었을 것입니다.

K씨의 사례처럼 현금입출금을 섣부르게 잘못하면 증여세 추징은 물론 자신의 가족까지 세무조사를 받을 수 있다는 사실을 숙지하고, 투명하고 합법적인 금융거래를 해야 합니다.

08 가족간 계좌이체 이렇게 하면 되나요?

가족간에는 생활비를 정산하거나 물품을 대신 구매해 주는 등 여러 가지 이유로 계좌이체를 하는 경우가 많습니다. 그런데 가족간 계좌이체 거래도 타인으로부터 재산을 무상으로 취득하는 것으로 보아 증여세가 과세되거나 부모가 사망한 후에 사전상속으로 간주되어 상속세가 과세되는 경우가 비일비재하게 발생하고 있어 특별한 주의가 필요합니다.

예를 들어, 아버지가 아들에게 생활용품을 함께 구매해 달라면서 생활비를 자녀에게 계좌이체 했다고 가정해 보겠습니다. 자녀는 계좌이체 받은 금액이 증여가 아니고 생활용품구매나 생활비지급이라고 주장하겠지만 국세청은 부모자식간 계좌이체는 증여로 추정해 증여세를 과세합니다. 따라서 증여가 아니라는 사실을 납세자가 입증해야 하는 것입니다. 증여가 아니라는 사실을 납세자 입증하지 못하면 증여세를 납부할 수밖에 없는 상황에 직면하게 됩니다.

그렇다면 가족간 계좌이체 거래를 할 경우, 과세관청에 증여세를 자진신고를 해야 할까, 아니면 국세청은 가족간 모든 계좌내역을 알고 있을까 등 의문이 들 수 있습니다.

모든 가족간 계좌이체 내역에 대해 국세청에 증여세를 신고할 필요는 물론 없습니다. 왜냐하면 아무리 국세청이라고 해도 개인의 모든 금융정보내역을 마음대로 조회할 수 없기 때문입니다. 설령 국세청이 납세자의 계좌이체 내역을 알고 있는 경우라 할지라도 계좌이체 내역을 일일이 세무조사한다는 것은 행정력 낭비일 수 밖에 없습니다.

가족간 계좌이체에 대해 세무조사를 하고 증여세가 과세되는 경우는 통상적으로 다음 3가지 경우가 있습니다.

첫째, 부동산 등의 자금출처조사를 하는 경우입니다. 소득이나 직업, 연령 등에 비추어 자력으로 부동산 등을 취득하기 어렵다고 판단되는 경우에는 자금출처 조사대상으로 선정해 가족간 계좌이체 내역을 세무조사 합니다. 이 경우 통상적으로 3년간의 계좌이체 내역을 조사합니다.

둘째, 사업자에 대한 통상적인 세무조사를 하는 경우입니다. 만약 사업장에 대한 세무조사시 매출누락이나 가공비용 등을 계상한 사실이 드러난 경우라면 통상적으로 5개 사업년도의 계좌이체 내역을 조사합니다.

셋째, 상속세 세무조사입니다. 상속세 세무조사가 가장 무섭습니다. 왜냐하면 상속세 세무조사는 통상적으로 피상속인의 사망일전 10년간 계좌이체 내역을 조사하기 때문입니다. 만일 피상속인이 부정한 방법으로 조세를 회피하고자하는 의도가 있었다면 망자의 15년간의 금융거래 계좌이체내역을 조사할 수도 있습니다. 2~3년 전 일도 기억이 잘 나지 않는데 어떻게 10~15년 전 일을 기억할 수 있을까요. 더구나 상속세 조사는 망자인 피상속인의 금융거래내역을 조사하는 것이라서 상속인들이 기억을 못해 억울하게 상속세를 부담하는 경우가 많습니다.

가족간 금융거래내역 대해 세무조사를 받을 경우, 기억을 잘 못해서 억울하게 세금을 부과당하지 않으려면 어떻게 해야 할까요?

아주 간단한 방법이 있습니다. 바로 계좌이체를 하면서 계좌이체 메모란에 이체 내용을 남기는 것입니다. 이체를 하면서 '생활비 또는 차입금상환' 등의 기록을 남

제1장 국세청 전산시스템 및 정보수집능력

긴다면 추후 과세관청으로부터 세무조사를 받을 때, 증여가 아니라는 사실을 입증하기가 훨씬 수월합니다.

가족간에 계좌이체를 할 경우, 통장에 상세한 내용을 남겨 억울하게 상속세나 증여세를 부과당하는 일이 없도록 해야 합니다.

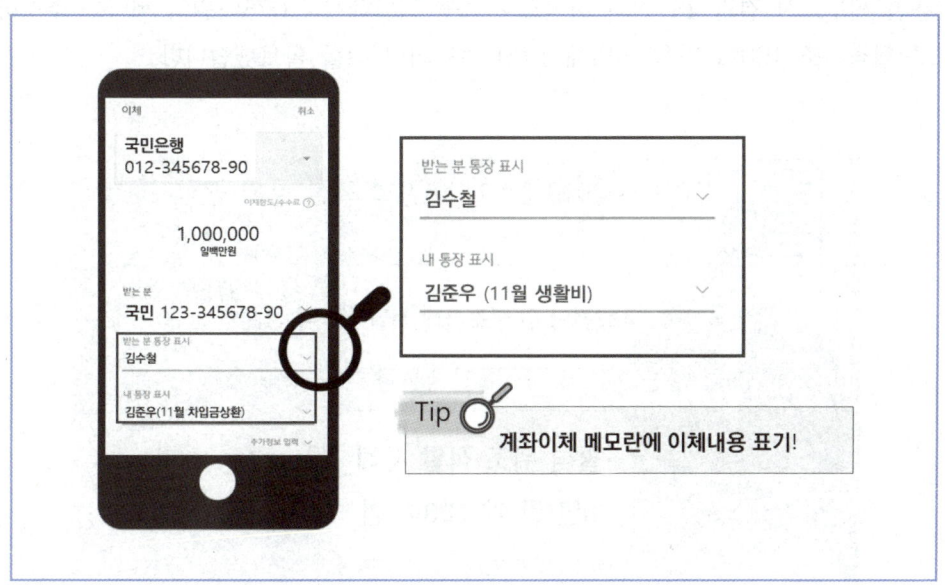

09 국세청, 문서감정 분야 국제공인인증!

서울지방국세청은 문서감정(필적) 분야 한국인정기구(KOLAS) 국제공인시험기관입니다. KOLAS는 국제기준에 따라 시험·교정·검사기관의 조직, 시설, 인력 등을 평가해서 특정 분야에 대한 시험·교정·검사 역량이 있음을 국제적으로 공인하는 제도로 지난 2019년 11월 5일 산업통상자원부 국가기술표준원이 지정했습니다.

법과학(Forensic Science) 시험 중 문서감정 분야에서 국내 기관이 KOLAS 인정을 취득한 것은 국립과학수사연구소, 대검찰청에 이어 세 번째입니다. KOLAS

인정 취득으로 서울지방국세청은 문서감정 분야에서 국제적인 시험능력을 인정받았고, 서울지방국세청이 수행한 감정 결과는 국제협정에 따라 세계 103개국에서 우리나라에서와 같은 효력을 갖게 됩니다.

첨단장비와 전문성으로 무장한 국세청 포렌식 조사 역량의 우수성이 입증된 것입니다. 국세청은 2011~2019년까지 포렌식 조사 역량의 하나로 최첨단 장비를 활용한 세무조사 결과 437건의 위변조 사례를 적발해서 2,075억원의 세금을 추징하고 필적위조 100여 건을 적발해 1,000억원의 세수를 확보했습니다.

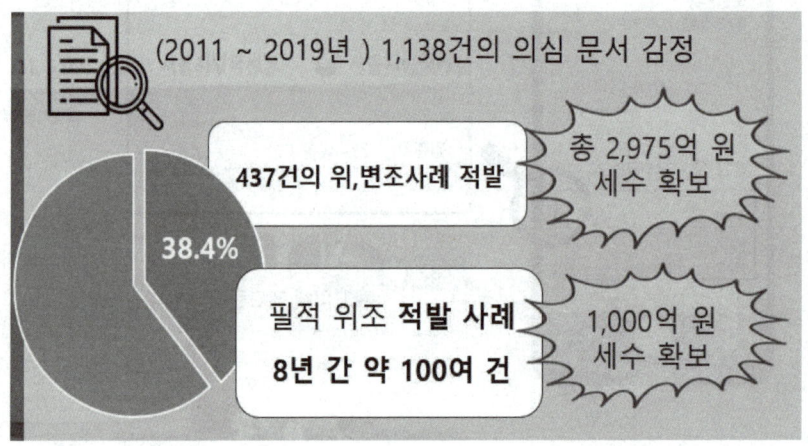

국세청이 2024년에 부산을 비롯한 비수도권 소재 지방국세청에 포렌식 조사 전담조직을 신설하겠다고 발표한바가 있습니다.

2024년도 초에만 하더라도 서울·인천·중부(경기)지방국세청에만 설치되어 있었으나 2024년 주요정책 추진계획에 포렌식 조사 전담조직을 추가 설치하겠다고 발표했습니다.

● 포렌식 세무조사 사례

○○공업(주)의 경우에 임원상여금 지급액이 너무 과다해 세무조사를 받게 됐습니다. 세무조사관들은 세무조사 과정에서 정관과 주총의사록 등의 제출을 요구했습니다. 회사에서는 정관 등을 작성해 놓지 않았습니다. 그래서 조사를 받는 시점에서 급히 정관이나 주총의사록 등을 작

> 성해 조사관들에게 제출했습니다. 세무조사관들은 회사가 제출한 용지의 색상, 재질 등이 급조된 것으로 의심했고 첨단탈세방지담당관에게 문서감정을 의뢰했습니다. 문서감정결과 첨단탈세방지담당관들은 ○○공업(주)가 제출한 서류가 급조된 것임을 확인했습니다. 그 결과 ○○공업(주)은 조세범 처벌법 제17조 규정에 따라 지급 규정 없이 임원에게 지급한 상여금 수십억 원을 손금부인 당해서 법인세 수억원과 과태료 수백만원을 추징당했습니다.
> 〈국세청 보도참고자료(2019)〉

문서감정팀은 서울지방국세청 첨단탈세방지담당관 산하에 6명 규모로 운영되고 있습니다. 국세청의 문서감정이 매우 성공적으로 운영되었지만, 위변조 사례가 사라지지 않고 오히려 한편에서는 더욱 교묘해지는 현상도 보였는데 KOLAS 인정으로 문서감정 결과의 신뢰와 증거 능력이 더욱 향상되어 납세자와의 다툼도 줄어들 것으로 기대됩니다.

서울지방국세청은 세무조사와 소송 수행 시 최대 30만 배까지 확대 가능한 주사전자현미경을 포함한 30여 종의 최첨단 장비를 활용하는 등 문서감정 결과의 증거능력을 강화함으로써 문서 위변조를 통한 탈세를 차단하고, 다국적 기업 및 역외국가와의 과세 분쟁에 대한 국제 대응 역량을 높일 수 있게 되었습니다.

10 빅데이터가 구체적으로 어떻게 활용되나요?

빅데이터 자료가 어떻게 연계 분석되어 세무조사 등 국세행정에 반영되는지 살펴보겠습니다.

1. 신용카드 매입세액 공제 확인

사업자가 사용한 신용카드 자료를 빅데이터를 통해 거래처 매출자료와 연계 분석해 부가가치세를 과다하게 공제받았는지 확인할 수 있습니다(2019년 10월 부가가치세 예정신고부터 활용).

2. 양도소득세 거주 감면요건 확인 개선

현재 농지소재지에 거주하면서 8년 이상 농사를 지은 농지를 양도하는 경우(8년 자경) 또는 4년 이상 농지소재지에서 농사를 짓던 농지를 양도하고 다른 농지를 취득해 4년 이상 농사를 짓는 경우(농지대토)에 해당하면 양도소득세를 1억원(1년 합계 1억, 5년 합계 2억)까지 감면해주고 있습니다.

농지의 경우 감면요건으로 재촌·자경 즉 농지소재지에 거주하면서 농사를 지어야 양도소득세를 1억원까지 감면을 해주는데, 투기 목적으로 농지를 취득한 후 주민등록만 농지소재지에 전입신고하고 실제로는 다른 지역에 거주하는 경우가 비일비재하게 발생했습니다. 그런데 앞으로는 주민등록 전입신고만 농지소재지에 하고 실제로는 다른 지역에 살면 빅데이터 분석을 통해 위장 전입신고 사실이 들통나게 되어 있습니다.

빅데이터 자료를 통해 양도소득세를 감면받은 대상자의 실거주지가 어디인지를 알 수 있게 되었습니다. 예를 들면 주민등록 전입신고는 파주시이고 실제 거주지는 수원이면 빅데이터가 카드 사용액 등의 자료 분석을 통해 위장 전입신고 사실을 적발해내는 것입니다(2019년 9월부터 일선 업무에 활용).

3. 사업자등록 즉시 발급 확대

과거에는 세무서 민원실에 사업자등록 신청을 하면 현지 확인조사 대상으로 분류되어 사업자등록이 발급되는 데 1주일이 걸리는 경우가 많았습니다. 그런데 이제는 빅데이터가 과거 사업자등록 신청 이력 분석을 통해 현장 확인 후 사업자등록이 거부될 확률을 예측해 업무 담당자에게 제공함으로써 불필요한 현장방문이 대폭 축소 되었습니다(2019년 11월부터 모든 세무서 적용).

4. 법인카드사용 내역 성실신고 안내

법인카드 사용 내역을 빅데이터 분석을 통해 대표자의 주소지, 소비업종 등으로 분석해 개인 용도로 사용한 내역을 법인세 신고하기 전에 성실신고 사전안내자료를 활용합니다. 사전 성실신고 안내를 통해 개인 용도로 사용한 내역에 대해 신고 이후에 세무조사를 받고 세금폭탄을 맞는 경우를 미리 방지하게 되었습니다(2020년 3월부터 법인세신고 도움자료로 제공).

제1장 국세청 전산시스템 및 정보수집능력

11　거짓을 숨기기 쉽지 않은 세상이라고요?

세무조사 시 거짓을 잡아내는 데 큰 역할을 하는 두 가지가 있습니다. 바로 CCTV와 신용카드입니다.

1. CCTV

세무조사 과정에서 CCTV가 어떤 역할을 할까요? 실제 사례로 설명해보겠습니다.

OO뷰티(주)를 경영하는 하는 김 사장은 뷰티 코리아 열풍을 타고 중국으로 날개 돋친 듯 팔려나가는 화장품 덕분에 이익을 감당할 수 없을 정도였습니다. 회사의 당기순이익이 너무 커서 1년에 법인세로 내는 세금만 10억원이 넘었습니다. 법인세부담도 엄청나지만, 더욱 큰 문제는 이익잉여금이 해가 갈수록 쌓여 가서 걱정이 이만저만이 아니었습니다.

고민 끝에 김 사장은 꼼수를 생각해냈습니다. 자신의 배우자는 물론이고 공동대표였던 박 사장의 배우자도 실제 근무하지도 않으면서 회사의 임원으로 등록해서 매월 1,000만원씩의 급여를 지급하는 것으로 회계 처리했습니다. 최근 OO뷰티(주)는 세무조사를 받게 됐는데 조사관들은 특수관계자인 김 사장과 박 사장의 부인이 회사의 임원으로 등록되어 매월 1,000만원의 급여를 받아간 사실에 초점을 맞추고 실제 근무 여부를 조사했습니다. 조사관들은 김 사장과 박 사장의 배우자가 실제 회사에 상근했는지, 무슨 일을 했는지를 회사 내부 서류 등을 통해 확인했습니다.

서류상으로는 김 사장과 박 사장의 배우자가 결재서류에 사인도 하고 나름대로 세무조사를 대비해서 사전에 준비를 해뒀기에 이대로 잘 넘어가나 보다 했습니다. 그런데 김 사장과 박 사장은 그만 덜미를 잡히고 말았습니다. 어떻게 된 일일까요? 도대체 무슨 일이 일어난 것일까요?

CCTV가 세무조사관의 역할을 한 것입니다. 회사 정문과 사무실 입구에는 CCTV가 설치되어 있었는데 세무조사관들은 경찰청에 한 달간의 CCTV 자료를 내려받아 전송해달라고 요청했습니다. CCTV 판독결과 김 사장과 박 사장의 배우자는 회사에 출근하지 않았던 사실이 들통나 결국 비용으로 계상했던 매월 1,000만원의 인건비 계상액 전부를 부인당해 엄청난 세금폭탄을 맞게 되었습니다.

2. 신용카드

신용카드가 세무조사 과정에서 어떤 역할을 할까요? 이번에도 실제 사례를 들어 설명해 보겠습니다.

나잘난 씨는 강남에 본인 명의 1채, 배우자 명의 1채를 가진 1가구 2주택에 해당하는 사람입니다. 자신이 운영하는 회사의 사업 부진으로 부득이 아파트 한 채를 팔게 됐는데 양도소득세가 문제였습니다. 1가구 2주택에 해당하다 보니 중과세를 받아 양도소득세 부담이 이만저만이 아니었던 것이지요.

그래서 나잘난 씨는 배우자와 함께 고민하다가 꼼수를 생각해냈습니다. 위장으로 배우자와 이혼하기로 한 것입니다. 법원에서 합의이혼을 마친 후 배우자는 경기도 성남시에 사는 지인에게 부탁해 주인의 주상복합 건물상의 주소에 주민등록 전입신고를 했습니다. 이제 나잘난 씨는 서류상으로 완벽한 1세대 1주택자가 된 것입니다.

중과세 부담을 덜게 된 나잘난 씨는 자신의 소유인 아파트를 15억원에 양도한 후 1세대 1주택자로 양도소득세를 신고했습니다. 고가주택으로 양도소득세 과세대상에 해당했지만 9억원까지 세금을 면제받는 데다가 장기보유 특별공제까지 적용받았습니다. 이렇게 나잘난 씨의 양도소득세는 고작 3,000만원에 불과했습니다. 다주택자인 나잘난 씨는 가벼운 마음으로 3,000만원만 납부하고 안도의 한숨을 내쉬었습니다.

그런데 이게 웬일인가요? 나잘난 씨는 위장이혼 혐의로 과세관청의 세무조사를 받게 되었습니다. 호적상으로는 이혼 정리가 됐지만 부부가 한 아파트에서 함께 거주하고 있는 정황이 조사관들의 신용카드 사용 분석으로 들통나버린 것입니다. 위장이혼이라는 사실이 밝혀진 나잘난 씨는 다시 1가구 2주택자가 됐고, 신고불성실가산세, 납부불성실가산세까지 무려 3억원의 세금폭탄을 맞고 말았습니다.

세무공무원은 조사과정에서 국세기본법 제84조의 규정에 따라 관계 기관에서 세무조사를 위한 과세 자료수집을 얼마든지 할 수 있습니다. 나잘난 씨처럼 위장이혼 같은 꼼수를 쓰다가는 신용카드 사용 분석으로 큰코다치는 수가 있습니다. 그러니 세금 줄이려다 세금폭탄 맞지 마시고 합리적이고 합법적인 절세방법을 마련하시길 바랍니다.

● 관련 조문
국세기본법 제84조【국세행정에 대한 협조】
① 세무공무원은 직무를 집행할 때 필요하면 국가기관, 지방자치단체 또는 그 소속 공무원에게 협조를 요청할 수 있다.
② 제1항의 요청을 받은 자는 정당한 사유가 없으면 협조하여야 한다.
③ 정부는 납세지도(納稅指導)를 담당하는 단체에 그 납세지도 경비의 전부 또는 일부를 대통령령으로 정하는 바에 따라 교부금으로 지급할 수 있다. [전문개정 2010.1.1]

제2장

세무조사의 종류 및 선정

01 일반 세무조사와 조세범칙조사는 뭐가 다른가요?

　세무조사의 목적에 따른 종류로는 일반 세무조사와 조세범칙조사가 있습니다. 일반 세무조사는 과세요건 성립 여부와 신고내용이 적정한지 아닌지를 검증하기 위한 조사입니다. 사람들이 통상적으로 알고 있는 세무조사가 바로 일반 세무조사입니다.

　일반 세무조사는 다시 정기 세무조사와 수시 세무조사로 나눕니다. 수시 세무조사는 특별조사, 심층조사, 비정기조사라고 부르기도 합니다. 정기 세무조사와 수시 세무조사는 납세자의 승낙을 전제로 납세의 의무 이행 여부를 검증합니다.

　반면에 조세범칙조사는 부정한 방법으로 조세를 탈루한 혐의가 구체적이고 명백한 자를 처벌할 목적으로 합니다. 법원이 발부하는 수색영장을 지참하고 이행하는 강제조사로 흔히 세무사찰이라고 부릅니다.

　일반 세무조사는 국세기본법에 선정사유가 규정되어있고 조세범칙조사는 조세범처벌법에 범칙조사의 종류 및 처벌내용이 규정되어있습니다. 즉, 일반 세무조사와 조세범칙조사는 각각 다른 법률의 적용을 받습니다.

　일반 세무조사는 과세표준의 결정이나 경정이 목적입니다. 부가가치세·소득세·법인세 조사가 이에 해당합니다. 신고성실도와 세무서의 평소 세원관리 내용을 반영해 조사대상을 선정합니다. 조사 기간은 소득세와 부가가치세는 10일, 법인세는 20일입니다. 지방청 조사는 순서대로 20일과 15일·40일이 됩니다.

반면에 특별조사는 탈세 수법이나 규모가 통상의 조사만으로 어려운 경우에 이행하는 조사방법입니다. 과세표준을 결정하는 것은 물론이고 조세범으로 처벌하기 위해 하는 조사입니다. 조사 기간은 30일(지방청·국세청 조사는 60일)입니다.

일반 세무조사에서 정기 세무조사는 세무조사를 개시하기 전에 과세관청에서 조사대상 사업자에게 10일 전에 사전통지를 하고 있습니다. 그런데 일반 세무조사에서 수시 세무조사 대상으로 선정된 사업자와 범칙조사대상자로 선정된 사업자는 사전예고통지 없이 세무조사를 시행합니다.

일반 세무조사에서 정기 세무조사는 서류의 일시보관 및 압수가 원칙적으로 금지됩니다. 그러나 일반 세무조사에서 수시 세무조사 선정 사업자와 조세범칙조사대상 사업자는 일시보관 및 압수를 할 수 있습니다. 조세범칙조사의 경우 영장을 받으면 조사대상 사업자의 핸드폰 압수도 가능합니다.

일반 세무조사는 세무조사가 마무리되면 과세표준과 세액을 결정해 납세자에게 세금을 고지함으로써 종결됩니다. 그러나 조세범칙조사의 경우 과세표준과 세액의 결정은 물론이고 벌과금을 통고처분하고 검찰에 조세범으로 고발하게 됩니다.

일반세무조사와 조세범칙조사의 차이

구 분	일반세무조사		조세범칙조사
	정기조사	수시조사	
법적근거	국세기본법		조세범처벌법
사전통지	O	X	X
일시보관, 압수	X	일시보관	일시보관/압수
조사후 처분	세액경정		세액경정 벌과금 통고처분(고발)

조세 범칙조사가 일반세무조사와 달리 납세자에게 크게 불리한 이유는 무엇일까요? 일반세무조사가 단순히 세금을 추징하는 목적으로 시행되는 조사지만, 조세 범

칙조사는 조세범 처벌법을 통해 처벌할 목적으로 시행되는 강도 높은 세무조사이기 때문입니다.

통계자료에 의하면 조세 범칙조사로 인한 추징세액이 일반세무조사 대비 5배에 이를 정도입니다. 조세 범칙조사는 일반세무조사와 달리 조사를 진행하면서 세무조사범위, 기간, 방법, 제척기간 등 여러 측면에서 강도가 높을 수밖에 없습니다.

일반세무조사와 조세 범칙조사는 여러 가지 차이점이 있지만, 대표적인 3가지 차이점은 다음과 같습니다.

첫째, 제척기간입니다. 일반세무조사는 제척기간(조세를 부과할 수 있는 기간)이 5년이지만 조세 범칙조사는 사기, 기타 부정한 행위에 해당할 경우 10년의 제척기간이 적용됩니다. 즉 과거 10년간 소득에 대해 세금이 부과되므로 일반세무조사보다 매우 불리할 수밖에 없습니다.

둘째, 가산세 차이입니다. 일반세무조사의 경우 무신고가산세가 세액의 20%, 신고불성실가산세가 10%지만 조세 범칙조사는 무신고가산세가 세액의 40%로 최대 4배까지 가산세가 늘어날 수 있습니다.

셋째, 통고처분과 고발조치 입니다. 일반세무조사는 단순히 세금추징에 그치지만 조세 범칙조사는 세무조사 후 통고처분을 합니다. 통고처분은 벌금을 말하는데 형사 절차에 갈음해 과세관청이 범칙자에 대해 금전적 제재를 가하는 것을 의미합니다. 일반적으로 부과되는 세액의 0.5배에 상당하는 벌금이 부과됩니다.

조사대상자가 법인일 경우 법인에 부과되는 세액의 0.5배의 벌금 외에 대표자에게도 0.5배의 추가적인 벌금이 부과됩니다. 그러므로 부과되는 벌금이 매우 높아질 수밖에 없습니다. 통고처분은 이를 이행한 범칙자에 대해서는 고발하지 않기 때문에 형사 절차의 사전절차로서의 성격을 갖고 있습니다.

조세 범칙조사 후 납세자가 통고처분을 이행하는 경우에는 같은 사건에 대해 다시 조세 범칙조사를 하거나 처벌하지 않지만, 만일 통고처분을 이행하지 않으면 고발하게 되어 있습니다.

조세 범칙조사 중 혐의를 인정할 때에는 특정범죄가중법(특가법)에 적용되지 않도록 노력해야 합니다. 특가법에 해당하면 징역형에 벌금까지 아울러 매기게 되어 있으며 그 벌금액이 상당히 고액입니다.

그러므로 조세 범칙조사 단계에서 관련된 필요경비를 최대한 인정받거나 추징소득 금액을 줄이도록 노력해야 합니다. '수익 있는 곳에 비용이 있다'라는 말이 있습니다. 자신이 조세 범칙조사 대상자가 됐다고 자포자기하지 말고 최선을 다해 세무조사에 임해야 합니다. 어떻게 세무조사에 대응하느냐에 따라 벌금액을 줄일 수도 있고 고발도 피할 수 있습니다. 때에 따라서는 특가법 적용을 피하고자 실지 조사 결정 대신 추계조사 결정을 받는 방법도 고려할 필요가 있습니다.

그럼 조세 범칙조사 대상자에 선정되지 않으려면 어떻게 해야 할까요? 결론은 조세 범칙조사 세무조사대상자에 선정되지 않는 것입니다. 이를 위해 평소 합법적이고 합리적인 방법으로 세무회계처리를 하는 것이 최선임을 인식하는 것이 중요합니다.

02 통합조사와 세목별 조사에 대해서 알려주세요!

세무조사는 납세자의 사업과 관련해 신고·납부의무가 있는 세목을 통합해서 조사하느냐 아니면 세목별로 나눠 조사하느냐에 따라 통합조사와 세목별 조사로 분류할 수 있습니다.

통합조사는 조사대상으로 선정된 과세 기간에 납세자의 편의와 조사의 효율성을 높이기 위해 납세자의 사업과 관련해 신고와 납부의무가 있는 세목을 함께 조사하는 것을 말합니다.

세목별 조사는 세원 관리상 긴급한 필요가 있거나 부가가치세, 개별소비세, 주세, 재산제세(양도소득세, 상속세 및 증여세), 원천징수대상 세목 등의 특정 세목만을 대상으로 하는 세무조사입니다.

세무조사의 조사범위는 세무서장이나 조사국장의 승인으로 확대되기도 합니다. 2019년 10월 10일에 열린 국세청 국정감사에서 바른미래당의 김성식 의원은 세무서와 지방청의 납세자보호담당관 및 납세자보호위원회의 심의에서 조사범위 확대가 불승인된 건수는 2018년 34건(심의건수 대비 3.2%), 2019년 6월까지 20건(3.5%)에 불과한 것으로 드러났다고 지적했습니다.

국세기본법 제81조의18에 따라 중소규모 납세자 이외의 대규모 납세자에 대한 세무조사 범위 확대는 납세자보호위원회의 심의를 거쳐야 합니다. 중소규모 납세자에 대한 세무조사 범위 확대를 최초로 실시하는 경우에는 납세자보호담당관이 납세자보호사무처리규정 제46조에 따라 승인하도록 하고 있습니다. 중소규모 납세자의 부분조사로의 조사범위 확대가 필요한 경우에는 조사관서장의 승인(조사사무처리규정 제39조 제3항 단서)으로도 가능합니다.

이렇듯 중소규모 납세자에 대한 부분조사로의 범위 확대가 세무서장이나 조사국장의 승인으로 가능함에 따라 국세공무원의 조사권이 남용될 수 있다는 우려가 지적되어 왔습니다. 국세청이 김성식 의원에게 제출한 범위 확대 승인 현황을 보면, 납세자보호위원회 심의나 납세자보호담당관의 승인 요청 중 매년 절반 이상이 '대규모 납세자의 부분조사로 확대'였습니다.

'부분조사에서 전부조사로 확대', '세목별조사에서 통합조사로 확대', '다른 세목에 대한 조사로 확대'는 2016년부터 2019년 9월까지 불승인 사례가 한 건도 없는 것으로 나타났습니다.

특히 납세자보호담당관 및 납세자보호위원회의 심의를 거치지 않고 조사관서장의 승인으로 조사 범위가 확대되는 중소규모 납세자에 대한 부분범위 확대의 경우 2017년 요청 건수 276건에 불승인 단 1건(0.4%), 2018년 요청 건수 204건에 불승인 건수는 한 건도 없는 것으로 확인되었습니다.

이에 김성식 의원은 "조사관서장의 승인에 의한 범위 확대의 경우 불승인되는 사례가 거의 없다는 사실로 보아 자의적 조사 범위 확대 우려가 크다"라며 "중소규모 납세자의 부분조사로의 범위 확대 시에도 조사권 남용을 방지할 장치 마련이 시급하다"라고 강조했습니다. 공정한 세무조사를 위한 제도 보완이 하루 속히 이루어져야 하겠습니다.

03   그 외 세무조사의 종류를 모두 알려주세요!

1. 전부조사

조사대상 과세 기간의 신고사항에 대한 적정 여부를 전반적으로 검증하는 세무조사를 말합니다. 일반적으로 전부조사의 경우 해당 사업장의 직원까지 세무조사를 하는 것이 아니라 법인과 개인, 대표이사, 주주들까지 세무조사가 이뤄집니다.

2. 부분조사

특정 항목부분 또는 거래 일부의 적정 여부를 검증하는 세무조사를 말합니다. 예를 들면 국세청이나 지방국세청이 법인에 대한 세무조사 때, 회계처리 전반에 대해 조사하는 것이 아니라 신고내용 중 불성실한 혐의가 짙은 일부 항목만 선별해 조사하는 것을 말합니다.

3. 주식변동조사

출자, 증자, 감자, 매매, 상속, 증여, 신탁, 주식배당, 합병 등에 의해서 주주가 회사에 대해 가지는 법적 지위권, 소유지분율, 소유주식수가 변동되는 과정에서 발생할 수 있는 여러 탈세 혐의 등에 대해 조사하고 확인합니다.

4. 자금출처조사

부동산을 취득한 경우 이에 필요한 돈이 어디에서 났는지를 확인하는 조사로, 취득자금의 원천이 직업, 나이, 소득 및 재산상태로 보아 본인의 자금으로 취득했다고 인정하기 어려운 경우에 취득자금의 출처를 밝히기 위한 조사를 실시합니다. 만약 다른 사람으로부터 취득자금을 증여받은 것으로 확인되면 증여세가 부과됩니다.

5. 이전가격조사

이전가격이란 국내에 있는 본사와 외국에 진출한 자회사 간의 상품 거래가격을 뜻합니다. 국세청은 이전가격조사를 통해 국가간의 거래에 있어서 거주자, 내국법인 또는 외국법인 국내사업장이 국제조세조정에 관한 법률의 과세표준 및 세액 신고 때 적용된 이전가격이 정상가격과 합치하는지를 조사합니다. 이전가격 조작 혐의는 다국적 기업의 가장 흔한 탈세유형이기도 합니다.

6. 금융추적조사

과세관청에서 개인이나 법인의 제세탈루 및 변칙적인 회계처리를 통한 자금의 유출에 대하여 일반적인 세무조사만으로는 객관적인 과세근거를 확보하기가 쉽지 않은 경우가 있습니다. 기업의 진술 또는 회계장부조사 만으로 세무조사가 원만히 이루어지지 않을 때 과세관청에서는 금융추적조사를 병행하게 됩니다. 금융추적조사는 과세관청이 금융기관에 개인이나 법인의 금융거래정보를 요청하여 진행합니다.

04 정기 선정과 수시선정은 어떻게 하나요?

세무조사 대상자를 선정할 때 정기 선정의 사유와 수시선정의 사유가 있습니다. 어떤 목적으로 대상자를 선정하고 선정 부서, 선정 횟수, 조사 시기를 정하며 이에 따른 관련 규정과 내부 지침이 어떻게 다른지 살펴보겠습니다.

1. 선정 목적

정기 선정은 사업자가 신고한 부가가치세 신고서 등의 신고내용의 적정성에 대한 정기적 검증을 위해서 선정합니다.

수시선정은 사업자가 부가가치세 신고를 하지 않은 경우 등 납세 협력 의무를 불이행한 경우 또는 국세 탈루로 인해 세수를 놓칠 우려가 있는 경우에 이를 방지하기 위해 수시로 선정합니다.

2. 선정 부서

정기 선정은 각 지방국세청의 법인 및 개인납세국에서 선정하고 수시선정은 조사국에서 선정합니다.

3. 선정 횟수

정기 선정은 1년에 1회 선정하는 것을 원칙으로 하지만 수시선정의 경우 조사사무처리 규정에 해당하는 사유 발생 시 수시로 선정합니다.

4. 조사 시기

정기 선정은 세무조사 대상자로 선정한 날로부터 1년 이내에 착수함을 원칙으로 합니다. 수시선정은 조사대상자로 선정되면 선정 즉시 착수함을 원칙으로 합니다.

5. 관련 규정

정기 선정은 국세기본법 제81조의6 제2항에 규정되어있고 수시선정은 국세기본법 제81조의6 제3항에 규정되어 있습니다.

정기 선정의 사유를 요약하면 다음과 같습니다.

① 국세청장이 납세자의 신고내용에 대해 정기적으로 성실도를 분석한 결과 불성실 혐의가 있다고 인정하는 경우(주식회사의 외부감사에 관한 법률에 따른 감사의견 등 고려)

② 최근 4과세 기간 이상 같은 세목의 세무조사를 받지 아니한 납세자에 대해 업종, 규모, 경제력 집중 등을 고려해 신고내용이 적정한지를 검증할 필요가 있는 경우

③ 무작위추출방식으로 표본조사를 하려는 경우

비정기 선정 사유를 요약하면 다음과 같습니다.

① 납세자가 세법에서 정하는 신고서 제출 등의 납세협력 의무를 이행하지 않은 경우

② 무자료거래, 위장가공거래 등 거래 내용이 사실과 다른 혐의가 있는 경우

③ 납세자에 대한 구체적인 탈세 제보가 있는 경우

④ 신고내용에 탈루나 오류의 혐의를 인정할 만한 명백한 자료가 있는 경우

⑤ 납세자가 세무공무원에게 직무와 관련해 금품을 제공하거나 금품제공을 알선한 경우

관련조문
국세기본법 제81조의6 제2항
세무공무원은 다음 각 호의 어느 하나에 해당하는 경우에 정기적으로 신고의 적정성을 검증하기 위하여 대상을 선정(이하 "정기선정"이라 한다)하여 세무조사를 할 수 있다. 이 경우 세무공무원은 객관적 기준에 따라 공정하게 그 대상을 선정하여야 한다. 〈개정 2013.01.01, 2014.01.01., 2017.12.19〉
1. 국세청장이 납세자의 신고 내용에 대하여 과세자료, 세무정보 및 「주식회사의 외부감사에 관한 법률」에 따른 감사의견, 외부감사 실시내용 등 회계성실도 자료 등을 고려하여 정기적으로 성실도를 분석한 결과 불성실 혐의가 있다고 인정하는 경우
2. 최근 4과세기간 이상 같은 세목의 세무조사를 받지 아니한 납세자에 대하여 업종, 규모, 경제력 집중 등을 고려하여 대통령령으로 정하는 바에 따라 신고 내용이 적정한지를 검증할 필요가 있는 경우
3. 무작위추출방식으로 표본조사를 하려는 경우

관련조문
국세기본법 제81조의6 제3항
세무공무원은 제2항에 따른 정기선정에 의한 조사 외에 다음 각 호의 어느 하나에 해당하는 경우에는 세무조사를 할 수 있다. 〈개정 2011.05.02, 2014.01.01., 2015.12.15〉
1. 납세자가 세법에서 정하는 신고, 성실신고확인서의 제출, 세금계산서 또는 계산서의 작성·교부·제출, 지급명세서의 작성·제출 등의 납세협력의무를 이행하지 아니한 경우
2. 무자료거래, 위장·가공거래 등 거래 내용이 사실과 다른 혐의가 있는 경우
3. 납세자에 대한 구체적인 탈세 제보가 있는 경우
4. 신고 내용에 탈루나 오류의 혐의를 인정할 만한 명백한 자료가 있는 경우
5. 납세자가 세무공무원에게 직무와 관련하여 금품을 제공하거나 금품제공을 알선한 경우

6. 내부 지침

정기 선정은 조사대상 정기선정 지침에 따르고, 수시선정은 세무조사 관리지침에 따라 시행됩니다.

구분	정기선정	수시선정
목적	신고내용의 적정성에 대한 정기적 검증	납세협력 불이행 및 국세탈루 방지 등
선정부서	법인 및 개인 납세국	조사국
선정횟수	연1회	규정에 따른 사유발생시 수시로
세무조사 실시시기	선정일로부터 1년 이내 착수원칙 (이월가능)	선정되면 즉시 착수 원칙
관련 규정	국세기본법 제81조의6 제2항	국세기본법 제81조의6 제3항
관련내부지침	조사대상 정기선정지침	세무조사 관리지침

다음은 빛나리 치과의사에 대한 정기 세무조사 사례입니다. 그가 어떻게 정기 세무조사 대상으로 선정됐는지 설명해보겠습니다.

주요경비 44.5%	기타경비 17.2%
인건비 20% 매입비, 재료비 13% 기공료 7% 임차료 2.6%	복리후생비(인건비의 20%) 접대비 감가상각비 소모품비 차량유지비 지급수수료 등

* 치과의사 사례(단순경비율 61.7%, 소득율 38.3%)

빛나리 치과원장은 주요경비 44.5% 중에 인건비 비중을 매출액 대비 20%로 신고했고 재료비는 전체 매입원가의 20%를 재료비로 신고했습니다. 또한 기공료는 매입원가의 7%를 계상했고 인건비의 20%를 복리후생비로 신고했습니다. 그런데 빛나리 치과원장은 무슨 이유로 정기 세무조사 대상으로 선정됐을까요?

그 이유는 전년 대비 재료비 비율이 50%가 상승됐는데 동종업체 대비 재료비 비율이 너무 높은 게 문제였습니다. 바로 재료비 부분 중 금매입량 증가가 원인이 되어 정기 세무조사 대상으로 선정된 것입니다.

보통 치과에서는 보철 등을 위해 금을 매입하는데 전년 대비 금매입량이 대폭 상승했다는 것은 매출액이 그만큼 상승했다는 것을 의미하지만 빛나리 원장의 매출액증가율은 전년도 대비해 별다른 변동사항이 없었습니다. 매출액 변동 없이 원재료비율이 증가했다는 것은 무슨 의미일까요?

과세관청에서는 빛나리 원장이 매출 누락을 시켰든지 아니면 가짜로 금을 매입한 것처럼 가공매입자료를 수령해 비용으로 계상한 것으로 보고 세무조사대상에 선정한 것입니다.

이러한 사례들을 참고해 종합소득세 신고를 할 때 전년도와 대비해 원재료나 인건비 등 특정 계정 과목이 과다하게 변동되는 경우에는 특별히 유의해 재무제표를 작성해야 세무상 불이익을 당하지 않을 것입니다.

05 납세자의 성실도는 어떻게 분석하나요?

납세자의 성실도를 분석하는 시스템으로 CAF(성실도분석시스템)이 있습니다. CAF는 국세청이 세무조사 대상이 되는 법인을 선정할 때 이용하는 전산분석시스템으로, TIS(국세통합시스템)에 저장되어있는 각종 세금신고내용과 과세정보를 토대로 통계기법과 전산감사기법을 응용해 신고성실도를 분석해 결과물을 뽑아내는 시스템을 말합니다.

CAF의 성실도분석 방법은 평가대상 법인을 비슷한 매출액 규모, 동일 업종별로 그룹화해 동일그룹 내에서 성실도를 평가하게 됩니다.

선정유형	배정인원	성명	성실도 종합지수
장부신고(일반 업종) - 전산성실도 하위	11명	김OO	47.59
		이OO	58.48
장부신고(취약업종) - 전산성실도 하위	10명	박OO	65.74
		최OO	75.4

신고불성실 개연성 등 성실도 검증 필요성이 높은 법인일수록 종합성실도 점수(기본점수 100점, 성실도 우열 정도를 가감해 종합점수산출)는 낮게 평가됩니다.

위의 표에서 보는 바와 같이 업종별로(주업종이 중요) 성실도 종합점수를 산출해 그중 가장 낮은 점수를 받은 사업자를 세무조사 대상자로 선정하게 됩니다.

구분	성실도 종합점수	선정제외대상	조사대상
A회사	47.59	일자리 창출기업	X
B회사	58.48		O

그런데 예외인 경우가 있습니다. 일자리 창출기업과 같이 선정제외사유가 있는 경우에는 A업체가 비록 성실도 분석에서 낮은 점수를 받았다 할지라도 세무조사대상에서 제외되고 A보다 높은 점수를 받았던 B가 세무조사 대상자로 선정됩니다.

그렇다면 성실도 점수는 어떻게 산정할까요? 성실도를 평가하는 요소로는 항목별 평점 산출을 위한 매출액, 신고소득, 접대비, 법인카드로 결제한 피부미용실이나 성형외과 지출 내역과 같은 사업주 사적경비지출액 등을 종합적으로 평가합니다.

계정과목		2023	2022	2021
수입금액				
당기순이익				
소득율	당해업체(%)	6.9	6.3	1.7
	업종평균(%)	11.6	10.5	10.5

위의 표에서 보는 바와 같이 전년에 비해 매출액이 얼마나 증가했는가, 소득금액이 얼마나 증가했는가, 원가율이 어떻게 변동됐는가 매출액이 비슷한 동종업계에 비해 소득률이 낮아졌는지 등의 여부를 평가해 성실하게 신고했는지를 판단합니다.

2018년 10월 25일 국회 기획재정위원회 소속 자유한국당 엄용수 의원이 국정감사에서 발언한 국세청 자료에 따르면, 국세청의 CAF 분석 결과 법인규모가 클수록 신고 성실도가 낮은 것으로 나타났습니다.

120점 이상 성실신고 법인은 2015년 5,581개에서 2016년 4,031개로 27.8% 감소했으며, 80점 이하 불성실신고 법인은 2015년 1만1,926개에서 2016년 1만5,953개로 33.8% 증가했습니다.

특히 1000억 이상 기업에서 가장 낮은 신고 성실도를 보였는데, 1,000억 이상 전체 3,600개 법인 중 120점 이상을 받은 성실신고 법인은 15개, 0.4%에 불과해 전체구간에서 가장 낮으며, 80점 이하를 받은 법인은 101개, 2.8%로 가장 높은 비율을 보였습니다.

반면 100억 미만 전체 50만9,202개 법인 중 120점 이상을 받은 성실신고 법인은 3,687개, 0.7%, 80점 이하를 받은 법인은 1만4,993개, 2.7%의 비율로 1,000억 이상 법인 대비 높은 신고 성실도를 보였습니다.

이러한 문제를 해결하기 위해서는 국세 행정의 중립과 국세공무원의 전문역량을 강화해 엄정한 조사가 이루어져야 하고, 전문 인력 부족으로 성실 신고를 하고 싶어도 하지 못하는 영세법인을 위한 지원시스템이 확립되어야 하겠습니다.

외형계급별 법인 신고성실도 점수 현황

연도	외형계급	전체법인수	120점 이상		80점 이하	
			법인수	비율	법인수	비율
2016년	1천억 이상	3,600	15	0.4%	101	2.8%
	500억 이상	3,689	21	0.6%	73	2.0%
	100억 이상	32,507	308	0.9%	786	2.4%
	100억 미만	547,626	3,687	0.7%	14,993	2.7%
	소계		4,031		15,953	

06   수시세무조사의 법적 근거는 무엇인가요?

　세무공무원은 국세기본법 81조의6 제3항에 따라 수시 세무조사 대상을 선정하고 세무조사를 실시할 수 있습니다. 하지만 이 조항은 제한적 열거규정이기 때문에 과세관청은 조항에서 명시하고 있는 수시 세무조사 대상 5가지 사유 중 어느 하나에 해당하지 않는 경우에는 세무조사 대상자로 선정해서는 안 됩니다.

> **국세기본법 제81조의6 제3항**
> 세무공무원은 제2항에 따른 정기선정에 의한 조사 외에 다음 각 호의 어느 하나에 해당하는 경우에는 세무조사를 할 수 있다. 〈개정 2011.05.02, 2014.01.01., 2015.12.15〉
> 1. 납세자가 세법에서 정하는 신고, 성실신고확인서의 제출, 세금계산서 또는 계산서의 작성·교부·제출, 지급명세서의 작성·제출 등의 납세협력의무를 이행하지 아니한 경우
> 2. 무자료거래, 위장·가공거래 등 거래 내용이 사실과 다른 혐의가 있는 경우
> 3. 납세자에 대한 구체적인 탈세 제보가 있는 경우
> 4. 신고 내용에 탈루나 오류의 혐의를 인정할 만한 명백한 자료가 있는 경우
> 5. 납세자가 세무공무원에게 직무와 관련하여 금품을 제공하거나 금품제공을 알선한 경우

　그런데 수시 세무조사 대상자로 선정되어 세무조사를 받은 상당 수 사업자들이 부당하게 자신이 세무조사 대상자로 선정됐다는 이유로 과세관청을 상대로 조세불복소송을 제기해 승소하는 사례가 종종 발생하고 있습니다. 이러한 사례를 방지하기 위해 과세관청은 보다 신중하게 수시 세무조사 대상자를 선정해야 합니다.

　그렇다면 세무조사 업무의 대한 법적 근거는 무엇일까요? 현재 일반인에게 공개된 것은 국세기본법과 조사사무처리규정 정도이고 조사대상 정기 선정지침, 세무조사 관리지침, 조사사무 처리준칙 등 나머지 각종 지침과 준칙은 일반인에게 비공개되고 있습니다.

공개	비공개
- 국세기본법 - 조사사무처리규정	- 조사대상 정기선정지침 - 세무조사 관리지침 - 조사사무 처리준칙 - 자금출처조사 관리지침 - 세원정보업무 처리지침 - FIU정보 활용 업무처리지침

세무조사 후 과세된 세금의 30% 이상이 조세불복소송에서 취소판결로 결정되고 있습니다. 이는 과세관청의 세무조사 대상자 선정과정 등 여러 행정절차가 일반인에게 공개되지 않는 비투명성에 근거하고 있기 때문이기도 합니다.

07 차명계좌와 탈세자 선정방법이 궁금해요!

과세관청은 공정하고 투명한 세무조사를 위해 차명계좌와 탈세자를 선정하고 세금을 부과하는 여러 분석시스템을 다음과 같이 갖추고 있습니다.

1. 소득지출분석시스템

일명 PCI 시스템이라고 합니다. 납세자가 신고한 소득과 지출한 금액을 빅데이터로 분석해 납세자가 부동산취득 등으로 지출한 금액이 국세청에 신고된 소득보다 많은 경우에 탈세 혐의가 있는 것으로 보고 세무조사 대상자로 선정하는 시스템을 말합니다.

2. FIU 금융정보 예금증가액과 예금인출액 분석

금융기관은 납세자의 금융기관거래 중에 1천만원 이상 현금거래와 자금세탁 의심거래를 분석해 FIU(금융정보분석원)에 보고하도록 되어있습니다.

3. 연계 자료 분석

과세관청은 PCI 시스템 자료와 FIU 자료를 연계해 분석한 후 그 결과 탈세 혐의가 있는 대상자를 세무조사 대상자로 선정합니다.

4. 조사대상자 선정 작업

PCI 시스템과 FIU 시스템을 결합해 조사대상자 선정 작업을 하는데 이 시스템을 통해서 보이스피싱 등 많은 사기꾼이 걸려든다고 합니다. 국세청에 신고된 소득도 없거나 신고된 소득이 미미한 사람이 갑자기 통장에 고액의 자금이 입금됐다면 부정한 방법에 의한 자금일 가능성이 높은 것으로 보고 세무조사 대상자로 선정하는 것입니다.

이러한 분석시스템에도 불구하고 세무조사 대상자 선정에 따른 논란은 항상 있습니다.

> **수시조사 선정에 따른 대응 (감사원 감사보고서 내용)**
> 각 지방국세청이 비정기 선정 및 심리분석 과정에서 활용한 과세정보와 그 출처 등이 관리되지 않고 있어, 선정검토표 및 분석보고서에 비정기 선정사유로 기재한 탈루혐의가 어떤 과세정보를 활용해 도출한 것인지, 탈루혐의를 인정할 만한 명백한 자료가 선정 다시 있었는지 확인할 수 없었다.
> 특히 23건 중 4건의 경우 조사대상자를 선정한 관할 지방국세청은 심리분석을 위해 국세청 전산시스템에 등재된 과세정보를 조회한 이력이 확인되지 않는 반면, (접속기록 보관기관 5년) 납세지 관할이 아닌 관서(국세청 본청 또는 다른 지방국세청)가 해당 조사 대상자와 관련된 과세된 과세정보를 조회한 이력이 있는 것으로 확인되었다.
> (감사원 감사보고서, "교차세무조사운영 및 개선방안 추진실태", 2019.03.)

위의 감사원 감사보고서는 다음과 같은 내용으로 수시 세무조사 대상자 선정의 문제점을 지적했습니다.

① 국세청이 수시 세무조사 대상자를 선정함에 있어 선정과정이 공정하고 객관적으로 선정됐는지 여부가 검증이 불가능합니다.

② 세무조사 선정검토표 분석보고서를 전자기록생산시스템에 등록·관리하지 않습니다.

③ 수시 세무조사 선정 및 심리분석과정에 활용된 과세정보와 출처 등이 관리되지 않고 있습니다.

④ 수시 세무조사 대상자 선정 심리분석을 위해 국세청 전산시스템에 등재된 과세정보를 조회한 이력이 관리되지 않고 있습니다.

⑤ 납세지 관할이 아닌 다른 관서에서 조사대상자의 과세정보를 조회한 이력이 있는 것으로 확인되었습니다.

대법원은 한 소송에서 다음과 같은 판결을 내리기도 했습니다.

> **법에서 정하는 사유가 없는 조사는 위법**
> 구) 국세기본법 제81조의5(현 81조의6)에서 정한 세무조사대상 선정사유가 없음에도 세무조사대상으로 선정해 과세자료를 수집하고 그에 기해 과세처분을 하는 것은 적법절차의 원칙을 어기고 구 국세기본법 제81조의5와 제81조의3 제1항을 위반한 것으로서 특별한 사정이 없는 한 그 과세처분은 위법하다고 할 것임.
> (대법원 2012두911, 2014.06.26)

소송과정에서 법원은 과세관청에 대해 조사대상자 선정과 관련해 수시선정 분석보고서와 전자기록생산시스템 접속기록 제출을 요구했습니다. 하지만 과세관청이 관련 자료를 제대로 제출하지 못하자 이를 이유로 납세자의 편을 들었고 관련된 세금을 취소하라는 판결을 내렸습니다. 세무조사 선정사유 없이 한 세무조사는 위법이라는 것을 다시 한번 확인한 사례입니다.

08 차명계좌 세무조사 대상자 어떤 경우에 선정되나요?

차명계좌 세무조사 대상자는 크게 네 가지 사유로 선정됩니다.

1. 탈세 제보
내부직원 또는 거래처 사장 등 주변인물들의 탈세 제보

2. 거래 상대방의 파편
거래상대방이 세무조사를 받는 과정에서 조사사유와 연계된 거래내용

3. 세금포탈혐의 큰 업종
민생침해사범, 호황업종의 경우 (ex: 유흥업소 대부업자, 사행성게임장, 장례업자, 인테리어업자 등)

4. 거액부동산, 고액예금
국세청에 신고된 소득보다 훨씬 더 큰 금액의 부동산을 취득하거나 고액예금자산을 가지고 있는 경우

첫 번째는 탈세제보입니다. 탈세제보는 나를 가장 잘아는 지인들이 합니다. 내부직원 또는 거래처사장등 주변인물들이 제보를 하는 것입니다. 자존심에 상처를 입거나 자신이 크게 손해를 보았다고 생각될 때 주변인물이 나를 탈세자로 제보하는 것입니다. 주변지인들은 나의 차명계좌정보를 손에 쥐고 있다는 사실을 기억한다면 굳이 차명계좌를 만들어 책잡힐 일을 만들어서는 안될 것입니다.

두 번째는 거래상대방 세무조사시 파편을 맞는 경우입니다. 거래상대방이 세무조사를 받는 과정에서 조사사유와 연계된 거래내용으로 내가 차명계좌 세무조사대상자로 선정될 수 있습니다. 그러므로 거래상대방과 거래시에 차명계좌를 사용해서

는 안되겠지만 부득이하게 사용해야 한다면 철저하게 차명계좌 세무조사에 대비를 해 놓아야 할 것입니다.

세 번째는 세금포탈혐의가 큰 업종이 차명계좌 조사대상자로 선정됩니다. 일명 민생침해사범, 호황업종으로 언론에 자주 보도되는데 예를 들면 유흥업소 대부업자, 사행성 게임장, 장례업자, 인테리어업자등이 이에 해당됩니다.

직원명의의 위장사업장을 개설하거나 친인척계좌를 통해 매출누락을 하다가 차명계좌 세무조사대상자로 선정이 되는 경우가 많이 발생하고 있습니다.

네 번째는 거액의 부동산을 취득하거나 고액예금을 한경우입니다. 예를 들어 나이도 어린 사람이 국세청에 신고된 소득보다 훨씬 더 큰 금액의 부동산을 취득하거나 고액예금자산을 가지고 있다고 가정을 해봅시다! 그러면 과세관청에서는 차명계좌를 의심해서 세무조사대상자로 선정하게 되는 것입니다.

차명계좌에 대한 실제 세무조사 사례를 살펴보겠습니다.

00성형외과와 ◇◇호텔은 주로 중국인 성형관광객들에게 성형수술을 해주면서 차명계좌를 이용해 수술비와 숙박비를 수취하고 국세청에 수입금액신고를 하지 않는 방법으로 탈세를 하다가 차명계좌 세무조사를 받은 케이스입니다. 국세청은 세무조사결과 차명계좌를 이용한 수술비와 숙박비 신고누락액에 대해 수십억원의 세금을 고지했습니다.

강남의 00 유흥주점의 실제소유자 나탈세씨는 종업원명의로 사업자등록증을 내고 실제 수입은 또 다른 차명계좌를 이용하여 수입금액을 누락시키다가 차명계좌 세무조사를 받고 역시 수십억원의 세금폭탄을 맞고 말았습니다.

강남에서 공인중개사를 하고 있는 나중개씨는 전월세 중개수수료에 대해서는 부동산거래 신고의무가 없는 점을 악용해 전월세 중개수수료를 현금이나 종업원계좌로 수취하여 수입금액 신고누락을 했다가 국세청의 차명계좌 세무조사대상자에 선정되어 세무조사를 받고 세금폭탄을 맞았습니다. 부동산중개업의 경우 현금영수증 발행업종이기 때문에 현금영수증 미발행 과태료까지 추징당하고 지자체에 계약서 보관의무 위반등 공인중개사법 위반사범으로 통보되기까지 했습니다.

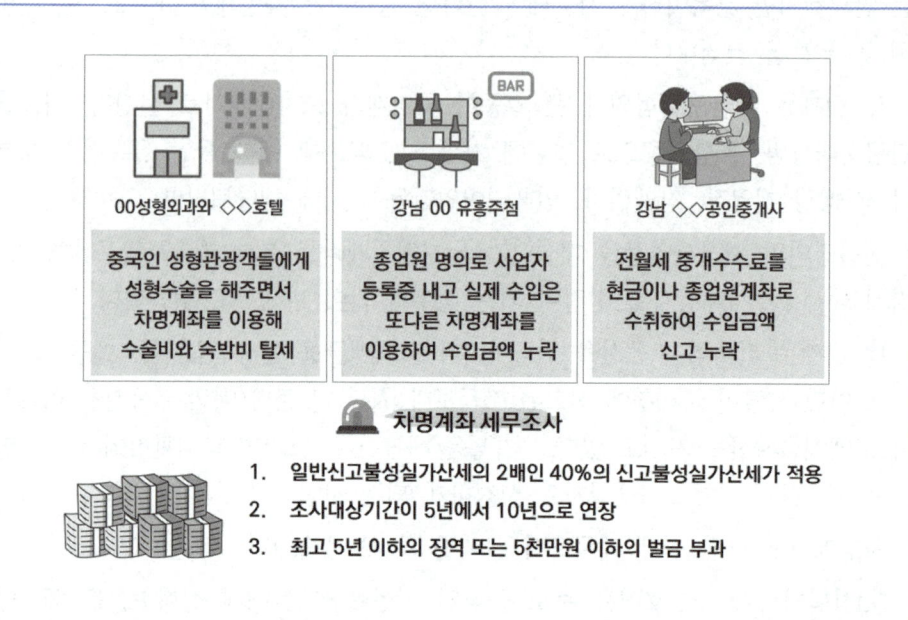

　차명계좌 세무조사의 경우 일반세무조사와는 달리 조세범칙행위로 보아 일반신고불성실가산세인 20%의 2배인 40%의 신고불성실가산세가 적용됩니다. 뿐만 아니라 사기 기타 부정한 방법에 해당할 경우 조사대상기간이 일반적인 기간인 5년에서 10년으로 연장될 수도 있습니다.

　그리고 조세범처벌법에 의해 조세포탈범으로 고발되어 최고 5년이하의 징역 또는 5천만원 이하의 벌금을 부과 받을 수도 있습니다.

　의도적이든 의도하지 않았던 차명계좌사용으로 인한 세무조사가 시작되었다면 어떻게 해야 할까요? 차명계좌를 사용하여 불법을 저질렀으니 모든 것을 자포자기 하고 조사관들의 처분에 맡겨야 할까요? 그렇지 않습니다. 조사기간중에 최선을 다해서 세무조사에 대응해야 합니다. 수익있는 곳에 비용이 있다는 말처럼 차명계좌에 입금된 금액이 모두 수입금액이 아니고 관련된 비용이 있다는 것을 최선을 다해서 소명하여 실제상황 이상으로 세금폭탄을 맞는일은 피해야 할 것입니다.

　결론을 말하자면 차명계좌는 처음부터 만들지 않는 것이 가장 좋은 방법이라는 것입니다.

차명계좌를 사용할 것이 아니라 적법한 방법으로 합리적인 절세방법을 강구하는 것이 더 경제적인 선택이라는 뜻입니다.

09 세무조사 사례와 탈세 제보에 대해 알고 싶어요!

고소득자영업자로 대변되는 소위 '사'자 들어가는 업종이 무엇이 있을까요? 대표적으로 변호사, 의사, 회계사, 변리사, 세무사, 법무사 등이 있습니다. 그중에 세무조사 단골 메뉴로 들어가는 업종이 있다면 단연 의사 중에 성형외과가 으뜸입니다.

성형외과 세무조사 사례는 종종 언론에 보도될 정도로 빈번합니다. 그중 한 사례를 통해 어떻게 세무조사가 이뤄지고 세금을 과세하게 되는지 살펴보고자 합니다.

1. 분석 대상

성형외과는 쌍꺼풀, 코 성형, 유방확대 수술 등을 하는 곳입니다. 수술 항목 대부분이 부가가치세 과세대상에 해당합니다.

2. 분석 방법

조사대상 성형외과의 신용카드 건당 평균 매출금액을 산정한 후 동종업체 평균 건당 매출액과 비교해 동종업체보다 현저히 적은 경우에 조사대상자로 선정합니다.

그런가 하면 진료용역에 대한 대가로 현금을 요구하다가 탈세제보가 접수되어 조사대상자로 선정되기도 합니다.

그 외에 매출이 급격하게 감소 또는 증가한 경우, 신고소득율이 크게 변동된 경우, 카드매출과 현금매출의 차이가 심한 경우, 고가의 부동산을 취득한 경우에 세무조사대상자로 선정되기도 합니다.

3. 분석 결과 성실신고 안내

동종업체보다 평균 건당 매출액이 적은 성형외과 전체를 세무조사 대상자로 선정하는 것은 아닙니다. 대부분의 경우 종합소득세 신고 전에 개별 성실신고안내문을 발송해 자진해서 성실하게 종합소득세신고를 해줄 것을 납세자에게 안내하고 있습니다.

만약 성형외과원장에 대해 누군가 탈세제보를 하였다면 제보된 자료는 어떻게 처리될까요? 탈세 제보의 내용이 구체적이고 탈세혐의를 입증할 증빙이 첨부되어있다면 조사사무처리규정에 따라 즉시 세무조사 대상자로 선정해 세무조사를 실시하게 됩니다.

필자가 국세청에 재직할 당시에 일선 세무서 조사과에서 탈세 제보자료 총괄 담당 사무를 맡은 적이 있습니다. 여러분은 탈세 제보를 누가 한다고 생각하시나요? 놀랍게도 회사의 경리, 동업자. 임직원, 거래처 사람 등 지인에 의해서 제보되는 경우가 많습니다. 지인에 의한 탈세 제보자료는 비교적 입증자료가 분명해 조사대상자로 선정될 가능성이 매우 높습니다.

반면에 지인에 의한 제보가 아닌 탈세 제보자료 중 대부분의 자료는 탈세를 입증할만한 자료가 부족해 조사대상자로 선정되지 않습니다. 탈세 제보를 하면 제보자에게 포상금을 지급하는데 최대 얼마까지 포상금이 지급되는지 아시나요? 놀라지 마세요. 무려 최대 40억까지 탈세 제보 포상금이 지급됩니다.

높은 포상금을 노리고 강남에서는 한때 세파라치 학원이 유행한 적도 있습니다. 세파라치 학원은 세파라치를 꿈꾸는 이들에게 어떻게 하면 탈세 제보 대상자가 세무조사 대상에 선정되고 세무조사를 받게 되는지 전문적인 교육을 해 탈세 제보의 방법을 가르칩니다.

탈세 제보자료 중에서 조사대상자로 선정되지 않은 자료는 어떻게 처리될까요? 소각 처리되어 영원히 사라질까요? 그렇지 않습니다. 추후에 조사대상자 심리분석 및 조사 등에 활용될 수 있도록 보존하고 있습니다. 그러니 가능한 탈세 제보의 대상이 되지 않도록 평소에 신변정리를 잘해야 합니다.

4. 세무조사 추징사례

성형외과의 경우 성수기는 휴가철과 방학기간임에도 매월 비슷한 규모로 신고한 경우 세무조사관들의 집중적인 조사를 받게 됩니다. 조사관들은 향정신성 의약품 취급대장과 진료기록부를 상호대사해 진료사항이 누락된 것을 확인하기도 합니다. 그런가 하면 간호사가 보관중인 시술일정표상의 시술건수와 유형별 시술비용등을 진료기록부와 비교분석하기도 합니다.

10   탈세제보 포상금 이대로 좋은가?

탈세정보 제공자에게 지급하는 탈세제보 포상금 지급액이 대폭 증가될 것이라는 국세청의 발표가 세간의 화제가 된 적이 있습니다.

국세청은 2024년 5월 '포상금지급기준'을 개정하고, 포상금지급기준에 신고납부에 관한 가산세를 포함 하였습니다. '포상금지급기준' 개정을 통해 탈세적발에 중요한 자료를 제공한 제보자에게 한층 더 두터운 보상을 함으로서 국가재정수입 증대에 기여하고 자발적 성실납세 문화의 정착을 한층 더 유도하겠다는 것입니다.

탈세제보 포상금제도는 탈세혐의 포착에 결정적인 자료를 제공한 국민에게 탈루세액의 5~20%에 달하는 포상금을 최대 40억원까지 지급하는 제도입니다.

물론 탈세제보를 했다고 해서 모두 포상금을 지급 받을 수 있는 것은 아닙니다. 탈세제보 포상금은 조세범처벌법에 따른 탈루 세액을 산정하는데 '중요한 자료'를 제공한 제보자에게 지급합니다. '중요한 자료'에 의해 탈루 세액(본세)이 5,000만원 이상 추징되고 추징된 세액이 납부되어야 하며 조세불복제기. 불복청구절차가 종료되는 등 소정의 지급요건을 충족해야 포상금을 지급 받을 수 있습니다.

포상금은 탈루 세액이 5,000만원 이상인 경우 5억원까지는 20%, 5억원 초과 20억원까지는 15%, 20억원 초과 30억원이하는 10%, 30억원 초과는 5%를 적용하며 40억원을 한도로 합니다.

탈세제보를 한 국민에게 천문학적인 포상을 함으로서 국가재정수입 증대에 기여하고 자발적 성실납세 문화의 정착에 기여하도록 하겠다는 것이 국세청의 정책목표입니다. 그러나 이러한 과세관청의 취지와는 달리 탈세제보 제도는 원한이나 음해에 의한 허위·추측제보가 만연해 현실에서는 불신사회를 조장하는 등 악용사례가 많다는 의견이 주를 이루고 있습니다.

한국납세자연맹 자료에 따르면 국내 탈세제보 건수는 매년 약 2만건에 이르며 이들 상당수가 원한이나 음해에 의한 제보이거나 단순히 포상금을 노린 단순제보라고 합니다.

탈세제보로 인해 요즘 불면의 밤을 지새고 있는 K사장의 사례를 들어보겠습니다.

CCTV부품 제조업을 경영하고 있는 K사장은 요즘 밤잠을 이루지 못하고 있습니다. 불면증과 더불어 생긴 화병으로 체중이 무려 5KG이나 빠졌습니다.

　사유인즉은 K사장은 최근 거래처 사장과 대화중에 우연히 고향 후배인 자신의 회사 P전무가 회사돈 3억원을 횡령한 사실을 알아냈습니다. 믿었던 후배가 자신을 속이며 회사돈을 횡령한 사실에 몹시 화가 나고 분노가 치밀었지만, 금전적 손해를 감수해 가며 조용히 P전무가 자진퇴사 하는 것으로 마무리하려고 했습니다.

　그런데 웬걸! 회사돈을 횡령한 P전무가 한술 더떠 K사장에게 퇴직위로금 3억원을 요구한 것입니다.

　P전무가 횡령금반환 청구도 않고 형사고발 조치도 없이 조용히 퇴직처리 하는 것을 고마워하기는 커녕 퇴직위로금 3억원을 주지 않으면 탈세제보를 하겠다고 K사장을 협박하고 있는 것입니다. K사장은 요즘 믿었던 고향후배의 배신과 배은망덕으로 인해 악몽같은 밤을 보내며 고통스런 나날을 보내고 있습니다.

　K사장의 사례에서 보듯이 횡령·배임한 직원 또는 회사나 대표에게 원한을 품은 지인이 사업주를 탈세제보해 포상금을 받는 사례가 우리 주변에 적지 않습니다.

　이렇듯 탈세제보제도는 우리 사회에 증오와 불신을 조장해 사회적 갈등을 유발하는 부정적 측면이 많습니다. 발표된 통계자료에 의하면 제보된 자료중 37.5% 정도가 무혐의 처리되는 것으로 추정되는 바 이에 따른 행정력 낭비도 적지 않습니다. 따라서 허위 음해성 제보자에게는 책임을 묻는 제도가 조속히 마련되어야 할 것으로 판단됩니다.

　성실납세문화 정착을 위해 부득이하게 탈세제보 제도는 유지하더라도 증오와 불신을 조장하는 포상금지급 제도는 당연히 폐지되어야 합니다. 포상금지급제도 대안으로 가칭 '용감한 시민상' 등을 수여하고 제보자의 신상을 보장해 주는 방법도 하나의 좋은 보완책이 될 것이라고 생각합니다.

# 제3장

세무조사의 유예와 면제

01 세무조사 유예제도는 무엇인가요?

A씨는 최근 세무조사 사전통지를 받아 어려움이 있던 중에 일자리 창출 중소기업에 대한 세무조사 유예제도가 있다는 것을 알게 되었습니다. 세무조사 유예제도란 과연 무엇일까요? 어떤 경우에 세무조사의 유예와 면제를 받을 수 있는지 유예조건, 유예기간, 신청방법에 대해 자세히 알아보겠습니다.

> 일자리 창출 중소기업, 스타트업 창업, 혁신 중소기업
> : 최대 3년 간 세무조사 유예
>
> 매출 급감 등 어려운 경영여건 속에서도 고용을 유지하는 중소기업
> : 내년 말까지 정기세무조사 대상에서 제외
>
> 투자를 확대할 예정인 중소기업
> : 정기세무조사 면제
>
> 수입 금액이 일정금액 미만인 영세자영업자
> : 원친적으로 세무조사대상에서 제외
> (*기준 수입금액 : 도소매업의 경우 연간매출액 6억원 미만 / 제조,음식,숙박 등의 경우 3억원 / 서비스업의 경우 1.5억미만인 사업자가 조사대상 선정제외자에 해당)
>
> 15년 이상 계속 사업을 영위하면서 성실하게 신고 납부한
> 수입금액 500억미만 법인이나 수입금액 20억미만 개인사업자
> : 국세청에서 성실성 종합 검토하여 선정일로부터 5년간 정기세무조사 대상 제외

1. 일자리 창출 중소기업 및 고용유지협약 중소기업

일자리 창출 중소기업에 대한 조사유예 조건은 조사착수연도 상시근로자 수(연평균)가 직전 연도 대비 2%(최소 1명) 이상 증가계획이 있어 '일자리창출계획서'를 제출하고 그 계획을 이행하는 중소기업이 대상입니다.

〈수입금액 규모별 일자리창출 기준비율〉

2021과세연도 수입금액	500억원 미만	500억원 이상~1,500억원 미만
일자리 창출 비율	2% 이상	3% 이상

여기서 상시근로자란 당해 기업에 계속 고용되어있는 근로자로서 각 연도의 매월 말 현재 인원을 합해 당해 연도의 월수로 나눈 연평균 인원을 말합니다. 청년(15세 이상 34세 이하인 자)을 고용하는 경우, 근로자 수 계산 시 50% 가중치를 부여해 계산합니다.(청년 1명은 근로자 수 1.5명의 계산)

중소기업 범위는 조세특례제한법 시행령 제2조를 참고하시고 중소기업 해당 여부 판정 시 매출액, 자산규모 및 독립성 요건 등은 조사대상 업체의 조사대상 연도 과세 기간 종료일 현재 기준으로 판단하면 됩니다.

일자리 창출 중소기업에 대한 조사유예 기간은 조사착수 예정일부터 2년이고, 지방소재 기업은 3년입니다. 일자리 창출 중소기업에 대한 조사유예 신청방법은 세무조사 사전통지를 받고 위의 조건을 충족하는 경우 세무조사 개시 3일 전까지 조사관서에 「세무조사 유예 신청서」를 작성해 제출하면 됩니다.

조사개시 전까지 세무조사 유예 여부를 알려주게 되어 있으며, 세무조사 유예기간 중이더라도 가산세 부담 등의 사유로 먼저 조사받기를 원하는 경우 조사유예 철회를 신청하면 즉시 조사받을 수 있습니다.

사용자 측이 일정 기간 고용안정을 보장하는 대신 근로자 측은 임금 감소를 받아들인다는 고용유지협약을 맺은 중소기업은 세무조사를 최대 3년간 유예받을 수 있습니다. 대신 기업이 고용유지 약속을 지키지 않거나 탈세 혐의가 확인되면 세무조사 유예 혜택을 거둬들입니다.

2. 스타트업 혁신 중소기업

스타트업은 미국 실리콘밸리에서 생겨난 용어로, 혁신기술과 아이디어를 바탕으로 기술창업을 한 기업을 지칭하는 용어입니다. 벤처기업과 그 의미가 유사하다고 보면 됩니다.

스타트업이든 벤처기업이든 중소기업 범위에 해당하기 때문에 큰 의미에서는 중소기업으로 볼 수 있습니다. 기업 유형으로 분류할 땐 동일한 중소기업으로 이해하면 됩니다. 기술관점에서 봤을 때 창업 아이템이 혁신기술 분야와 관련되어있냐 단순 도소매, 서비스, 제조냐에 따라 스타트업과 중소기업을 구분하고 있습니다.

그럼 어떤 경우에 세무조사 유예를 받을 수 있을까요? 세무조사 유예대상은 스타트업 기업(사업개시 5년 미만 벤처기업), 혁신 중소기업입니다.

스타트업기업은 청년창업을 지원하는 차원에서 설립후 5년간 정기조사 대상 선정에서 제외하고 있습니다. '벤처기업 육성에 관한 특별조치법'에 따라 벤처기업으로 인증된 기업으로 개업일로부터 5년미만 중소기업이 대상입니다.

스타트업 혁신 중소기업에 대한 조사유예 신청방법은 세무조사 사전통지를 받고 위의 조건을 충족하는 경우 세무조사 개시 3일 전까지 조사관서에 「세무조사 유예 신청서」를 작성해 제출하면 됩니다.

조사개시 전까지 세무조사 유예 여부를 알려주게 되어 있으며, 세무조사 유예기간 중이

더라도 가산세 부담 등의 사유로 먼저 조사받기를 원하는 경우 조사유예 철회를 신청하면 즉시 조사받을 수 있습니다.

3. 소규모 성실사업자의 정기세무조사 면제대상 확대

소규모 성실사업자의 정기세무조사면제대상이 확대됐습니다. 국세청은 최근 성실사업자에 대한 세무조사부담 경감을 위해 법인의 경우 종전 1억원 이하만 가능했던 정기세무조사 면제대상을 3억원 이하로 변경했다고 밝혔습니다.

〈소규모 성실사업자 정기세무조사 면제대상 확대〉

구분	종전	개정
법인	수입금액 1억원 이하	수입금액 3억원 이하

※ 적용시기: 2023.02.28. 이후 정기세무조사를 하는 분부터 적용

한편 개인은 간편장부대상자 규모이하로 전년과 동일하며 정기세무조사면제를 받기 위해서는 복식부기 장부기장비치 국세청장이 정하는 성실신고기준충족, 신용카드·현금영수증 가맹점으로 모두 가입하는등 성실성요건도 모두 충족해야 합니다.

○ 성실성 요건(모두 충족)

- 복식부기 장부 기장·비치
- 국세청장이 정하는 성실신고 기준 충족
- 신용카드 현금영수증 가맹점으로 모두 가입하고 발급거부 등이 없을 것
  (현금영수증 가입 의무자에 한함)
- 사업용계좌 개설·이용(개인에 한함)
- 최근 3년간 조세범처벌 없음.
- 납부기한 현재 국세 체납 없음.

4. 모범납세자 선정

모범납세자로 선정된 경우에도 세무조사를 유예해 주고 있는데 모범납세자 추천대상은 다음과 같습니다.

- 세법,기업회계 등 관련 법령에 따라 성실하게 신고·납부한자
- 성실납세를 통하여 국가제정에 크게 기여한자
- 적은 수입으로도 자기몫의 세금을 성실히 내는 소상공인
- 일자리창출, 미래성장동력 확충, 물가안정 등 국가경쟁력강화에 기여한자

모범납세자 선정요건은 3년이상 계속사업을 하면서 법인세 5천만원 이상 납부실적이 있는 법인과 3년이상 계속사업자 이면서 소득세 5백만원 이상 납부실적이 있는 개인사업자가 해당됩니다.

모범납세자에 선정되면 국세청장표창 이상 수상자는 수상일로부터 3년간세무조사가 유예되고 지방청장·세무서장표창 수상자는 수상일로부터 2년간 세무조사가 유예됩니다. 모범납세자로 선정되면 조달청 적격심사시에 가점이 부여되고 체납처분시 납세담보면제, 보증한도 우대, 공영주차장 무료혜택등 다양한 혜택이 주어집니다. 필자의 거래처 사장이 모범납세자 표창을 수상했는데 인천공항 출국시 귀빈혜택을 받아 엄청난 자부심이 느껴졌다고 필자에게 자랑한 적이 있습니다.

5. 수출의 탑 수상기업(출처 : Chosun Biz)

2023년 6월 새로 추가된 세무조사면제 대상입니다.

'수출의 탑'이나 '한국을 빛낸 이달의 무역인 상' 수상 기업이 국세청 미래성장 세정지원 센터를 통해 납부 기한 연장, 환급금 조기 지급, 압류·매각 유예, 정기 세무조사 선정 제외 등의 혜택을 받습니다.

수출의 탑은 수출 증대에 이바지한 기업에 수여되는 상으로, 매년 7월 1일부터 이듬해 6월 30일까지 수출 실적을 기준으로 선정됩니다. 2022년 기준 수출의 탑 수상 중소기업은 1,700여개사나 됩니다. 이들 기업의 2022년 총수출 금액은 1145억달러(약 148

조원)로 전체 중소기업 수출의 15%에 달할 정도입니다.

한국을 빛낸 이달의 무역인 상은 우수한 수출 성과를 거둔 중소·중견기업 최고경영자(CEO)에 수여합니다. 수출 증가율과 수출 규모, 해외 매출 비중 등의 정량평가와 심사위원회의 정성평가 점수를 토대로 1·2·3분기마다 2명씩 선발합니다.

국세청 미래성장 세정지원센터를 통해 수혜 기업을 선정할 예정인데 불성실 혐의가 높은 법인 등은 지원 대상에서 제외됩니다.

6. 투자확대기업

수입금액 1천500억원 미만인 조세특례제한법상 중소기업으로, 전년대비 투자금액을 10% 또는 20% 이상 증가시킬 계획이 있어 투자확대 계획서를 제출하고 계획에 따라 이행한 개인이 대상입니다.

7. 사회적기업과 장애인 표준사업장

수입금액 20억 미만인 사회적기업과 장애인표준사업장도 5년간 정기세무조사 대상에서 제외시켜 줍니다.

사회적 기업은 사회적 목적을 우선시하는 기업으로서 '사회적기업 육성법'에 따른 인증요건을 충족해 고용노동부로부터 인증받은 개인을 말하며, 장애인 표준사업장은 장애인 고용인원, 고용비율, 시설, 임금 등이 '장애인고용촉진 및 직업재활법'에 따른 일정기준에 해당해 고용노동부(한국장애인고용공단)로부터 인증받은 사업장을 말합니다.

8. 사후검증안내문 수령후 수정신고제출

과세관청으로부터 사후검증안내문을 수령한 후에 자진해서 수정신고를 한 경우 통상적으로 세무조사대상에서 제외됩니다.

종합소득세 또는 법인세신고후 사후검증 안내문을 받아본 적이 있을 것입니다. 내용을 살펴보면 "귀하의 세무신고 내역을 검토한바 이러이러한 내용에 문제점이 있어 보입니다. 알아서 자진해서 수정신고 하기 바랍니다. 만일 수정신고하지 않는 경우에 세무조사 대상으로 선정될 수도 있습니다."라는 내용인데 대부분의 납세자들이 관할세무서에서 이러한 사후검증 안내문을 받으면 상당한 심적 부담을 느끼게 되는 것이 사실입니다. 그래

제3장 세무조사의 유예와 면제

서 자진해서 수정신고 및 납부를 이행하는데 사후검증 안내문을 받고 수정신고한 경우에도 통상적으로 세무조사대상에서 제외됩니다.

필자의 거래처 사업자중에 사후검증 안내문을 받은 A라는 사업자가 상당히 화가나서 "아니 내가 뭐 탈세를 했다고 이런 공문을 보내! 조사하려면 하라고 해!"라고 말하면서 수정신고를 거부한 경우가 있었습니다. 우연인지 모르겠으나 A사업자는 이듬해에 관할 세무서에서 세무조사를 나왔습니다.

다음의 그림 내용은 세무서의 사후검증 안내문을 받고 수정신고를 했는데 이후에 다시 세무조사 대상자로 선정된 납세자가 억울하다며 국세청 납세자보호담당관실에 고충 신청을 한 사례입니다.

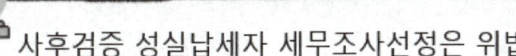

사후검증 성실납세자 세무조사선정은 위법

요청인은 사후검증을 성실하게 받은 납세자에 대해서는 사후검증과 세무조사 선정대상에서 일정기간 제외하는 조사청 안내에 따라 수정신고 납부함.

조사청은 요청인의 자진 수정신고후 추가소명을 요구한 사실이 없고 수정시 수정신고 금액을 제외한 최종 탈루 혐의 금액은 구체적이고 명백한 혐의가 있다고 볼만한 근거도 없는 것으로 보인다. 따라서 이에 기초한 세무조사 선정 또한 적법한 것으로 보기 어렵다.

(국세청납보 11)

9. 아름다운 납세자상 수상자

국세청에서는 성실납세와 더불어 기부·봉사 등 사회공헌을 실천하거나 고용창출·공익가치 실현 등으로 지역경제에 크게 기여한 납세자를 발굴하여 「아름다운 납세자」 상을 수여하고 있습니다. ('24년부터는 모범납세자제도로 통합운영) 아름다운 납세자상 수상 시에도 세무조사선정에서 제외되는 혜택을 누립니다.

추천대상은 세금을 성실하게 납부하고 기부, 봉사등 사회공헌을 실천하거나 나눔과 봉사활동도 꾸준히 해온 이들에게 2011년도부터 수상해 오고 있습니다. 수상사례를 소개하면 가정형편상 수학여행을 가지 못하는 학생의 경비를 지원한 경우, 노인전문병원을 운영하면서 취약계층을 위한 무료진료 및 의료봉사활동으로 선정된 경우가 있었습니다. 아름다운 납세자상을 수상한 경우에도 인천공항내 모범납세자 전용 비즈니스센터 이용등 모범납세자에 준하는 각종혜택이 부여되고 수상일로부터 3년간 세무조사가 유예됩니다.

02 해명자료 제출? 제때 제대로 제출하면 세무조사 안 받는다

제조업체 K사 대표 박씨는 최근 관할세무서로부터 2017년 9월 25일자 세금계산서에 대해 소명하라는 해명자료 제출 안내문을 받았습니다. 납세자가 처음 해명자료 제출 안내문을 받은 경우라면 '내가 무슨 큰 잘못을 저지르고 세무조사를 받게 되었나 보다'라고 겁부터 나게 마련입니다.

해명자료 제출 안내문이란 국세청에서 탈세가 의심되는 정황이 있는 납세자에게 스스로 해명할 기회를 주는 안내문을 말합니다. 즉 국세청에서 세무조사를 진행하기 전에 납세자에게 한번 소명할 기회를 주는 제도로 보면 됩니다.

제3장 세무조사의 유예와 면제

00세무서
해명자료 제출 안내

2017년 9월 25일자 세금계산서

제조업체 박대표

해명자료 제출 안내문이란?
국세청에서 탈세가 의심되는 정황이 있는 납세자에게 스스로 해명할 기회를 주는 안내문. 국세청에서 세무조사를 진행하기 전 납세자에게 한번 소명할 기회를 주는 제도.

해명자료 제출 안내문을 받아든 납세자 입장에서는 자신이 세무조사관으로부터 '세무조사를 받는다'고 생각할 수도 있습니다. 그러나 해명자료 제출 안내문은 세무조사는 아닙니다. 왜냐하면 세무조사는 세무조사관이 사업장에 나와 납세자와 대면하여 전반적인 질문·검사권을 행사하는데 반해 해명자료 제출단계에서는 세무조사관이 납세자와 접촉하지 않고 특정사안에 대해서만 해명자료 제출을 서면으로 요구하기 때문입니다. 국세청 입장에서는 납세자와 대면하여 자료소명을 받게 되면 추후 중복세무조사 등의 문제가 발생할 수도 있기 때문에 내부지침상 비대면으로 자료소명을 받고 있습니다.

납세자가 해명자료 제출 안내문을 받았을 때 어떻게 대응하면 될까요? 가장 중요한 것은 해명시기를 준수하는 것입니다. 해명시기가 늦거나 명확하게 해명되지 않으면 세무조사를 받을 가능성이 매우 높아집니다. 그러므로 해명자료 제출은 가능한한 신속하고 확실하게 해야 합니다.

국세청 해명자료는 원칙적으로 1개월 내에 소명해야 합니다. 그러나 금융계좌를 제출해야 하거나 사업상의 어려움 때문에 1개월 내에 소명이 어려울 경우, 납세자가 기간연장을 요청할 수 있습니다. 기간연장 요청을 할 경우, 과세관청에서는 통상적으로 보정요구 기간을 더 줍니다. 그래서 최장 2개월 내에 소명할 수 있도록 하고 있습니다.

- 가장 중요한 것은 해명시기 준수!
- 국세청 해명자료는 원칙적으로 1개월 내에 소명
- 그러나 금융계좌를 제출해야 하거나 사업상의 어려움 때문에 1개월 내에 소명이 어려울 경우, 납세자가 기간연장 요청 가능. 과세관청에서는 통상적으로 보정요구 기간을 주며 최장 2개월 내에 소명할 수 있도록 함.

납세자 중에는 "해명자료 제출이 어렵다"며 "차라리 조사로 전환해서 마무리하는 것이 좋겠다"고 말하는 경우도 있습니다. 과연 그럴까요? 해명자료 제출안내문의 경우, 세무조사관이 해명자료건에 대해서만 검토를 합니다. 하지만 세무조사는 모든 수익과 비용을 통합해서 조사하고 탈세사실이 드러날 경우 최장 5개년치 조사로 확대될 수도 있습니다. 따라서 해명자료 제출 안내문을 받았을 경우에는 아무리 어려워도 해명자료 제출기한내에 적극적으로 소명하고, 빠른시일 내에 마무리 짓고 세무조사로 확대되지 않도록 하는 것이 매우 중요합니다.

그렇다면 납세자가 세무조사에 버금가는 심리적 압박을 받는 '해명자료 제출안내문'은 어떤 경우에 받게 될까요? 누군가가 나에 대해 탈세제보를 했다거나, 국세청전산망에 탈세의심자료가 발생했을 경우 해명자료 제출 안내문을 발송하게 됩니다.

탈세가 의심되는 자료는 거래상대방이 자료상이거나 자료상으로 의심되는 경우, 고정거래처가 아닌 거래처와 갑자기 고액거래를 한 경우, 통상적인 취급품목이 아닌 거래를 한 경우, 원거리사업자와 거래를 한 경우, 분기말 또는 연말에 한 거래처와 대량거래를 한 경우, 적격증빙자료 수취비율이 저조한 경우 등입니다.

탈세거래를 할 경우에는 가공경비에 대한 상여처분 등으로 거래금액보다 더큰 금액의 세금을 추징당하는 경우가 있습니다. 이른바 혹 떼려다 혹 붙이는 격이 될 수도 있는 것입니다. 그러므로 애초에 해명자료 제출 안내문을 받는 일이 없도록 평소 탈세 의심거래를 하는 일이 없어야 하겠습니다.

국세청은 두 사업자가 신고한 세금계산서 내용을 국세 통합전산망을 통해 크로스 체크합니다. 그 결과 거래가 누락됐거나 이상 징후가 있으면 A사 대표 김 씨에게처럼 해명자료 제출 안내문을 발송하게 되는 것입니다.

*해명자료 제출 안내문을 받는 경우는?

누군가 나에 대해 탈세제보를 한 경우

국세청 전산망 탈세의심자료 발생시

탈세가 의심되는 자료는?
거래상대방이 자료상이거나 자료상으로 의심되는 경우, 고정거래처가 아닌 거래처와 갑자기 고액거래를 한 경우, 통상적인 취급품목이 아닌 거래를 한 경우, 원거리사업자와 거래를 한 경우, 분기말 또는 연말에 한 거래처와 대량거래를 한 경우, 적격증빙자료 수취비율이 저조한 경우

03 적격증빙을 수취하지 못할 때 대처법

사업자라면 누구나 '적격증빙을 갖추고 있어야 세금신고 할 때 비용처리가 가능하다'라거나 '적격증빙을 잘 챙겨야 한다'라는 말을 귀가 따갑도록 들어 봤을 것입니다.

적격증빙이란 도대체 무엇을 말하는 것일까. 적격증빙이란 ▲부가가치세 과세사업자가 발행하는 세금계산서 ▲부가가치세 면세사업자가 발행하는 계산서 ▲신용카드(체크카드 포함) ▲현금영수증 등 네 가지 증빙서류를 말합니다.

거래 시 적격증빙만 수취하면 과세관청에서 적법한 거래로 인정해 주기 때문에 사업자가 재화나 용역의 대가를 지급할 때는 가능하면 적격증빙을 받아야 합니다. 그래야 부가가치세 매입세액공제도 가능하고 소득세나 법인세 신고를 할 때도 비용처리가 가능하기 때문입니다.

그런데 나는 적격증빙을 받고 싶지만, 거래상대방이 적격증빙을 발행해 주지 않는 경우가 있습니다. 거래상대방이 과세관청에 자신의 수입이 노출되는 것을 꺼려 고의로 세금계산서 발행을 꺼리는 경우가 바로 이에 해당합니다.

나는 매입자이니까 세금신고를 위해 증빙이 필요한데 상대방이 세금계산서 발행을 피한다면 어떻게 해야 할까요? 이럴 때 좋은 방법이 있습니다. 매입자발행 세금계산서제도를 활용하는 것입니다.

매입자발행 세금계산서제도란 공급자가 아닌 매입자가 '내가 이렇게 재화나 용역을 매입했습니다'라고 스스로 세금계산서를 발행해서 국세청에 신고하는 방법을 말합니다. 매입자가 재화 또는 용역의 공급 시기가 속하는 과세기간 종료일부터 6개월 이내의 거래 사실을 입증해 세금계산서를 발행하는 제도입니다.

가령 의류소매업을 하는 K라는 사업자가 의류도매상으로부터 2022년 10월 1일 의류 5,000만원어치를 샀는데 거래상대방이 세금계산서발행을 꺼리는 경우를 가정해 보겠습니다. 이때 K 사업자는 10월 1일이 속하는 공급 시기의 과세기간 종료일인 2022년 12월 31일로부터 6개월 이내인 2023년 6월 30일까지 담당 세무서장의 확인을 받아 세금계산서를 직접 발행할 수 있습니다.

이는 세금계산서발행을 회피하는 악덕 사업자를 만난 사업자를 구제하기 위해 만든 제도인데 도입 당시에는 일반 과세자로부터 재화나 용역을 공급받는 자에 한해 적용했지만, 2021년 7월부터는 세금계산서 교부 의무가 있는 간이과세자까지 확대되었습니다.

부가가치세법상 매입세액공제를 받으려면 적격증빙을 수취해야 하지만 다음과 같은 경우에는 적격증빙을 받지 않아도 매입세액공제를 받을 수가 있습니다.

사업의 양도를 통해 재화를 공급하는 경우, 방송용역, 전기통신용역, 택시운송용역, 항공용역, 철도운송용역, 국외에서 재화나 용역을 공급하는 경우, 농어민으로부터 재화나 용역을 공급받는 경우, 부동산임대용역, 전세보증금의 부가세를 부담하는 경우 등은 적격증빙을 수취하지 않아도 매입세액공제를 받을 수 있습니다.

거래상대방이 세금계산서발행을 피할 때 매입자를 구제할 방법으로 매입자발행세금계산서제도가 도입되었지만 실제로는 사업상 세금계산서발행을 회피하는 거래처를 계속 상대할 수밖에 없는 때도 있습니다. 이렇게 사업상 부득이하게 매입자발행세금계산서제도를 활용할 수 없는 경우라면 어떻게 해야 할까요?

'내가 을의 처지니 어쩔 수 없지'라고 울며 겨자 먹기식으로 소득세나 법인세 계산 시 불이익을 고스란히 감수해야 할까요? 이럴 땐 세금계산서가 아닌 다른 증빙서류를 받아두면 됩니다. 간이영수증과 통장 이체내용 등 거래를 증명할 수 있는 서류를 갖추어 놓으면 적격증빙을 수취하지 못한 경우라 할지라도 소득세나 법인세 계산 시 비용으로 인정받을 수 있습니다. 2%의 적격증빙 불비 가산세를 부담해야 하는 문제점은 있지만, 이익이 많이 발생하는 사업자라면 가산세를 부담하더라도 비용처리를 하는 것이 절세에 훨씬 도움이 되기 때문입니다.

이처럼 재화나 용역 거래 시에는 절세를 위해 최대한 적격증빙을 수취하기 위해 노력해야 합니다. 부득이하게 적격증빙을 수취하지 못할 때는 거래증빙서류를 잘 갖추어 놓아야 함을 꼭 기억해야 합니다.

04 세무조사 실제 사례가 궁금해요!

세무조사는 피할 수만 있으면 피하는 것이 상책입니다. 세무조사의 유예와 면제 기준을 살펴보았는데 유예도 안 되고 면제기준에도 해당하지 않아 세무조사를 받는 개인이나 법인사업자가 있습니다. 주로 어떤 부류의 납세자들이 세무조사를 받는지 최근 국세청에서 실제로 세무조사를 시행했던 사례를 중심으로 한번 살펴볼까요?

사례 1

근무 사실이 없는 가족을 주식회사 A의 회사 임직원으로 등록해 고액의 급여를 지속적으로 거짓 지급했습니다. 또한 해외 현지법인 B에 외환을 송금해 기업 사주의 자녀 유학비용으로 변칙 유용했습니다.

자녀가 해외 유학을 마치고 귀국한 이후에도 국내 계열사인 주식회사 C에 자녀가 근무하는 것처럼 거짓으로 고액의 급여를 책정해 회사자금을 유용했습니다.

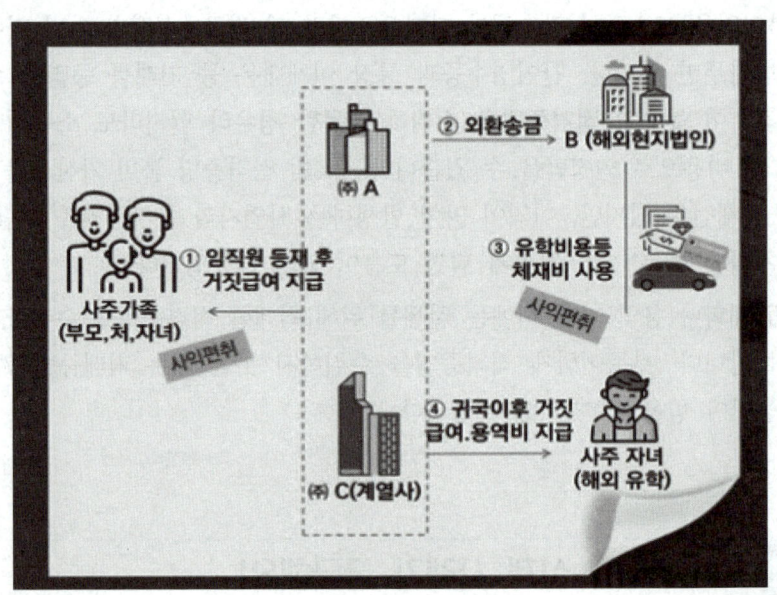

사례 1

사주 김○○ 사장은 회사 명의로 다수의 고가 슈퍼카를 구입해 본인과 배우자 등 일가족을 위해 사적으로 사용했습니다. 또한 회사 명의로 고급콘도를 취득해 가족의 전용별장으로 사용했습니다. 고가의 명품 구입과 해외여행 등에 회사의 법인카드도 사용했습니다.

게다가 해외거래처인 C와 거래하며 중간단계에 주식회사 B라는 위장계열사를 설립해 부당통행세이익을 발생시키고 이를 돌려받는 방법으로 자금을 은닉해 사용했습니다.

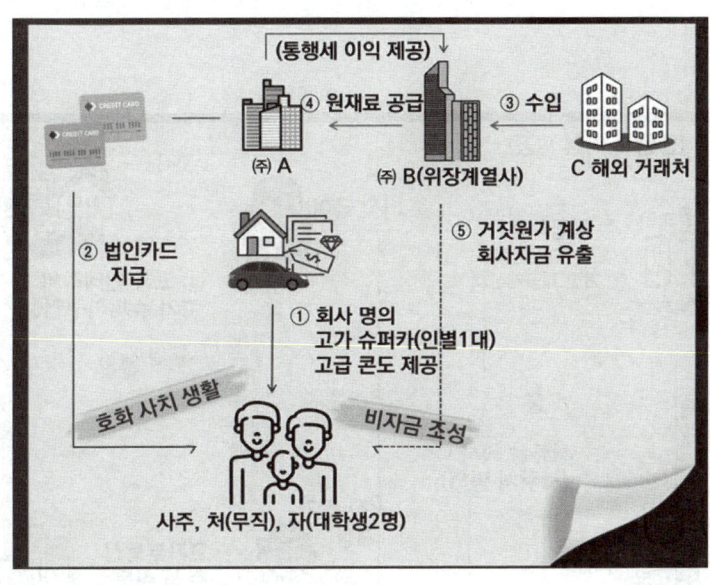

> **사례 3**
>
> 사주 ○○○은 화장품으로 유명한 회사 A를 운영하면서 계열사 B로부터 원재료를 직접 매입했습니다. 그러면서 사주 배우자 명의의 서류상 회사인 페이퍼컴퍼니 C를 설립하고 C를 원재료 매입거래 중간에 끼워 넣고 거짓으로 세금계산서를 수수하는 방법으로 회사 A의 이익을 은닉해 사용했습니다.
>
> 빼돌린 이익 중 수십억원을 전업주부인 배우자에게 거짓 급여 명목으로 지급해 고급 인테리어 공사를 하고 고가의 슈퍼카를 구입해 호화사치 생활을 즐겼습니다.
>
> 그런가 하면 수십억원 상당의 돈을 거짓 원가로 계상해 유출한 현금으로 자녀 부동산과 주식 취득에 사용했습니다.

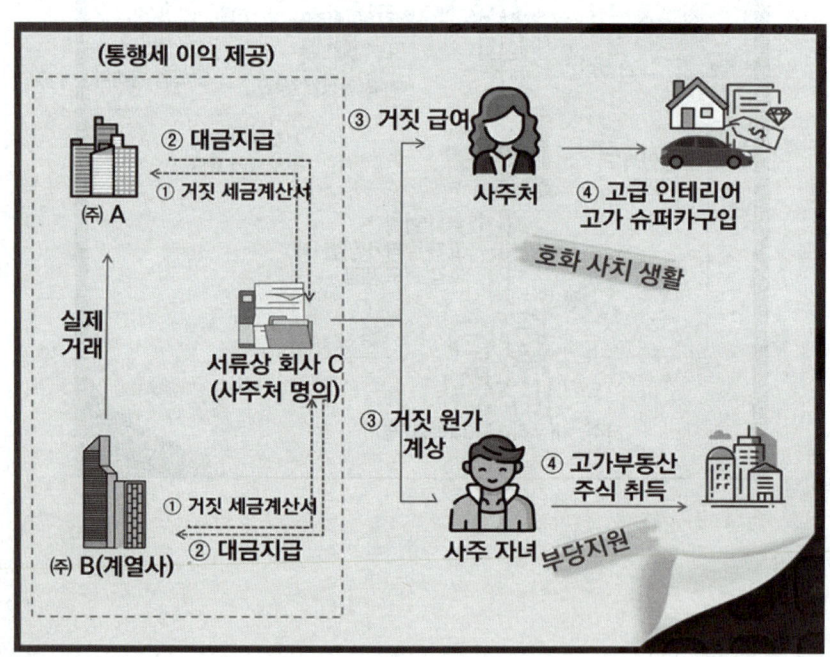

제4장

세무조사 대상자

01 세무조사를 실시하는 핵심 이슈를 알려주세요!

세무조사는 정기적인 세무조사 이외에도 핵심 이슈가 떠오를 때마다 비정기적인 세무조사가 시행되기도 합니다. 부동산 투기, 역외탈세, 의료관광, 비트코인, 음란물 유통, 명의 위장 유흥업소 등이 세무조사의 핵심 이슈 단골 메뉴들입니다.

지하경제 4대 분야라는 단어를 많이 들어보셨을 겁니다. 지하경제라니 과연 어떤 집단을 말하는 걸까요? 바로 일부 대기업·대재산가, 고소득사업자, 세법 질서·민생침해사범, 역외탈세자 등의 세무 골칫거리 4대 집단을 말합니다.

이들 집단은 역대 정부마다 조세 행정의 주요 해결과제로 등장했습니다. 그때마다 국세청은 강도 높은 세무조사를 벌여왔습니다. 언론도 이들 집단에 대한 세무조사 결과에 대해 심심치 않게 보도했습니다.

하지만 2018년도 국정감사 자료에서 밝혀진 '지하경제 4대 분야 2017년 세무조사실적'을 분석해 보면, 우리나라의 선진화된 과세 인프라에도 불구하고 지하경제 사범 1건당 평균 부과액이 16억원에 이를 정도로 우리 사회에 아직도 탈세가 만연해 있다는 것을 알 수 있습니다.

구분	조사건수	부과세액 (억원)	건당부과액 (억원)	징수율 (%)
대기업, 대재산가	1,307	28,091	21	80.5
고소득 사업자	908	6,179	7	63.8
세법질서, 민생침해사범	750	7,389	10	33.1
역외 탈세자	233	13,192	57	85.6

* 지하경제 4대 분야 2017년 세무조사 실적

표에서 보는 바와 같이 대기업·대재산가와 역외탈세자의 세금 징수실적은 80% 이상으로 다른 분야에 비해 상당히 좋은 편입니다.

반면 세법 질서·민생침해 사범의 경우 부과세액에 대한 세금징수율이 33.1%에 불과할 정도로 다른 분야에 비해 징수율이 아주 낮음을 확인할 수 있습니다.

이들 세법 질서·민생침해 사범 집단은 일반 시민에 대한 경제적 침해 정도가 매우 심각하고 조세 행정의 근간을 뒤흔드는 반사회적 탈세자임에도 왜 이렇게 징수율이 저조한 것일까요?

국세청의 숙련된 세무조사관들의 심도있는 세무조사에도 고지된 세금이 고작 30% 정도밖에 되지 않는 이유가 대체 무엇일까요?

이에 대해 국세청은 "무능력 명의대여자 등 부실사업자가 많아 징수율이 상대적으로 낮다"라고 해명하고 있습니다.

투명하고 공정한 세무 체계를 확립하기 위해서는 무능력 명의대여자와 같은 부실사업자를 걸러내 실제 사업자를 끝까지 추적해 과세할 수 있는 제도를 시급히 마련해야 할 것으로 보입니다.

02 서민생활 밀접분야에도 세무조사 대상이 있다고요?

서민생활에 밀접한 분야도 세무조사의 대상이 될 수 있습니다. 많은 자영업자들이 하고 있는 프랜차이즈 가맹점, 어려운 서민들이 불가피하게 돈을 빌리게 되는 불법 대부업, 계약관계로 맺어져 있는 부동산 임대업자 등 그 종류도 다양합니다. 어떤 경우에 이들 분야가 세무조사의 대상이 될 수 있는지 살펴보겠습니다.

1. 프랜차이즈 가맹본부

우월적 지위를 남용, 가맹점 개설비용을 차명계좌로 송금 유도하거나 특수관계법인을 통해 식재료를 고가매입한 정황이 있는 경우

2. 불법 대부업자

고리로 자금을 대여하거나 채무자의 가족을 위해한다는 폭언이나 협박, 불법추심 해 이자를 차명계좌로 수취, 장부파기, 무신고하는 경우

3. 갑질 부동산 임대업자

건물수리비를 임차인에게 부당하게 부담하거나 계약 연장 미끼로 월세를 대폭 인상하고 세금계산서를 과소 발행하는 경우

4. 금수저 부동산 임대업자

부모로부터 증여받은 고가의 부동산을 통해 거액의 임대소득, 이중계약서를 작성하는 경우

5. 고액학원 및 스타강사

친인척 등의 명의로 학원을 설립해 소득을 분산하고 학원비를 직원 명의의 차명계좌로 수취, 매출 과소 신고 후 고가 부동산을 취득한 경우

6. 변칙 인테리어업자

현금영수증을 미발행하면서 매출을 신고 누락, 매입세금계산서를 미수취하는 등 거래질서를 훼손하는 경우

03 난 승려인데 기도해주고 받은 시주금에 무슨 세금이요?

몇 년 사이에 14채의 집을 사들인 무속인 K씨가 최근에 세무조사를 받은 사실이 세간의 화제가 된적이 있어 소개하고자 합니다. K씨는 각종 퇴마 관련 방송에 출연하고 소셜미디어에서도 활발히 활동하면서 유명세를 타게 되었습니다. K씨는 사람들에게 점을 봐주거나 굿을 해주고 받은 거액의 돈으로 집을 사는데 사용하다 국세청에 덜미를 잡혀 자금출처 세무조사를 받게 되었습니다. 조사결과 K씨는 점술이나 굿으로 얻은 소득을 국세청에 신고하지 않은채 대부분 부동산에 투자하면서 임대소득까지 얻은 것으로 밝혀졌습니다. 국세청은 K씨가 벌어들인 소득을 종교인이 기부금조로 받은 종교소득으로 보지 않고 점술·무속업에 해당하는 사업소득으로 간주했습니다.

점술·무속업에 해당하는 경우에는 벌어들인 소득에 대해 부가가치세와 소득세가 과세됩니다.

부가가치세법상 인적·물적시설을 갖추고 계속적·반복적으로 행한 점술·무속 행위에 대해서는 부가가치세가 과세되고 소득세법상 무당·침술가는 사업소득중 용역업 및 서비스업으로서 소득세를 납부할 의무가 있기 때문입니다. 그 결과 K씨가 그동안 '억'소리나는 돈을 받고도 세금신고를 안했으니 부가가치세와 종합소득세를 납부하라고 세금고지서를 발부한 것입니다.

언뜻 보면 세금신고를 하지 않고 부동산투자를 한 K씨가 할 말이 없어 보이지만 K씨는 이를 받아들일 수 없다며 조세심판원에 심판청구를 제기했습니다. K씨의 심판청구의 이유는 이러했습니다.

"승려로서 기도를 해주고 받은 시주인데 세금은 왜 내야 하나요? 나는 무당이 아니고 주지로 임명된 승려입니다. 불교 사찰 주지로서 49재나 천도재 등을 치러주고 시주금으로 받은 돈이기 때문에 내가 받은 돈은 종교인 면세대상에 해당합니다. 설령 사업소득으로 과세한다 하더라도 필요경비를 인정해줘야 합니다."

실제 K씨는 불공을 드릴 때 전문악사나 승려들에게 인건비를 지급했고, 제사상에 올리는 음식과 연등 등에도 비용이 많이 들어간다고 주장했습니다. 굿으로 받은 돈은 기도를 해주고 받은 헌금이나 기부금이기 때문에 세금과는 무관하다는 논리

였고, 설령 과세를한다 하더라도 필요경비를 인정해 달라는 것이었습니다. 실제로 K씨는 약불종으로부터 주지로 임명되어 있었는데 사암등록증과 주지임명장에 의하면 K씨를 창건주로 해서 등록된 사암이 있었습니다.

국세청은 K씨를 무속인으로 보아 굿을 해주고 받은 소득에 대해 부가가치세와 종합소득세를 부과한 반면 자신이 받은 돈은 일종의 헌금이라서 종교인 면세대상에 해당하며 과세하더라도 필요경비를 인정해 달라는 K씨의 주장에 대해 조세심판원은 과연 어떤 결정을 내렸을까요?

조세심판원은 국세청의 편을 들었습니다. K씨의 정체성을 승려가 아닌 무속인이라고 판결한 것입니다. 실제 굿을 했던 장소는 종교단체로 등록된 사암과는 다른 장소였기 때문입니다. K씨는 굿을 하면서 고용했던 사람이 10여명이나 됐는데 이들이 모두 세무조사 과정에서 K씨를 무속인이라고 호칭했던 것도 증거자료가 되었습니다. K씨 스스로도 국세청에 보낸 해명자료에서 스스로를 무당이라고 밝힌 것도 K씨 자신에게 족쇄가 되었습니다. K씨가 비용으로 지출했다는 인건비 또한 증빙자료가 없기 때문에 필요경비로 인정할 수 없다고 판결했습니다.

결국 K씨는 그동안 굿을 하며 벌어들인 거금에 대해 한 번에 세금을 내게 되었습니다.

04 국부유출 역외탈세 혐의자를 잡아주세요!

국내에서 투자나 소비에 활용되어야 할 자금을 국외로 유출·은닉하는 역외탈세에 대해 국세청에서는 조세범처벌법을 적용한 강도 높은 세무조사를 시행하고 있습니다.

국세청에서 발표한 역외탈세 세무조사 유형은 크게 4가지로 나누어 볼수 있습니다.

국외소득은닉	해외투자명목으로 자금 유출
조세피난처에 페이퍼컴퍼니 설립, 페이퍼컴퍼니에 국외소득 은닉하거나 용역대가등을 허위로 지급하여 법인자금 유출	해외 현지법인 투자를 가장하여 법인자금을 유출하거나 현지법인 매각자금을 은닉하여 사주가 유용
해외현지법인과 편법거래	**해외에서 리베이트 수수**
해외 현지법인이나 위장 계열사와 거래를 하면서 거래 실적단가를 조작하는 방법으로 법인자금 유출	해외에서 중개수수료로 리베이트를 수령하고 그 자금을 전현직 임직원명의 계좌를 통해 국내로 반입

첫째, 국외소득은닉 : 조세피난처에 페이퍼컴퍼니를 설립하여 페이퍼컴퍼니에 국외소득을 은닉하거나 용역대가등을 허위로 지급하여 법인자금을 유출시키는 방법

둘째, 해외투자 명목으로 자금 유출 : 해외 현지법인 투자를 가장하여 법인자금을 유출하거나 현지법인 매각자금을 은닉하여 사주가 유용하는 방법

셋째, 해외현지법인과 편법 거래 : 해외 현지법인이나 위장계열사와 거래를 하면서 거래 실적단가를 조작하는 방법으로 법인자금 유출

넷째, 해외에서 리베이트 수수 : 해외에서 중개수수료로 리베이트를 수령하고 수령한 자금을 전현직 임직원명의 계좌를 통해 국내로 반입하는 행위

국세청에서는 역외탈세행위에 대해 어떻게 세무조사 대상자를 선정할까요?

먼저 해외자산은닉의 경우 금융정보자동교환협정을 활용하여 조세피난처에 개설한 은닉계좌와 비밀계좌에 금융자산을 은닉한 사람들을 조사대상자로 선정합니다.

다자간 금융정보자동교환협정은 OECD가 재정한 공통보고 기준에 따라 참여국이 공동으로 실시하는 역외탈세조치 방지의 일환입니다. 우리나라는 2014년에 다자간 금융정보자동교환협정에 가입하여 2017년 9월부터 금융정보를 교환하고 있습니다. 참고로 미국과의 금융정보교환은 2016년에 최초로 실시 되었습니다. 그리하여 2017년에는 46개국, 2018년에는 79개국, 2019년에는 96개국, 2021년에는 110개국과 교환을 완료 하였습니다

실제 세무조사사례를 살펴보도록 하겠습니다.

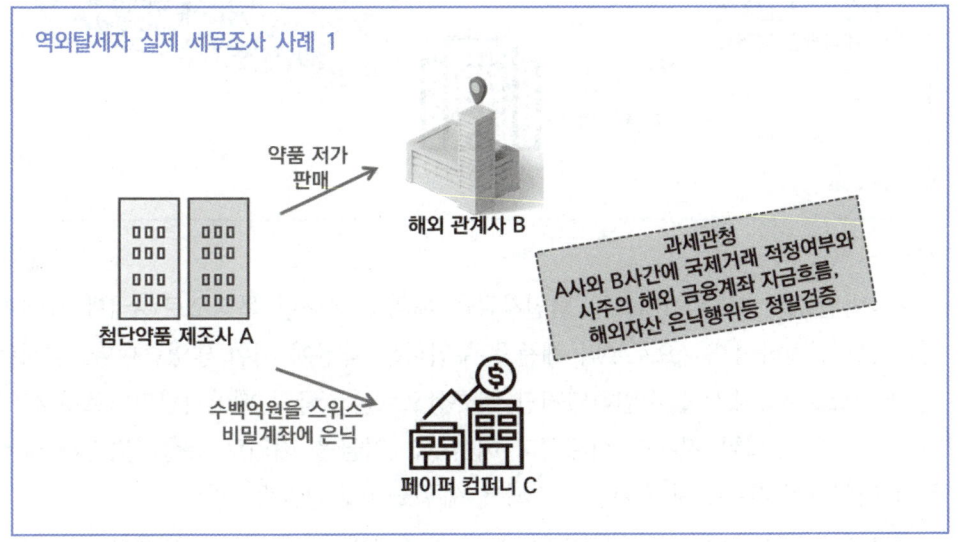

첨단약품을 제조하는 A사는 수출 및 이익이 급증하자 해외 관계사인 B에게 약품을 저가로 판매하는 수법으로 국내에 귀속되어야 할 이익을 국외로 이전시켰습니다. 그리고 해외에 페이퍼컴퍼니인 C라는 컨설팅회사를 차려 국외로 이전된 자금을 유출시켜 수백억원을 스위스 비밀계좌에 은닉한 혐의로 세무조사대상에 선정되었습니다.

과세관청에서는 A사와 B사간에 국제거래 적정여부와 사주의 해외 금융계좌의 자금흐름 그리고 해외자산 은닉행위 등을 정밀검증 하여 탈루소득에 대해 수백억원의 세금을 고지하고 사주일가를 조세포탈범으로 검찰에 고발하였습니다.

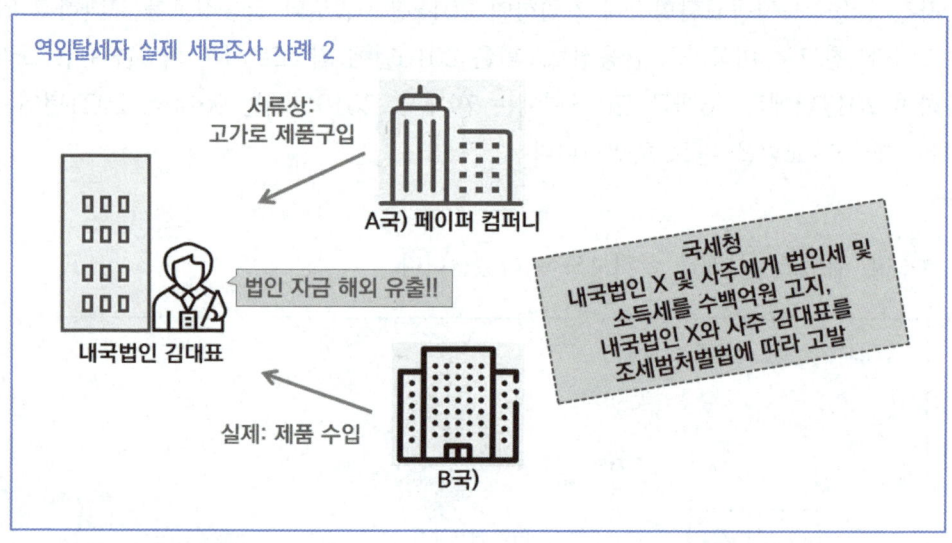

내국법인 X의 사주 김대표는 법인자금을 해외로 유출할 목적으로 A국에 페이퍼컴퍼니를 설립하여 B국으로부터 제품을 수입하는 과정에 끼워 넣었습니다. 실제로는 B국으로부터 제품을 수입하였지만 서류상으로는 A국의 페이퍼컴퍼니로부터 고가로 제품을 구입한 것처럼 회계처리 해서 국내자금을 해외로 유출시켰다가 국세청의 역외탈세 세무조사대상에 선정되어 세무조사를 받았습니다.

세무조사 결과 국세청은 내국법인 X 및 사주에게 법인세 및 소득세를 수백억원을 고지했고 내국법인 X와 사주 000을 조세범처벌법에 따라 고발했습니다.

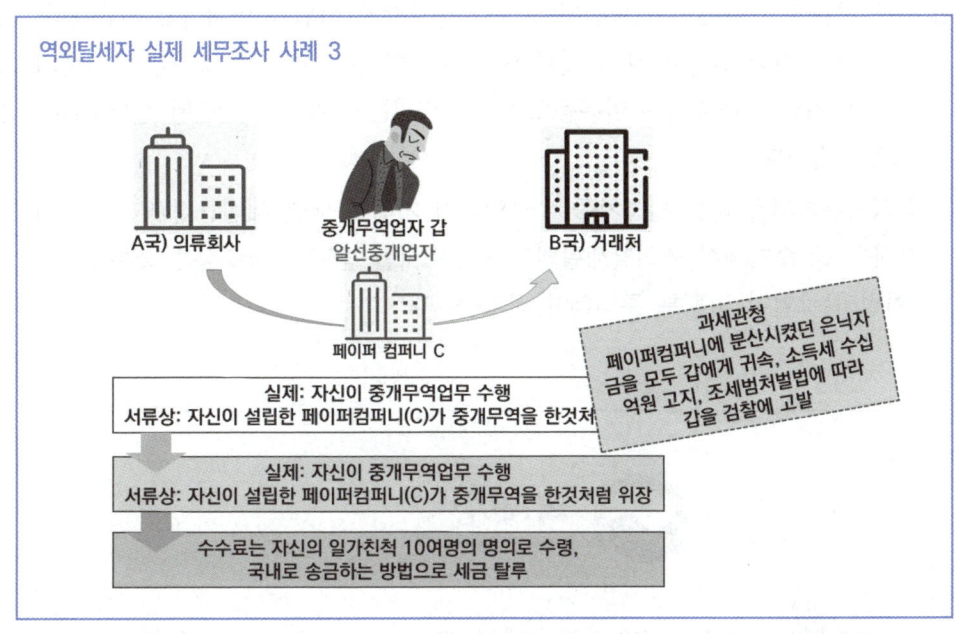

중개무역업자인 갑은 외국거래처(A)국에서 제조한 의류제품을 또다른 외국거래처(B)에 알선중개하는 사업자로서 실제로는 자신이 중개무역업무를 수행하면서도 서류상으로는 자신이 설립한 페이퍼컴퍼니(C)가 중개무역을 한것처럼 위장했습니다. 그리고 수수료는 자신의 일가친척 10여명의 명의로 수령하여 국내로 송금하는 방법으로 세금을 탈루하다가 역외탈세자로 세무조사대상에 선정되었습니다. 세무조사결과 페이퍼컴퍼니에 분산시켰던 은닉자금을 모두 갑에게 귀속시켜 소득세 수십억원을 고지했고 조세범처벌법에 따라 갑을 검찰에 고발하였습니다.

국세청은 역외탈세조사와 관련해 기지회사(Base company) 등 조세회피처에 설립한 실체의 실질을 밝히기 위한 자료제출 요구에 대한 거부·기피에 대해서는 조세범처벌법상 과태료를 적극 부과해 조사의 실효성을 확보하고, 외국 과세당국에 정보교환 요청·해외현지확인 등을 적극 실시하는 등 끝까지 추적할 계획이라고 발표한바 있습니다.

그동안 국세청은 주로 대기업·대재산가 그룹의 해외 소득·재산 은닉·탈세혐의에 대한 역외정보 수집에 주력했으나 최근 역외탈세 행위가 중견기업·자산가,

고소득 전문직 그룹에서도 확인됨에 따라 정보수집 범위를 확대하고 있습니다. 해외에 은닉된 자금 원천에 대한 탈루 여부뿐만 아니라, 해외 유출자금이 사주의 호화생활비, 자녀의 해외 유학비용등으로 사용되었는지 여부와 관련된 정보수집도 강화하고 있습니다.

국외이전거래를 하는 납세자들은 국외이전 거래에 대한 세법규정과 국세청의 조사방침을 잘 숙지해서 역외탈세혐의로 세무조사를 받고 세금추징은 물론 조세범으로 처벌되는 일이 없도록 주의해야 하겠습니다.

역외탈세조사와 관련해 기지회사(Base company) 등 조세회피처에 설립한 실체의 실질을 밝히기 위한 자료제출 요구 거부시 과태료 적극 부과

외국 과세당국에 정보교환 요청·해외현지확인 등을 적극 실시하는 등 끝까지 추적

최근 역외탈세 행위가 중견기업·자산가, 고소득 전문직 그룹에서도 확인됨에 따라 정보수집 범위 확대할 계획

해외 은닉된 자금 원천에 대한 탈루 여부뿐만 아니라, 해외 유출자금이 사주의 호화생활비, 자녀의 해외 유학비용등과 관련된 정보수집 강화

05 김구 가문도 상속세 세무조사 받았다

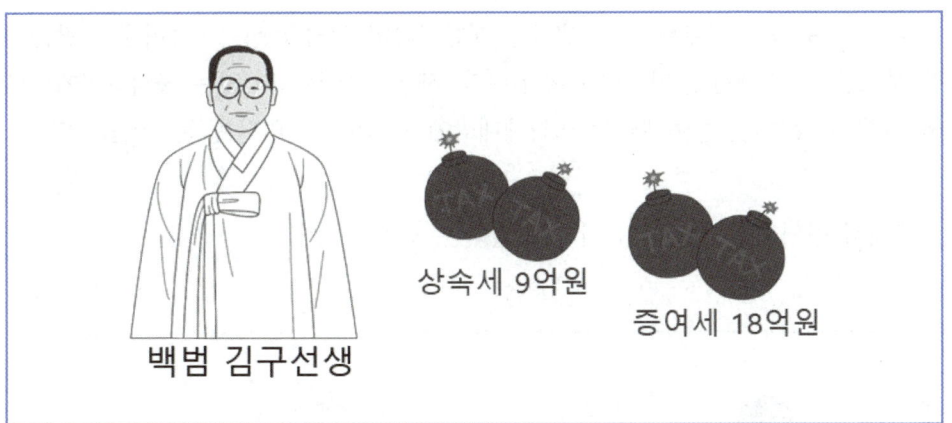

    2016년 5월 19일 사망한 백범 김구 선생의 자녀인 김신 전 공군참모총장에 대해서 국세청은 상속세조사를 했습니다. 우리나라는 상속세와 증여세의 경우 정부부과과세제도를 취하고 있기 때문에 누구나 상속세신고를 하면 상속세세무조사를 받는 것이 원칙이기 때문에 김구 가문도 예외없이 상속세세무조사를 받은 것입니다. 국세청은 김구 가문에 대한 상속세 조사결과 상속세 9억원 증여세 18억원 총 27억원의 엄청난 세금을 고지했습니다.

    도대체 김구 가문에 무슨 일이 있었던 걸까요?

    김신 전 총장은 백범 김구 선생 기념사업회 회장이던 시절 미국 하버드 · 브라운 · 터프츠 대학, 대만 타이완 대학 등에 42억원을 기부했습니다. 김구 선생의 항일투쟁 역사를 알리는 김구 포럼 개설에 쓰기 위해서였습니다. 그런데 국세청에서는 김신 전총장이 생전에 해외대학등에 전달한 기부금을 김신 전총장의 상속재산으로 보아 상속세를 과세하고 김신 전총장의 기부금을 받은 외국대학등에 증여세를 과세하여야 하나 외국에 대해 국내법이 미치지 못하니 대신 김신 전총장의 상속인들에게 증여세를 과세한 것이었습니다. 김신 전 총장의 상속인들은 42억의 기부금은 상속인들이 받은 상속재산이 될 수 없을뿐더러 김구 선생의 항일 투쟁역사를 알리는 김구포럼 개설에 사용된 것이라고 항변했습니다. 그러나 국세청의 입장은 단호했습니다. 안타깝지만 어쩔수 없다는 것이었습니다.

김신 전 총장이 기부한 해외 대학은 대한민국의 세법상 상속·증여세 감면을 받을 수 있는 공익재단이 아니라는 것입니다. 세법상 인정되지 않는 공익법인에 기부한 금액은 상속 및 증여세법상 비과세대상에 포함할 수 없다는 논리였습니다.

도대체 공익재단이란 어떤 단체를 말하는 것인가요?

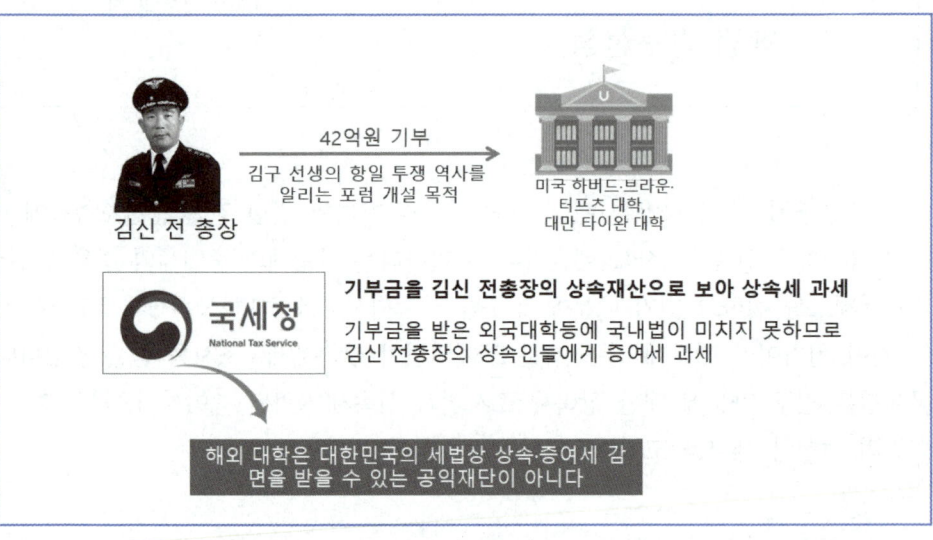

공익재단이란 사회복지, 종교, 교육, 장학, 의료 등 사회일반의 이익을 목적으로 민법 또는 '공익법인의 설립·운영에 관한 법률'에 의해 설립된 비영리 단체를 말합니다. 사회 일반의 이익을 목적으로 하기 때문에 상속세의 경우 돌아가신 분이나 상속인이 공익법인 등에 사망한 지 6개월 그러니까 상속세 과세표준 신고기한 이내에 출연한 재산은 상속세 과세 대상 재산에 넣지 않습니다. 그리고 생전에 공익법인 등에 내놓은 재산도 역시 증여세 과세 대상 재산에 넣지 않습니다.

그러나 주의할 점이 있습니다. 개인이 설립한 학교 형태의 학력 인정 평생교육시설은 초·중등교육법에 의한 학교를 설립하고 경영하는 공익법인으로 보지 않습니다. 종중, 동창회, 영업자단체, 정당, 조합법인, 허가와 상관없이 영리기업의 사업자단체, 사내복지 기금, 인가받지 않은 유치원, 공원묘원, 납골당 등도 공익법인이 아닙니다.

이처럼 비과세되는 공익법인은 세법에 종류를 정확히 정해 놓았기 때문에 우리나라 법에 해당하지 않는 기부단체인 해외 대학 등은 상속·증여세 감면을 받을 수 있는 공익재단이 아닙니다. 그래서 국세청은 세법상 인정되지 않는 공익재단인 해외대학에 기부한 김신 전총장의 기부금은 상속재산에서 공제해 줄 수 없어 상속재산에 포함하여 상속세를 부과해야 한다는 것입니다. 그리고 증여세의 경우 기부를 받은 해외대학에 증여세를 부과하여야 하나 해외대학은 국내세법의 효력이 미치지 아니하니 해외 대학 대신 국내 거주자인 김신 전총장의 상속인들이 세금을 연대 납세해야 한다고 주장하며 김신 전총장의 상속인들에게 증여세를 고지한 것입니다.

이에 불복한 김구 가문은 2019년 1월 조세 심판을 청구했습니다.

2019년 6월 9일 조세심판원은 당초 국세청이 매긴 세금 27억원(상속세 9억원, 증여세 18억원) 중 증여세 10억원을 취소하라고 결정했습니다. 조세심판원은 2016년부터 해외 기관에 대한 증여세는 세금을 낼 사람에게 반드시 사실을 알려야 하는 '통지의무'가 생겼다는 것을 이유로 들었습니다. 별도 통지 없이 매긴 세금은 취소해야 한다고 해석했습니다. 관련 세금은 2016년 5월 대만 타이완 대학에 기부한 23억원에 매긴 것으로 전체 기부금의 절반이 넘습니다.

조세심판원이 증여세 18억원 중 10억원을 취소하라고 결정했기 때문에 증여세는 8억원만 내면 됩니다. 나머지 상속세 9억원은 5억원 규모로 줄어들었습니다. 고인 사망 후 부과된 증여세(8억원) 만큼이 공과금 비용으로 처리되면서 그만큼 상속세(세율 50%)가 줄어드는 것입니다.

그러나 김구 가문은 이 결정에 불복하기로 했습니다. 2016년에 기부한 나머지 19억원의 기부금도 같은 논리를 적용할 수 있다는 입장입니다. 법문상 통지의무가 없다고 해서 '통지하지 않고도 세금을 걷을 수 있다'고 보는 것은 무리한 법 해석이라고 봤습니다. 또 김구 가문은 해외 교육기관에 김구 선생의 항일 투쟁을 교육하는 데 쓴 기부금에 세금을 걷는 것 자체가 부당하다고 주장합니다. 세법상 '사회통념상 인정되는 이재 구호금품, 교육비' 등은 증여세 면제(비과세) 대상입니다. 이들은 해외 대학에 기부한 돈도 넓게 보면 교육비의 일종으로 볼 수 있다는 것입니다.

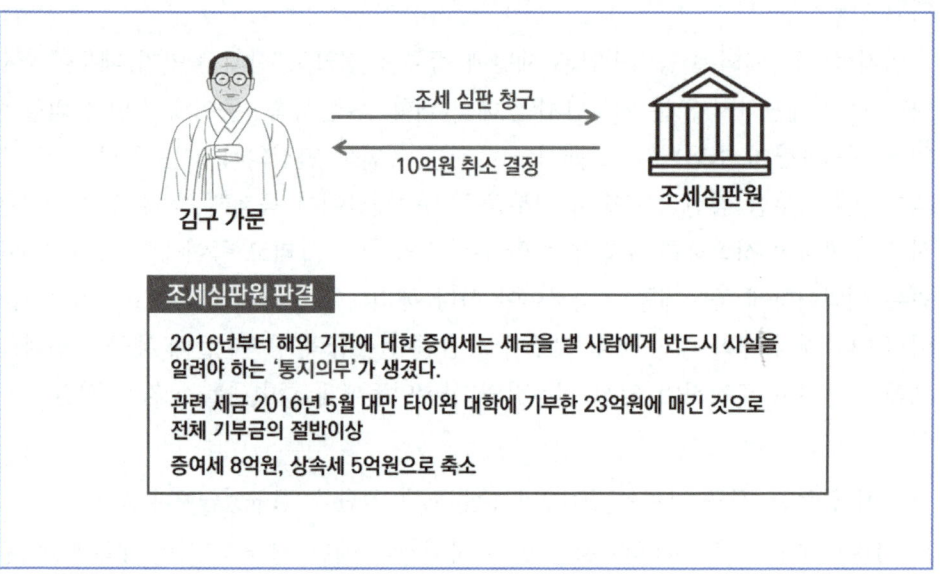

세정당국은 "안타깝지만, 원칙대로 과세할 수밖에 없다"는 입장입니다. 세정당국 관계자는 "세금을 내야 한다는 사실을 납세자에게 통지해야 할 의무가 있느냐와는 상관없이 내야 할 세금은 내야 하는 것이 원칙"이라고 밝혔습니다. 안타깝지만 공익재단을 통한 기부가 아니면 세법상 과세할 수밖에 없다는 것입니다.

이에 김구 가문은 선친의 사회에 대한 공헌과 상속받지도 않은 재산에 대해 증여세와 상속세는 억울하다며 고인의 고귀한 기부의 뜻을 인정해 달라고 주장했습니다.

안타깝지만 세법규정에 따라 세금을 결정할 수밖에 없다는 국세청의 입장과 고인의 고귀한 기부의 뜻을 인정해 달라는 김구 가문의 주장에 대해 법원은 누구의 손을 들어줄 것인지가 세간의 관심사였지만 무슨 이유인지 김구 가문은 소송제기를 포기한 것으로 알려졌습니다.

김구 가문	국세청
해외 교육기관에 김구 선생의 항일 투쟁을 교육하는 데 쓴 기부금에 세금을 걷는 것 자체가 부당 세법상 '사회 통념상 인정되는 이재 구호 금품, 교육비' 등은 증여세 면제(비과세) 대상이니 해외 대학에 기부한 돈도 넓게 보면 교육비의 일종으로 볼 수 있다.	세금을 내야 한다는 사실을 납세자에게 통지해야 할 의무가 있느냐와는 상관없이 내야 할 세금은 내는 것이 원칙이다.

김구 가문의 사례에서 보듯이 공익기부를 활성화하기 위해서는 공익법인에 대한 기부금에 대해 비과세 요건을 완화할 필요가 있어 보입니다.

06 가지급금, 가수금도 세무조사 하나요?

매년 3월 결산시즌이 되면 중소기업은 아우성을 지릅니다. 왜냐하면 가지급금·가수금문제가 발생하기 때문입니다. 가지급금은 회사대표등에게 업무와 관련이 없이 자금을 지급하여 회사에 현금이 부족한 경우에 발생합니다. 반대로 가수금은 회사의 대표등이 회사에 자금을 입금하거나 매출누락 등으로 회사의 회계처리 내용보다 회사에 현금이 많은 경우에 발생합니다.

1. 가지급금 발생시 불이익

기업의 재무제표에 가지급금이 많이 계상되어 있다면 과세관청으로부터 탈세혐의를 받아 세무조사대상으로 선정될 가능성이 있습니다.

가지급금과 관련하여 세무조사시에 받는 불이익을 열거하면 다음과 같습니다.

1) 인정이자 계산

매년 가지급금에 대해 이자수익을 계산하여 대표이사에게 상여처분을 합니다.

2) 지급이자 손금불산입

회사가 이자비용을 지급한 경우에도 가지급금이 있는 경우에는 지급이자중 가지급금에 상당하는 이자만큼은 손금부인되어 법인세 비용이 증가됩니다.

3) 대손처리 불인정

대표이사의 퇴사, 회사청산, 지분정리등으로 법인과의 특수관계가 소멸될때까지 가지급금을 미상환 하였다면 특수관계가 소멸될 때 대표이사의 상여로 처리되어 대표이사의 소득세 부담이 늘어납니다.

4) 상속세등 증가

가지급금은 기업의 비상장주식 평가시 순자산가액에 포함되어 기업가치를 높이는 효과가 있기 때문에 대표이사 유고시 상속세부담이 높아집니다.

5) 기업가치 하락

기업진단시 부실자산에 포함되어 순자산을 감소시켜 기업의 신용도하락을 가져오고 결과적으로 외부의 정보이용자 특히 금융기관으로부터 대출상환 압박을 받기도 하고 입찰등의 경우에 불이익을 받기도 합니다.

상기와 같이 가지급금에 대한 불이익을 받지 않기 위해서는 전문가의 자문을 받아 조속히 가지급금을 없애도록 하여야 할 것입니다.

2. 가지급금 해결방법

가지급금의 해결방법은 회사마다 처한 환경이나 여건이 다르므로 가지급금의 크기나 회사의 상황에 따라 적절한 해결방법을 찾아

적용해야 합니다. 가지급금 해결방안으로 다음과 같은 7가지 방법이 있습니다.

첫째, 대표의 급여인상이나 상여금으로 해결합니다. 대표의 급여가 낮게 책정되어 있거나 상여금을 지급하지 않았다면 급여를 높이거나 상여금 지급을 통해 가지급금을 해결하는 방법입니다. 단점으로는 소득세와 4대 보험료 부담이 증가한다는 점입니다.

둘째, 퇴직금을 통해 가지급금을 해결합니다. 법인에서 퇴직금을 받아 가지급금을 갚는 방법입니다. 퇴직소득은 분류 과세소득으로 종합소득에 합산되지 않으므로 급여나 상여보다 세금부담이 낮은 것이 특징입니다. 단, 현실적 퇴직에 해당해야만 퇴직소득으로 인정됩니다.

셋째, 법인에서 배당금을 받아 가지급금을 정리합니다. 배당금에서 소득세를 제외하고 가지급금변제를 하는 방법이지만, 세금부담이 있고 배당은 이익잉여금의 처분에 해당하기 때문에 법인의 비용으로 처리되지 않는 단점이 있습니다.

넷째, 개인소유의 상표권 등을 법인에 매각해 가지급금을 정리합니다. 대표자가 보유한 상표권 등을 법인에 양도하면 법인은 대표자에게 그 상표권의 가치만큼 대가를 지급해

야 합니다. 이때 상표권 등의 양도대금을 법인의 가지급금과 상계처리해 정리하는 방법입니다. 다만 최근에 상표권이나 특허권 등에 대한 과세관청의 관리 감독이 강화되고 있으니 대표가 보유한 상표권 등을 법인에 양도 시 전문가와 충분한 상담을 통해 진행하여야 합니다.

다섯째, 대표의 개인 부동산을 법인에 양도해 그 양도 대가로 가지급금을 해결합니다. 양도차익이 발생하지 않는 경우 양도소득세부담을 피하면서 가지급금을 정리할 수 있지만, 특수관계인과의 거래에 해당하므로 법인세법 및 소득세법상 부당행위계산부인규정을 잘 검토해야 합니다.

여섯째, 주식을 양도해 가지급금을 해결합니다. 주식을 타인 또는 주식발행법인에 양도해 가지급금을 변제하는 방법입니다. 이는 2012년 4월부터 비상장 회사도 배당가능이익을 한도로 주총 등을 통해 자사주매입이 가능해졌기 때문입니다. 그러나 주식양도 시 의제배당이나 특수관계거래인간 부당행위계산부인규정에 적용되지 않도록 특별한 주의가 필요합니다.

일곱째, 회계상 오류수정을 통해 가지급금을 해결합니다. 가지급금의 내용이 법적 증빙서류가 없어 임시로 처리한 것이 확인된다면 회계상의 오류를 수정해 전기오류수정손실로 가지급금과 상계처리하는 방법입니다. 이 경우 법적 증빙을 수취하지 못한 부분에 대해 증빙불비 가산세가 적용됩니다.

3. 가수금 발생시 문제점

가수금 계정과목이 발생하면 여러가지 세무문제가 발생할 수 있는데 어떤 세무문제가 발생하며 세무문제 해결책은 어떤 것이 있는지 검토하고 실제로 가수금과 관련하여 세무조사를 받고 세금폭탄을 맞은 사례를 살펴보도록 하겠습니다.

가수금이 발생하면 기업의 부채비율이 높아지기 때문에 은행등 외부정보 이용자들로부터 낮은 신용등급을 받게 됩니다. 낮은 신용등급은 납품, 입찰등 기업의 영업활동을 저해시킵니다. 특히 건설업의 경우 가수금이 실질자본금을 줄이게 되므로 공공기관 입찰등에 제한을 받게 됩니다. 그리고 신용도 하락으로 인해 은행 등으로부터 대출상환 압력을 받기도 합니다. 가수금은 기업에서 받아야 하는 채권이 되어 대표이사 사망시 대표이사의 상속재산에 포함되어 상속세 부담을 높이고 가업승계를 하는데에도 악영향을 미치게 됩니다. 더욱이 과세관청에서는 가수금이 매출을 누락시키고 매출계정과목 대신에 가수금 계정과목을 사용한 것으로 의심하여 세무조사대상으로 선정하기도 합니다.

가수금이라는 계정과목은 가지급금과 같이 세무상 여러 가지 불이익을 받기 때문에 가능하면 조기에 재무제표에서 사라질 수 있도록 노력해야 합니다.

4. 가수금 해결방법

그렇다면 이렇게 여러 가지 부작용을 가지고 있는 가수금을 없애려면 어떤 방법이 있을까요?

기업의 예금등 현금성 자산이 많은 경우라면 대표가 가수금금액 만큼 가져가면 될 것입니다. 그러나 그렇지 못한 상황이라면 가수금을 출자전환하는 방식을 고려할 필요가 있습니다. 최근 상법개정으로 가수금 즉 부채의 자본전환이 가능해 졌기 때문입니다. 먼저 기업이 채무액에 상당하는 금액만큼 주식을 발행하고 대표가 주식을 인수하는 방식으로 부채를 자본으로 전환하는 것입니다.

가수금을 없애려면?
기업의 예금등 현금성 자산이 많은 경우: 대표가 가수금금액 만큼 수취.
그렇지 못한 경우: 가수금 출자전환 방식 고려
최근 상법개정으로 가수금 즉 부채의 자본전환 가능
기업이 채무액에 상당하는 금액만큼 주식 발행 -> 대표가 주식 인수

가수금이 사라지면?
부채비율 하향 조절 -> 기업 신용평가 상승
가수금 자본전환으로 자본금 증가 -> 기업 신용평가시 가점

가수금의 자본전환이 이루어지면 그야말로 꿩먹고 알먹는 결과를 가져오게 됩니다. 가수금이 사라졌으니 부채비율이 줄어들어 기업의 신용평가시 좋은 점수를 받게되고 가수금의 자본전환으로 자본금이 증가되었으니 자본금비율이 높아져 역시 기업의 신용평가시 가점을 받게 되는 것입니다.

현금상환을 하든 자본전환을 하든 가수금계정은 신속히 정리하는 것이 좋다는 것을 다시 한번 강조해 드립니다.

가수금계정을 잘못 사용하다가 세무조사를 받고 낭패를 본 사례를 소개하고자 합니다.

국세청에서는 모종교단체에 대해 탈세혐의를 입수하여 세무조사를 하게 되었습니다.

세무조사 결과 모종교단체의 간부들이 운영하는 ㈜00호텔에 수십억원을 증여했으나 호텔에서는 이를 증여수익으로 계상하지 않고 마치 대표에게 빌린 것처럼 가수금처리를 했습니다. 국세청의 금융추적조사과정에서 대표에게 빌린 것이 아니라 모종교단체에서 무상으로 증여를 한 것이 밝혀진 것입니다. 허위로 계상한 가수금에 대해 국세청에서는 어떤 처분을 내렸을까요?

00호텔의 가수금을 호텔이 무상으로 증여받은 것으로 보아 법인세 수십억원이 부과되었으며 조세포탈범으로 검찰에 고발까지 되었습니다.

아파트 리모델링 건설업을 하는 박모사장은 매출누락을 할 생각으로 리모델링을 하는 입주민들에게 "세금계산서 발행을 원하면 10% 부가가치세를 더 공사대금으로 받고 만일 세금계산서 수령을 원치 않는다면 부가가치세 10%만큼 공사대금을 할인해 주겠다"라는 식으로 세금계산서 발행회피를 유도했습니다. 세금계산서 발행을 원치 않으면 10% 할인해 준다고 하면 적지 않은 입주민들이 세금계산서 발행을 기피합니다. 그러면 건설업자 박모사장은 세금을 회피할 목적으로 공사대금을 수령했음에도 세금계산서 발행을 하지 않고 세무서에 세금신고도 하지 않는 것입니다.

박모사장이 통장으로 공사대금을 받는 경우 결산시점에서 매출세금계산서가 없기 때문에 장부상 매출보다 현금수입이 더 많아지게 되어 어쩔 수 없이 가수금처리를 하게되는 경우가 있습니다. 박모사장의 경우 가수금이 너무 많아 세무조사를 받게 되었으며 매출누락에 대해 결국 세금폭탄을 맞게 되었습니다.

07   특허권-상표권으로 가지급금 해결 가능할까?

    가지급금과 부채비율이 높은 회사가 만일 특허권이나 상표권 등 산업재산권을 소유하고 있다면 이를 활용해 가지급금을 없애고 부채비율을 개선하는데 활용할 수 있습니다. 대표나 임원이 소유하고 있는 특허권 등의 양도양수를 통해 가지급금 정리는 물론 부채비율 감소에 따른 기업가치 상승효과까지 기대할 수 있는 것입니다.

    대표나 임원이 소유하고 있는 특허권 등을 법인에게 양도하는 경우, 특허권 등을 양수한 법인은 특허권 등을 무형자산에 계상한 후 감가상각을 할 수가 있습니다. 이 경우 특허권 등을 법인의 자산으로 계상하므로 자산비율이 상승하게 되며 이후 감가상각을 통해 법인세절감효과도 부수적으로 얻을 수 있습니다. 특허권 등을 양도한 대표나 임원의 경우는 특허권 등의 양도대가가 소득세법상 일시적인 소득에 해당되어 급여나 배당과 달리 기타소득으로 간주됩니다. 특허권 등의 양도로 인한 기타소득의 경우 60%를 필요경비로 인정받게 되므로 급여나 배당에 비해 소득세 절감효과가 매우 큽니다.

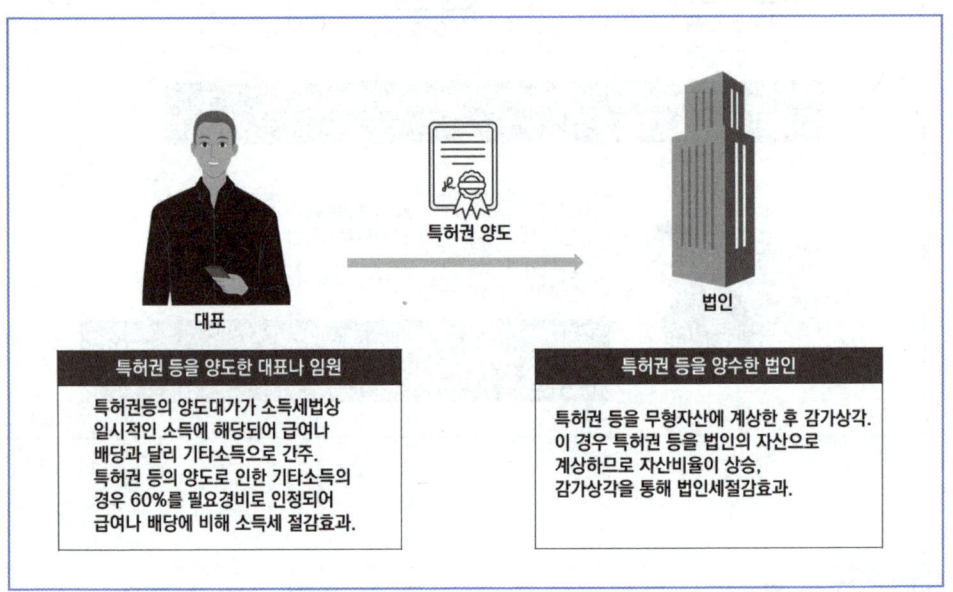

예를 들어, 대표가 특허권을 1억원에 법인에 양도하였다고 가정해 보겠습니다. 특허권 양도대가 1억원중 60%인 6,000만원은 필요경비로 인정되어 소득에서 공제되고 40%인 4,000만원만 소득으로 인정되는 것입니다. 이 경우 종합소득세율이 최고세율 구간에 해당되는 대표라 할지라도 실효세율은 16%에 지나지 않습니다. 배당이나 급여소득에 비해 엄청난 소득세 절감효과를 가져오게 되는 것입니다.

최근 인터넷이나 유튜브에서는 특허권등을 활용하여 가지급금을 정리하고 부채비율을 낮춰 기업의 신인도를 높여야 한다는 광고를 상당히 많이 찾아 볼 수 있습니다. 그런데 과세관청이 대표등의 특허권 소유권을 부정하고 해당거래를 인정하지 않고 과세하는 사례가 다수 발생하고 있으니 특별한 주의를 요합니다.

과세관청에서는 종종 국세기본법 제14조에서 규정하고 있는 실질과세의 규정을 근거로 법인의 대표 등이 법인에게 양도한 특허권 등의 거래에 하자가 있을 것이라고 보고 있습니다. 특허권이나 상표권 등의 귀속이 과연 대표 등 개인에게 있느냐는 것입니다.

다른 이의 개입이 없이 대표 개인의 아이디어만으로 만들어진 특허권이라면 당연히 과세관청에서도 특허권을 개인소유로 인정할 것입니다. 그러나 현실적으로 특허권은 기술의 특성상 시제품개발, 장비사용 등 법인과 종업원의 개입이 있는 경우가 많을 수밖에 없습니다.

반면 상표권은 대부분 대표 등 개인의 창작 아이디어이기 때문에 특허권과 달리 시제품을 만들거나 법인의 설비를 이용하지 않습니다. 그래서 과세당국도 대표 등의 상표권 가치를 인정하지 않을 수 없습니다.

대표 등이 특허권등을 법인에게 양도하는 경우 과세당국이 세무조사 과정에서 대표 등의 소유권을 부정하고 과세하는 사례를 다음 3가지로 정리할 수 있습니다.

첫째, 절차에 있어서 비용부담의 주체와 권리자가 다른 경우입니다. 특허권 등을 취득하는데 소요된 비용은 법인에서 지급했는데 특허권자는 법인의 대표가 된 경우가 이에 해당합니다.

둘째, 특허권 등을 만들 때 법인과 종업원의 개입이 있는 경우입니다. 특허 등을 취득하는데 회사설비나 자재를 이용하거나 사내 기업 부설연구소 연구원의 아이디어를 참조하는 등 법인과 종업원의 개입이 있는 경우 대표등의 권리로 인정받지 못할 수 있습니다.

셋째, 특허권 등의 평가에 하자가 있는 경우입니다. 간혹 공인감정평가사가 아닌 다른 전문자격사가 평가하여 특허권 등을 양도하는 경우도 있는데 이 경우 특허권 가치를 인정받지 못할 수도 있습니다.

최근 특허권 등 산업재산권을 양도하여 법인의 가지급금 등을 정리하는 경우에 과세당국에서 이를 부당행위로 해석하여 과세하는 경우가 빈번하게 발생하고 있습니다. 그러므로 특허권 등을 양도하여 가지급금을 없애고 부채비율을 개선하고자 하는 법인은 반드시 전문가의 사전검토를 거쳐 세법상 발생할 수 있는 문제점을 검토한 후 이를 실행해야 할 것입니다.

과세당국이 세무조사 과정에서 대표 등의 소유권을 부정하고 과세하는 사례

1. 절차에 있어서 비용부담의 주체와 권리자가 다른 경우
특허권 등을 취득하는데 소요된 비용은 법인에서 지급했는데 특허권자는 법인의 대표가 된 경우가 이에 해당한다.

2. 특허권 등을 만들 때 법인과 종업원의 개입이 있는 경우
특허 등을 취득하는데 회사설비나 자재를 이용하거나 사내기업부설연구소 연구원의 아이디어를 참조하는 등 법인과 종업원의 개입이 있는 경우 인정받지 못할 수 있다.

3. 특허권 등의 평가에 하자가 있는 경우
간혹 공인감정평가사가 아닌 다른 전문자격사가 평가하여 특허권 등을 양도하는 경우도 있는데 이 경우 특허권가치를 인정받지 못할 수도 있다.

08 전세자금도 세무조사 하나요?

"전세자금도 세무조사 받아요?"
"결혼한 아들에게 조그만 아파트를 한 채 구입해주었는데 세무조사 받나요?
"부모자식간에도 차용증만 작성하면 문제없다는데 맞나요?"

부동산 자금출처조사는 전세자금에 대해서도 세무조사 진행!

아들에게 조그만 아파트를 전세를 얻어 장만해 주려고 합니다. 차용증만 쓰면 자금대여로 인정받을 수 있을까요?

필자가 자녀에게 전세자금을 대여해준 부모들로부터 흔히 받는 질문입니다. 차용증만 쓰면 무조건 자금대여로 인정받을까요? 결론을 말하자면 실질적으로 자금대여에 해당하고 그것이 명백하다면 문제없으나 실질이 무상증여에 해당한다면 증여세가 추징될 것입니다. 사실관계가 매우 중요하므로 차용증을 쓴 경우라면 차용증의 내용대로 원금과 이자 상환 등이 통장 거래에 의해서 입증되고 원금과 이자를 상환할 능력이 자녀에게 있음을 증명해야 합니다.

차용증을 작성할 때 이자를 어떻게 정해야 하느냐고 질문을 많이 하시는데 세법에서 정하고 있는 법정 적정이자율인 4.6%로 해야합니다. 4.6%보다 낮은 이자율로 지급하면 그 차액만큼을 증여로 보고 이에 대한 증여세가 과세될 수 있기 때문입니다.

■ 법인세법 시행규칙 제43조 (가중평균차입이자율의 계산방법 등)
② 영 제89조 제3항 각 호 외의 부분 단서에서 "기획재정부령으로 정하는 당좌대출이자율"이란 연간 1,000분의 46을 말한다. 〈개정 2011.02.28., 2012.02.28., 2016.03.07.〉

■ 상증법 시행규칙 제10조의5 (금전 무상대출 등에 따른 이익의 계산시 적정이자율)
영 제31조의4 제1항 본문에서 "기획재정부령으로 정하는 이자율"이란 「법인세법 시행규칙」 제43조 제2항에 따른 이자율을 말한다.

이자를 지급할 때마다 원칙적으로 이자에 따른 이자소득세 27.5%(지방소득세 포함)를 원천징수하고 지급할 때마다 신고납부를 해야 하며 이자를 지급했다는 지급명세서도 매년 2월말까지 제출해야 합니다.

너무 복잡한데 꼭 이자를 지급해야 합니까? 라는 질문들을 많이 합니다. 반드시 이자를 지급해야 하는 것은 아닙니다. 이자를 지급하지 않거나 적정이자율 4.6%보다 낮게 지급하는 경우 실제 지급해야할 이자와의 차액을 증여로 보고 증여세를 과세하는 규정이 있는데 이 때 이자 차액이 연간 1,000만원이 넘는 경우에만 증여세 과세대상이 됩니다. 적정이자율로 대략 환산하면 원금이 2억1,700만원 이하인 경우 연간 이자가 약 1,000만원이 산출되므로, 2억원 정도는 무이자로 빌려도 이자에 대한 증여세 부담이 없다는 계산이 나옵니다.

결론을 말하자면 대략 2억원까지는 자녀에게 무이자로 빌려주어도 별 문제가 없습니다. 그러나 추후 과세관청의 자금출처 세무조사에 대비하는 차원에서 차용금액에 상관없이 적당한 이자를 약정하여 매월 통장거래를 통해 부모계좌에 약정된 이자를 입금하는 것이 좋을 것입니다.

과거 국세청에서는 수도권의 고가주택 지역에서 부모 등으로부터 고액 전세금을 증여 받았거나, 사업소득의 신고누락으로 형성된 자금을 전세금으로 사용하는 등 탈세혐의가 있는 전세입자에 대한 세무조사를 진행하여 10억원 이상 전세입자 56명에 대한 자금출처 조사를 실시하여 123억원(건당 2.2억원)의 세금을 추징한 바 있습니다.

고액 전세자금 증여에 해당함에도 지자체에 확정일자 신고나 전세권설정을 하지 않은 경우 국세청에서는 세원포착이 쉽지 않은 것이 사실입니다. 그래서 국세청에서는 증여자산을 지능적으로 탈세하는 자산가에 대해서는 현장정보 수집을 통해 세무조사를 강화하겠다고 발표한 바 있습니다. 확정일자 신고나 전세권 설정등기를 하지 않았으니 국세청에서 모를 것이라고 안이하게 생각했다가는 큰 낭패를 볼 수 있다는 사실을 제대로 숙지해야 합니다.

세무조사과정에서는 고액 전세자금 조달 원천뿐만 아니라 조사대상자의 부동산, 금융자산 등에 대해서도 자금출처를 검증하고, 사업소득 탈루가 확인될 경우에는 관련 사업체에 대한 통합조사까지 실시하므로 가능하면 자금출처 조사대상자로 선정되지 않도록 철저히 대비하는 것이 좋습니다.

09 　세무조사시 세무조사관들이 반드시 확인하는 6가지

　매년 3월은 법인세 신고납부의 달입니다. 매년 1월 1일부터 12월 31일까지 법인사업장을 운영한 12월말 결산 법인은 다음해 3월 31일까지 법인세 신고납부를 이행해야 합니다.

　법인세는 종합소득세와 마찬가지로 신고납세주의 세목이기 때문에 법인사업자가 과세관청에 법인세신고를 함으로서 법인의 납세의무가 확정됩니다. 법인세가 신고납세주의 세목이고 법인이 과세관청에 법인세신고를 함으로서 납세의무가 확정된다고 하더라도 과세관청의 세무간섭이 아예 배제되는 것은 아닙니다. 왜냐하면 과세관청에서는 법인이 신고한 모든 신고서류를 사후검증하고 있습니다. 사후검증결과 탈세사실이 의심될 경우, 세무조사대상자로 선정해 고강도 세무조사를 실시합니다.

그러므로 법인사업자들은 법인세 신고를 하기전에 과세관청에서 법인세 신고내역에 대해 어떤 부분에 대해 사후검증하고 있는지를 숙지할 필요가 있습니다. 사후검증사항을 숙지하여 사전에 법인세 신고업무에 반영할 수 있다면 과세관청의 세무간섭에서 벗어나 법인 본연의 경영활동에 더욱 집중할수 있기 때문입니다. 법인사업자들이 세금폭탄을 맞는 일이 없도록 사후검증 이후 세무조사시 세무조사관들이 반드시 확인하는 6가지 사항을 살펴보겠습니다.

첫째, 친인척 가공인건비입니다.

대표이사의 친인척 관련 인건비에 대해서는 과세관청에서 국세청의 전산시스템을 통해 중점관리를 하고 있으므로 특별한 관리와 주의가 필요합니다. 친인척 관련 인건비에 대해서는 추후 세무조사에 대비하여 친인척 직원이 회사에서 어떤 일을 했는지 근무일지를 작성할 필요가 있습니다. 출퇴근기록카드작성, 금융계좌 이체 등 철저한 대비가 필요합니다. 세무조사시 출퇴근 지문인식을 확인하거나 CCTV 데이터를 다운받아 법인대표의 배우자가 실제로 회사에 출근했는지 여부를 확인하기도 합니다.

둘째, 적격증빙 없는 비용입니다.

적격증빙이란 세금계산서, 계산서, 신용카드, 현금영수증을 말합니다. 법인이 재무제표상에 적격증빙 없이 비용으로 계상한 금액이 많은 경우에는 국세청의 전산시스템에 의해 자동으로 체크되어 사후검증대상자로 선정되게 됩니다. 적격증빙 없는 비용계상액이 많아 사후검증대상자로 선정된 경우 관련 비용을 세무상 비용으로 인정받지 못해 세금이 추징되는 사례가 많습니다. 따라서 거래를 할때에는 반드시 적격증빙을 수취하도록 노력해야 합니다.

셋째, 특수관계자간 거래입니다.

세무조사시 특수관계자간 거래는 단골메뉴에 해당합니다. 주로 세무조사관들이 해당법인의 주주구성을 보고 다른 법인과의 주주관계를 분석하여 특수관계여부를 판단합니다. 분석결과 특수관계에 해당된다고 판단되면 특수관계자와의 거래시기, 금액 등 거래내역에 대해 심도있는 조사를 착수하게 됩니다. 그러므로 특수관계자 간에는 사회통념에 비추어 적정하다고 인정되는 가액으로 거래를 해야 세무상 불이익을 받지 않을 것입니다.

넷째, 가지급금입니다.

가지급금은 법인사업자에게 이슈가 됩니다. 가지급금이 발생하는 원인은 주로 대표가 필요에 의해 법인의 자금을 일시적으로 가져간 경우, 법인이 영업상 리베이트를 지급했으나 증빙이 없는 경우, 거래처에서 실제거래액보다 많은 세금계산서 발급을 요구하는 경우 등 다양한 이유로 가지급금이 발생하는데 법인세 신고시 가지급금을 정리하지 않고 신고를 하게 되면 사후검증은 물론 세무조사대상자로 선정될 가능성도 높아지게 됩니다.

다섯째, 상품권 구매자료입니다.

과세관청에서는 국세청 전산시스템을 활용해 상품권 자료를 집중관리하고 있습니다. 기업이 구입한 상품권이 직원에 대한 복리후생 목적으로 사용되었는지, 거래처접대목적으로 사용되었는지, 상품권 깡을 이용해 비자금으로 사용되었는지를 확인하고 있습니다. 그러므로 상품권을 다량으로 구입한 법인은 상품권 관리대장을 사내에 구비하여 언제, 누구에게, 어떤 목적으로 지급했는지를 작성해 사후검증 및 세무조사에 대비할 필요가 있습니다.

여섯째, 신용카드 사용내역입니다.
과세관청에서 법인의 신용카드 사용액을 전산분석한 결과 법인이 신용카드를 사용해 자녀의 입시학원수강료나 성형외과수술비, 명품구입 및 호화 해외여행 등 업무와 관련 없는 경비를 손금(또는 필요경비)으로 계상한 경우에는 손금부인하고 대표자에게 상여를 지급한 것으로 간주합니다.

1. 친인척 가공인건비
- 친인척 직원의 근무일지 작성 필요
- 출퇴근 기록카드 작성, 금융계좌이체 자료 필요

2. 적격증빙없는 비용
- 거래를 할 때 세금계산서, 계산서, 신용카드, 현금영수증 등 적격증빙자료 수취하여야 함

3. 특수 관계자간 거래
- 주주구성을 보고 다른 법인과의 주주관계를 분석하여 판단
- 특수관계자와의 거래시기, 금액 등 거래내역 철저하게 거래

4. 가지급금
▶ 법인세 신고 시 가지급금을 정리하지 않고 신고를 하게 되면 사후 검증은 물론 세무조사대상자로 선정될 가능성이 높음

5. 상품권 구매자료
▶ 국세청 전산시스템을 활용해 상품권자료를 집중적으로 관리
▶ 상품권 다량 구입 시 상품권 관리대장에 기재하여야 함

6. 신용카드 사용내역
▶ 자녀수강료나 성형외과 수술비, 명품구입 등 업무와 관련 없는 경비는 대표자에게 상여를 지급한 것으로 간주

10 가업승계 이렇게만 하면 세무조사 안받는다

일본 중소기업청은 2025년까지 경영자 은퇴시기(70세 이상)가 도래한 중소·중견기업이 전체의 64%인 254만개사에 이른다고 발표했습니다. 경영자 은퇴시기가 도래한 중소·중견기업중에 절반을 상회하는 127만 곳이 후계자가 미정인 상태이며, 흑자기업임에도 후계자 공백으로 휴·폐업하는 사례가 급증하고 있다고 합니다.

우리나라도 최근 들어 경영자전환기에 따른 중소·중견기업들의 세대교체 논의가 현실화되고 있습니다. 고령화속도가 일본과 대비하여 더욱 빠르게 진행되고 있어 가업승계제도를 활용한 경영자 세대교체 논의가 중소·중견기업의 경영인들 사이에 큰 화두가 되고 있습니다.

우리나라의 경우 그동안 고령화속도대비 가업승계제도를 활용해 승계를 하는 경우는 그리 많지 않았습니다. 국세통계포털을 보면 2023년도에 가업승계를 활용한 승계건수는 188건에 불과합니다. 그나마도 2021년 97건, 2022년 147건에 비해 증가하고 있는 수치입니다. 가업승계제도가 적용요건이 너무 까다롭고 사후관리가 어려워 실제로 실행하는 것이 어려웠기 때문입니다.

경영자 세대교체로 고민하고 있는 중소·중견기업 대표들을 위해 완화된 가업승계제도를 개괄적으로 살펴보고 실제로 가업승계제도를 활용할 때 놓치기 쉬운 항목들에 대해서 살펴보기로 합니다.

가업승계 지원제도는 크게 가업상속공제제도와 증여세 과세특례제도 두 가지가 있습니다.

먼저 가업승계제도란 피상속인이 생전에 10년 이상 경영한 기업을 상속인에게 승계할 경우에 상속세 과세가액에서 일정 세금을 공제받을 수 있는 제도입니다. 가업상속공제를 받기 위해서는 크게 3가지 요건을 충족해야 합니다.

첫째, 기업요건입니다. 피상속인이 10년 이상 계속해서 경영한 중소기업 또는 중견기업으로서 매출액기준과 자산기준 5,000억원 미만 해당 기업이어야 합니다. 대부분의 업종이 해당되지만 유흥업과 부동산 관련업은 적용되지 않습니다.

둘째, 피상속인 요건입니다. 상속일 현재 국내 거주자여야 하고 최대주주여야 합니다. 기업 전체지분의 40%이상(상장기업20%)을 10년간 보유하면 되는데 특수관계자의 지분을 합해서 판단하니까 웬만한 중소·중견기업은 모두 해당된다고 보면 됩니다.

셋째, 상속인 요건입니다. 상속개시일 현재 18세 이상 자녀로서 상속개시일전 2년 이상 가업에 종사해야 합니다. 상속세 신고기한까지 임원취임을 하고 신고기한부터 2년 이내 대표이사로 취임해야 합니다. 종전에는 자녀 1인에게만 상속공제제도가 적용되었지만 개정세법에 따르면 두 명이상도 공제한도내에서 적용이 가능합니다. 가업상속공제 한도도 30년 이상 영위기업의 경우 최대 600억원을 공제할 정도로 공제한도가 가업영위 기간에 따라 종전대비 100억원씩 상향조정되었습니다.

종전세법에 따르면 사후관리규정이 매우 까다로웠는데 사후관리 기간이 7년에서 5년으로 단축되었습니다. 고용유지요건도 많이 완화되었습니다. 종전에는 정규직

근로수와 총급여액을 5년간 유지해야 했지만 개정세법에 따르면 5년간 90%만 유지하면 됩니다.

업종변경도 굉장한 걸림돌이었는데 세법의 개정으로 대분류내 업종변경하는 경우와 평가심사위원회의 심의를 거쳐 변경이 가능해졌습니다. 예를 들어 기계제작 제조업에서 기계제작과 관련 없는 다른 제조도 가능해진 것입니다.

다음으로 증여세 과세특례제도에 대해서 살펴보겠습니다.

증여세 과세특례제도란 10년 이상 영위한 법인의 최대주주인 60세 이상의 부모로부터 18세 이상의 자녀가 증여받은 지분에 대해 최고 600억원을 한도로 해서 10억원을 공제받고 나머지 초과하는 120억원까지는 10% 단일세율로 과세하고 120억원 초과시 20% 저율과세를 하는 제도를 말합니다.

마찬가지로 증여세 과세특례제도를 받기 위해서는 세 가지 요건을 충족해야 합니다.

첫째, 기업요건입니다. 자산총액 5,000억원 미만 중소기업이어야 하고 직전 3년 평균매출액 5,000억원 미만 중견기업이어야 합니다. 그리고 증여자가 10년 이상 계속 경영한 기업이어야 합니다.

둘째, 증여자 요건입니다. 증여자는 60세 이상인 수증자의 부모이어야 하고 최대주주등으로서 지분 40%(상장법인 20%) 이상을 10년 이상 계속하여 보유하고 있어야 합니다.

셋째, 수증자 요건입니다. 증여일 현재 만 18세 이상 거주자인 자녀이어야 하고 신고기한까지 가업에 종사해야 하며 3년 이내에 대표이사로 취임해야 합니다.

증여세 과세특례제도의 경우 공제한도가 기본적으로 10억원이 공제되고 10억원을 초과하는 120억원까지는 10% 세율을 적용하고 120억원을 초과하는 금액에 대해서는 20%의 세율을 적용합니다. 증여받은 재산에 대해 세금을 낼 때 연부연납을 할수 있는데 종전 연부연납기간이 5년에서 15년으로 대폭 연장되었습니다. 가업상속공제제도와 마찬가지로 대분류내 업종변경하는 경우와 평가심사위원회의 심의를 거쳐 변경이 가능해졌습니다.

이렇게 획기적으로 개선된 가업승계제도를 제대로 활용하기 위해서 특별히 유의해야 할 내용은 무엇이 있는지 살펴보도록 하겠습니다.

첫째, 가업자산 비율을 높이면 세제 혜택이 커집니다. 기업이 현금을 많이 보유하고 있는 경우 일반자산으로 분류되어 가업자산에 해당하지 않기 때문에 현금을 과다보유하면 세제혜택이 감소됩니다. 세제혜택을 제대로 받으려면 현금으로 생산시설등에 투자하여 자산비율을 조정할 필요가 있습니다.

둘째, 해외에 자녀가 거주한다면 가업승계전에 국내로 귀국해야 합니다. 가업승계증여특례제도는 거주자에게만 적용되기 때문에 자녀의 생활기반이 외국이라면 비거주자에 해당되어 가업승계혜택을 받을 수 없으므로 자녀의 국내 전입계획을 함께 세워야 합니다.

셋째, 2가지 업종을 겸업한다면 업종간 매출비율을 관리해야 합니다. 매출이 큰 업종이 주업종이며, 주업종을 10년 이상 계속 유지하여야만 가업승계 세제혜택이 가능합니다. 예를 들어 의약품 도매업자가 향후 제조 매출이 증가해 주업종이 도매에서 제조로 변경되면 가업영위 기간이 단절되어 가업승계 혜택을 받을 수 없습니다. 이 경우 제조업은 미리 별도법인으로 설립하는 것이 좋습니다.

넷째, 가업주식을 자녀에게 증여하였더라도 공동경영이 가능합니다. 아들에게 가업주식을 증여했으나 경영 경험이 부족해서 걱정된다면 자녀와 공동대표 경영도 가능합니다.

최근 가업승계제도와 관련된 세제가 많이 완화되었다고 해도 여전히 까다로운 요건과 사후관리요건이 존재합니다. 단순하게 상속공제나 증여특례를 적용할 것이 아니라 사전에 전문가와 상의해서 온전한 혜택을 누릴 수 있도록 절세플랜을 세워야 할 것입니다.

제5장 세무조사 실시단계

01 세무조사할 때 납세자가 지켜야 할 태도를 알려주세요!

세무조사는 통상적으로 20일에서 길면 두 달 정도 진행됩니다. 사실 이 기간 안에 기업의 영업활동내용을 전부 조사하고 점검한다는 것은 사실상 불가능한 일입니다. 그러한 이유로 세무조사관들은 사전에 수집한 정보자료를 참고해 중점조사항목을 선정해 세무조사를 벌입니다. 즉, 세무공무원들의 감각기능에 의해 세무조사가 이루어진다고 할 수 있습니다.

세무공무원들이 사전준비단계에서 수집한 자료를 중심으로 질문을 하기 때문에 납세자들은 이에 미리 대비할 필요가 있습니다. 준비 없이 세무조사에 임하게 되면 납세자들은 크게 당황하기 마련입니다. 그렇다면 세무조사 실시단계에서 납세자가 어떻게 대응하면 좋을지 살펴보겠습니다.

1. 최대한 겸손하고 쓸데없는 말을 삼가라

괜히 쓸데없는 대화를 시도하거나 조사공무원을 무시하는 태도를 취했다가 조사공무원의 심기를 건드려 기업에 대한 나쁜 인상을 심어줄 필요는 없습니다. 세무조사를 받을 때는 가급적 조사공무원들이 말을 많이 하게끔 유도해야 합니다. 조사를 받는 당사자가 말을 많이 하게 되면 세무조사 시 더 안 좋은 결과를 가져올 확률이 매우 높아지기 때문입니다.

> 한 사례를 들어보겠습니다.
>
> "리베이트를 안 주면 영업을 할 수가 없어요. 리베이트는 우리 업계의 관행이에요"라는 말을 조사를 받는 중소기업의 대표가 세무조사관에게 했다고 가정해 볼까요?
>
> 대표의 말을 들은 조사공무원은 '아! 이 회사는 리베이트 지출이 많겠구나. 리베이트 지출을 어떻게 회계처리 했을까?'하는 의문을 품게 됨과 동시에 리베이트 부분에 대한 세무조사를 중점적으로 하게 될 것입니다.
>
> 대부분의 조사공무원은 시간과의 싸움을 하고 있습니다. 필자도 세무공무원 시절에 조사과에 근무하면서 여러 기업들을 동시다발적으로 조사하게 되면서 늘 시간과의 싸움을 했고 적잖이 스트레스를 받았던 기억이 떠오릅니다. 당연히 조사 대상의 세무조사를 빠르고 정확하게 처리하고 싶다는 욕구가 들고 이러한 목적은 주로 조사 대상과의 인터뷰 과정에서 해결되는 경우가 많습니다. 불필요한 언행, 겸손하지 않은 태도는 버려야 하는 이유입니다.

2. 장부를 정비하라

세무조사는 어디까지나 납세자가 작성한 장부를 기초로 이루어진다는 사실을 명심해야 합니다. 조사 대상 년도는 물론, 이전 이후 사업년도에 대해서도 관련장부를 가지런히 준비해 놓는다면 실제 세무조사 시 조사공무원들에게 좋은 인상을 심어줄 수 있습니다.

회사 책상의 서랍, 금고, 책장 등도 깔끔하게 정리해 놓을 필요가 있습니다. 조사공무원이 처음 회사를 방문했을 때 잘 정리된 기업이미지를 갖게 된다면 '아! 이 회사는 회계처리도 깔끔하게 처리해 놓았겠구나'하고 긍정적인 생각을 가질 수 있습니다.

3. 이해되지 않으면 조사공무원의 설명을 구하라

정부가 납세자로부터 걷었다가 조세불복으로 돌려주는 세금이 매년 1~2조 원에 달하고 있습니다. 세무조사의 경우에도 잘못 조사해 부과했다가 취소되는 사례가 많습니다. 납세자 입장에서 이해가 되지 않는 부분이 있다면 주저하지 말고 세무공무원에게 설명을 구해야 합니다.

만약 일방적으로 과세를 하겠다고 하면 조세불복을 하겠다는 의사표시도 정확하게 할 필요가 있습니다. 조사공무원들은 조세불복을 아주 불편하게 생각합니다. 왜냐하면 세무조사 결과에 대해 납세자가 조세불복을 하게 되면 조사공무원들이 인사상 불이익을 당하게 되기 때문입니다.

> **불복시 세무공무원의 불이익**
>
> 1. 행정심 제기 시 추징세액에서 **10%차감**하여 인사고과 실적에 반영
>
> 2. 불복 패소 시 인사고과에 감점
>   행정심(이의신청, 심사·심판청구) 0.2점,
>   행정소송(소송수행 참여한 경우 한정) 0.3점,
>   반기별 최대 1점 한도
>
> 3. 불복 패소 시 원인분석하여 고의, 중과실은 징계(경고)
>
> 4. 과세품질 평가하위직원 본청, 지방청 전입제한

출처 : 한국납세자연맹

4. 조사를 고의적으로 기피하지 말라

세무조사가 실시되면 비협조적인 태도로 은연중에 조사를 방해하는 납세자들이 종종 있습니다. 필자가 세무공무원을 재직시 조사를 받는 기업의 대표가 잠적해서 아주 황당했던 기억이 있습니다.

어떤 이유로든 세무조사를 방해하는 행위는 납세자 자신에게도 이로울 것이 전혀 없습니다. 그러한 불필요한 행위는 조사공무원이 기업의 전체 장부를 불신하게 만듭니다. 따라서 조사범위와 기간이 처음보다 늘어날 수 있고 심지어 조세범칙조사로 확대될 위험성도 있습니다. 조사를 고의적으로 기피하는 행위는 납세자에게 전혀 도움이 되지 않는다는 사실을 기억해야 합니다.

5. 세무조사가 종결되면 조사자의 의견을 경청하라

세무조사가 종결되면 조사사무처리규정에 따라 조사공무원은 조사를 받은 기업의 대표에게 오리엔테이션을 해주어야 합니다. 이는 의무사항으로 기업의 경영실태에 대해 세무조

사를 한 결과 어떤 세무문제가 기업에 있었는지, 세금문제 외에 경영관리 측면에서 시정할 것이 있는지 등을 납세자에게 설명해줘야 합니다.

조사공무원들은 세법과 회계학적 지식을 두루 갖춘 전문가입니다. 다년간의 조사경험으로 무장된 그들의 의견을 경청해서 기업이 새롭게 도약할 수 있는 전화위복의 기회로 삼아야 합니다.

실제로 세무조사를 하면서 기업 임직원들의 부정행위가 드러나는 경우도 있습니다. 잘못된 회계 관행과 세법에 대한 무지함 때문에 숨어있던 착오도 종종 발견됩니다. 이러한 문제들을 기업의 대표가 세무조사관들에게 어떻게 하면 시정할 수 있는지 자문을 구하며 경청한다면 기업의 미래는 긍정적으로 변할 수 있습니다.

02 세무조사와 관련된 규정이 궁금해요!

세무조사가 실시되면 그 과정에 여러 관련 규정들이 있습니다. 납세자가 미리 규정들을 파악하고 있으면 세무조사 시 불필요한 혼동을 방지할 수 있습니다.

1. 사전통지

세무공무원이 세무조사를 하는 경우에 조사를 받을 납세자에게 조사를 시작하기 15일 전에 조사대상 세목, 조사 기간 및 조사 사유, 그밖에 대통령령으로 정하는 사항을 통지해야 합니다.

다만, 사전통지를 했을 때 증거인멸 등으로 조사 목적을 달성할 수 없다고 인정되는 경우는 예외로 둡니다(국세기본법 제81조의7).

2. 세무조사 기간

1) 세무조사 기간

세무공무원은 조사대상 세목·업종·규모, 조사 난이도 등을 고려해 세무조사 기간이 최소한이 되도록 해야 합니다. 다만, 다음 각 호의 어느 하나에 해당하는 경우에는 세무조사 기간을 연장할 수 있습니다(국세기본법 제81조의8).

① 납세자가 장부·서류 등을 은닉하거나 제출을 지연하거나 거부하는 등 조사를 기피하는 행위가 명백한 경우
② 거래처 조사, 거래처 현지 확인 또는 금융거래 현지 확인이 필요한 경우
③ 세금 탈루 혐의가 포착되거나 조사 과정에서 「조세범 처벌절차법」에 따른 조세범칙조사를 개시하는 경우
④ 천재지변이나 노동쟁의로 조사가 중단되는 경우
⑤ 납세자 보호관 등이 세금 탈루 혐의와 관련해 추가적인 사실 확인이 필요하다고 인정하는 경우
⑥ 세무조사 대상자가 세금 탈루 혐의에 대한 해명 등을 위해 세무조사 기간의 연장을 신청한 경우로서 납세자 보호관 등이 이를 인정하는 경우

2) 세무조사 기간의 제한

세무공무원은 세무조사 기간을 정할 경우 조사대상 과세 기간 중 연간 수입금액 또는 양도가액이 가장 큰 과세 기간의 연간 수입금액 또는 양도가액이 100억원 미만인 납세자에 대한 세무조사 기간은 20일 이내로 규정합니다.

3) 기간의 제한을 받은 세무조사를 연장하는 경우

세무조사 기간의 제한 규정에 따라 기간을 정한 세무조사를 연장하는 경우로서 최초로 연장하는 경우에는 관할 세무관서의 장의 승인을 받아야 하고, 2회 이후 연장의 경우에는 관할 상급 세무관서의 장의 승인을 받아 각각 20일 이내에서 연장할 수 있습니다. 다만, 다음 각 호에 해당하는 경우에는 세무조사 기간의 제한 및 세무조사 연장 기간의 제한을 받지 않습니다.

① 무자료거래, 위장·가공거래 등 거래 내용이 사실과 다른 혐의가 있어 실제 거래 내용에 대한 조사가 필요한 경우
② 역외거래를 이용해 세금을 탈루하거나 국내 탈루소득을 해외로 변칙유출한 혐의로 조사하는 경우
③ 명의위장, 이중장부의 작성, 차명계좌의 이용, 현금거래의 누락 등의 방법을 통해 세금을 탈루한 혐의로 조사하는 경우
④ 거짓계약서 작성, 미등기 양도 등을 이용한 부동산 투기 등을 통해 세금을 탈루한 혐의로 조사하는 경우

⑤ 상속세 · 증여세 조사, 주식변동 조사, 범칙사건 조사 및 출자 · 거래관계에 있는 관련자에 대해 동시 조사를 하는 경우

4) 세무조사 중지

세무공무원은 납세자가 자료의 제출을 지연하는 등 다음의 사유로 세무조사를 진행하기 어려운 경우에는 세무조사를 중지할 수 있습니다. 이 경우 그 중지 기간은 세무조사 기간 및 세무조사 연장 기간에 산입하지 않습니다.

① 세무조사 연기신청 사유에 해당하는 사유가 있어 납세자가 조사중지를 신청한 경우

② 국외자료의 수집 · 제출 또는 상호합의 절차 개시에 따라 외국 과세기관과의 협의가 필요한 경우

③ 다음 각 목의 어느 하나에 해당해 세무조사를 정상적으로 진행하기 어려운 경우

가. 납세자의 소재가 불명한 경우

나. 납세자가 해외로 출국한 경우

다. 납세자가 장부 · 서류 등을 은닉하거나 그 제출을 지연 또는 거부한 경우

라. 노동쟁의가 발생한 경우

마. 그밖에 이와 유사한 사유가 있는 경우

④ 납세자 보호관 또는 담당관이 세무조사의 일시중지를 요청하는 경우

5) 세무조사 재개

세무공무원은 세무조사 중지사유에 따라 세무조사를 중지한 경우에는 그 중지사유가 소멸하게 되면 즉시 조사를 재개해야 합니다. 다만, 조세채권의 확보 등 긴급히 조사를 재개해야 할 필요가 있는 경우에는 세무조사를 재개할 수 있습니다.

6) 통지의무

세무공무원은 세무조사 기간을 연장하는 경우에는 그 사유와 기간을 납세자에게 문서로 통지해야 하고, 세무조사를 중지 또는 재개하는 경우에는 그 사유를 문서로 통지해야 합니다.

7) 세무조사 기간 단축

세무공무원은 세무조사 기간을 단축하기 위해 노력해야 하며, 장부 기록 및 회계처리의 투명성 등 납세성실도를 검토해 더 이상 조사할 사항이 없다고 판단될 때에는 조사 기간 종료 전이라도 조사를 조기에 종결할 수 있습니다.

● 조사사무처리규정 제30조 (조사권의 남용 금지)
① 조사공무원은 「국세기본법」 제81조의4(세무조사권 남용 금지)에 따라 적정하고 공평한 과세의 실현을 위해 필요한 최소한의 범위 안에서 세무조사를 실시해야 하며, 다른 목적 등을 위해 조사권을 남용해서는 아니된다.
② 조사공무원은 조사편의 등의 목적으로 다음 각 호의 어느 하나에 해당하는 행위를 해서는 아니된다.

세무조사를 실시하면서 관련 법령 및 규정에서 정한 절차에 의하지 아니하고 임의로 관련 장부·서류 등을 압수·수색하거나 일시 보관하는 행위
조사대상 세목 및 과세 기간의 과세표준과 세액의 계산과 관련없는 장부 등의 제출을 요구하는 행위
「국세기본법」 제81조의8 제4항에 따른 세무조사의 중지기간 중에 납세자에 대해 국세의 과세표준과 세액을 결정 또는 경정하기 위한 질문을 하거나 장부 등의 검사·조사 또는 그 제출을 요구하는 행위
관련 법령 및 규정에서 정한 승인절차에 의하지 아니하고 임의로 조사 기간의 연장, 조사범위의 확대 또는 거래처 현장 확인을 하는 행위
거래처, 관련인 등에 대한 조사를 실시하면서 조사대상자 선정, 전산입력, 조사 통지 등 관련 법령 및 규정에서 정한 조사절차를 준수하지 아니하고 조사를 실시하는 행위
세무조사와 관련 없이 납세자와 그 관련인의 사생활 등에 관한 질문을 하는 행위

● 조사사무처리규정 제32조 (부실과세의 방지)
① 조사공무원은 세무조사를 수행함에 있어 객관적인 사실에 근거해 적법·공정하게 과세해야 한다.
② 조사공무원은 조사과정에서 납세자와 이견이 있거나 단독적으로 판단하기 곤란한 법령해석 사항이 있는 경우에는 과세기준자문 신청서(별지 23호 서식)에 의해 국세청 징세법무국장에게 과세기준자문을 신청할 수 있다.

③ 조사공무원은 조사과정에서 납세자와 이견이 있거나 단독적으로 판단하기 곤란한 사실판단 사항에 대해서는 과세사실판단자문 신청서(별지 제24호 서식)에 의해 지방국세청 또는 세무서 납세자보호담당관에게 과세사실판단자문을 신청할 수 있다.
④ 조사공무원은 조사과정에서 발생한 과세쟁점이 국세청장이 정하는 기준에 해당할 경우 조사심의팀에 조사종결 전까지 사전심의를 신청해야 한다.
⑤ 조사관서장은 조사공무원이 세무조사를 수행하는 과정에서 부실과세가 발생하지 않도록 관리·감독해야 한다.
⑥ 조사공무원이 조사해 고지한 처분이 불복청구 등의 과정에서 인용 또는 취소된 경우로서 국세청장이 정하는 기준에 해당하는 사안에 대해서는 본·지방청 감사관은 부실과세 여부에 대한 심사 또는 조사를 실시할 수 있고, 조사관서장은 그 결과 법령적용 또는 사실 조사 등에 있어 중대한 귀책사유가 있는 것으로 판정된 경우에는 인사상 불이익 등 필요한 조치를 취해야 한다.

03 납세자의 금융거래 확인은 어떻게 이루어지나요?

세무조사가 실시되면 거래 상대방의 진술 또는 해당 회계장부 조사만으로는 객관적인 과세근거를 확보하는 것이 어려울 수 있습니다. 이를 해결하기 위해 과세관청은 금융 추적 조사를 실시합니다. 금융거래 확인은 납세자의 사생활을 침해할 가능성이 있으므로 관련 법령에서 정한 범위와 절차에 따라 철저하게 준수해야 합니다.

먼저 세무조사 목적으로 금융거래 현장 확인이 필요한 경우에는 다음 각 항목의 절차에 따라 실시해야 하고「금융실명거래 및 비밀보장에 관한 법률」과「상속세 및 증여세법」등 관련 법령에서 정한 범위와 절차를 준수해야 합니다(조사사무처리규정 제43조).

① 금융거래 현장 확인 대상자를 선정하거나 금융거래정보를 조회하고자 하는 때에는 조회대상 기간 등 조회범위를 특정해 조사관할 지방국세청장의 승인을 받아야 합니다. 이 경우 조회대상 기간은 조사대상 과세 기간으로 한정하되, 조사대상 과세 기

간 내의 탈루혐의 확인 등과 관련해 필요한 경우에는 조사대상 과세 기간 외의 기간으로 확대할 수 있습니다.

② 지방국세청장의 승인을 받은 자에 대해 승인대상 기간 외의 기간에 대한 금융거래정보 제공을 요구하고자 하는 때에는 조사관서장(조사국장, 세무서장)의 승인을 받아야 합니다.

③ 조사 기간 종료 후에는 금융기관에 대해 금융거래정보 제공을 요구할 수 없습니다. 만약 세무조사 과정에서 신용카드 변칙거래, 거짓세금계산서 수수혐의 등에 대한 금융거래 현장 확인이 긴급히 필요한 경우에는 위의 각 항목에 관계없이 조사관서장(조사국장, 세무서장)의 승인을 받아 시작할 수 있으며, 이 경우 시작한 날의 다음날까지 금융거래 현장 확인 대상자와 긴급한 사유 등을 지방국세청장에게 보고해야 합니다.

04 세무조사의 종결과 결과통지가 궁금해요!

1. 세무조사의 종결

조사공무원이 세무조사를 종결하고자 할 때에는 조사한 내용을 정리해 조사관서장에게 보고해야 합니다. 보고 받은 조사관서장은 그 내용을 검토해 조사의 종결여부를 결정해야 합니다. 조사공무원은 납세자에게 세무조사결과를 구체적으로 설명해야 하며, 납세자의 권리구제방법을 상세히 설명해줄 의무가 있습니다.

2. 세무조사 결과통지

조사공무원은 세무조사를 마친 날부터 20일 이내에 다음 항목의 사항이 포함된 조사결과를 납세자에게 설명하고 이를 서면으로 통지합니다.

① 세무조사 내용

② 결정 또는 경정할 과세표준, 세액 및 산출근거

③ 세무조사 대상 세목 및 과세 기간

④ 과세표준 및 세액을 결정 또는 경정하는 경우 그 사유

⑤ 관할세무서장이 해당 국세의 과세표준과 세액을 결정 또는 경정해 통지하기 전까지 수정신고가 가능하다는 사실

⑥ 과세전적부심사를 청구할 수 있다는 사실

05 조사공무원들은 어떻게 세무자료를 분석·조사하나요?

세무조사를 하는 조사공무원들은 납세자의 세무 상황을 분석하고 조사하기 위해 크게 다섯 가지 방법을 사용합니다.

1. 세무분석

세무분석이란 조사관청이 납세자들이 신고한 과세소득의 진실성 여부를 검증하기 위한 방법으로 시행하는 재무제표분석 방법을 말합니다. 조사공무원들은 개인이나 기업의 재무제표상에 불균형 또는 이상한 숫자 등이 있는지 여부를 분석합니다.

세무분석의 방법으로는 비율분석과 추세법이 있습니다. 비율분석과 추세법이란 매년도의 재무제표상의 수치를 비교해 이상 유무를 판단하는 것으로, 통상적으로 동일기업의 과거 수치를 기준으로 당기수치와 비교하는 방식으로 이루어집니다. 주로 제조원가보고서, 손익계산서, 재무상태표 항목별 구성비의 적정여부와 전년대비 증가율을 검토합니다.

2. 자산누락 등 변칙회계처리여부 검토방법

① 자산취득을 비용으로 처리했는지 여부

재산목록과 지출품의서, 공사내역서, 공사하도급계약서 등을 검토해 자산으로 계상해야 할 금액을 비용으로 처리했는지 여부를 검토합니다.

② 자산을 가공으로 취득했는지 여부

실제로 자산을 취득하지 않고 현금을 유출시켜 기업의 대표 등이 개인의 비자금으로 사용하는 경우가 있습니다. 이런 경우에 실물을 확인하는 경우가 있고, 관련증빙과 은행거래내역을 조사하는 경우도 있습니다.

③ 건물 자가 신축 시 가공재료비, 가공노무비 계상 여부

재료비를 부풀리거나 실제 근무하지 않은 노무자들에게 지급한 인건비가 있을 것으로 의심되는 경우에 조사공무원들은 건축설계도 및 시방서, 작업일지, 공사원가계산서, 노무비대장, 자재납품처 대금청구서 등을 검토합니다.

④ 토지·건물의 취득가액 과다계상 여부

토지·건물 등을 시세보다 과다하게 재무제표상에 계상하고 대표 등이 차액을 비자금으로 사용한 것이 의심되는 경우에 조사공무원들은 계약서와 취득세, 등록세, 기타 부대비용 영수증, 통장거래내역을 조사해 토지·건물가액이 실제 지출액보다 과다하게 계상했는지 여부를 검토합니다.

3. 부채와 관련된 변칙 회계처리시 검토방법

① 가공비용과 가공부채 동시 계상 후 반제처리

당기순이익을 줄이기 위해 가짜로 비용을 계상하고 상대 계정 과목으로는 가수금이나 차입금 등 비용으로 계상하는 경우입니다. 이런 경우에 조사공무원들은 가짜 비용의 상대거래처 기장 관계 서류와 가수금, 차입금 반제 시 금융거래를 추적합니다.

② 차입금이나 가수금을 가공계상

매출이 발생했는데 거래 상대방이 세금계산서 발행을 원치 않는 경우라면 어떻게 해야 할까요? 원칙적으로는 모든 재화와 용역의 공급에 대해서 세금계산서 발행이 이루어져야 합니다. 세금계산서를 발행하고 정상적으로 회계처리를 해야 하지만 상대방이 세금계산서 발행을 원치 않기 때문에 많은 사업자들이 탈세의 유혹을 떨쳐내지 못하고 세금계산서 발행을 생략해 버립니다. 그 과정에서 통장에 현금이 입금되면 매출로 잡지 않고 차입금이나 가수금으로 처리해 매출을 누락시킵니다.

누락된 매출을 잡기 위해 조사공무원들은 차입금이나 가수금과 관련된 관련 전표와 가공부채 반제 시 지출 증빙 등을 검토해 가공부채 여부를 조사합니다.

4. 원가 및 경비와 관련된 변칙회계 처리 시 검토방법

① 가공원가 계상

가공매입과 관련된 통장과 증빙검토, 매입원재료수불부, 송장, 자재창고반출증, 자재 수급일보 등을 조사합니다.

② 건설원가 가공계상

공사계약서 및 시방서, 노무비 지급대장, 주유일보 및 중장비 가동일지, 현장별 자재 사용계획서, 자재관리대장, 공사일지 등을 조사합니다.

③ 매출채권 회수 후 임직원이 유용

매출채권을 회수해 임직원이 유용한 사례가 세무조사 과정에 발견되기도 하는데 조사공무원들은 세무조사 시 거래처의 외상매입대장과 지급대장사본과 회수된 매출채권 사용내역등을 조사합니다.

④ 특수관계인으로부터 고정자산이나 투자자산을 고가로 매입

과거 모 재벌그룹이 특수관계인으로부터 시세가 수십억원에 불과한 강원도 두메산골 오지의 땅을 수십억원에 매입한 후, 부풀려진 재무제표를 가지고 금융기관으로부터 수백억원의 대출을 받아 비자금 등으로 유용한 사례가 있었습니다.

특수관계인으로부터 자산을 고가로 구입한 경우 계약서, 견적서, 감정평가서, 관계인 등에 대한 진술서를 모두 종합적으로 판단해 고가매입 여부를 조사합니다.

⑤ 고정자산을 특수관계인에게 무상으로 사용하게 함

땅이나 건물 등 고정자산을 특수관계인이 무상으로 사용하는 경우 부가가치세 매출 누락이 되고 소득세나 법인세신고 누락으로 간주합니다. 세무조사 시 고정자산의 위치 또는 설치장소, 고정자산에 대한 각종 경비지급 증빙 등을 검토합니다.

5. 외형누락 시 검토방법

① 무자료 매입에 의한 매출누락

유통업은 일명 '나까마'라 해 매입세금계산서 없이 물건을 구입해 매출세금계산서 발행 없이 판매하는 경우가 비일비재 했습니다. 매입·매출세금계산서 발행 없이 물건

을 구입하고 판매했지만 통장에 현금이 입출금되므로 유통업자는 세금신고를 해야 한다는 생각을 합니다. 그런데 엉뚱한 곳에서 매입자료를 받고 또 엉뚱한 곳으로 매출세금계산서를 발행하다보니 제대로 된 세금신고가 이루어지지 않습니다.

과세관청에서는 이런 세금계산서 발행 없이 거래하는 행위에 대해 부가가치세법 근간을 해치는 행위로 보고 매우 엄격한 세무조사와 처벌을 하고 있습니다.

조사공무원들은 유통업자의 무자료 매입·매출이 의심되는 경우 유통과정 조사를 통해 거래 상대방의 제품수불부를 확인하고 금융추적조사 등을 병행해 무자료매입·매출여부를 조사합니다.

② 생산량 조작에 의한 매출누락

공장에서 작성하는 원시기록 및 작업일지, 생산보고서, 출고전표, 제품수불부, 생산수율표 물품반출증 등을 확인해 생산량 조작에 의한 매출누락이 있는지 판단합니다. 또한 금융 추적 조사를 통해 생산량 조작에 의한 매출누락이 있는지의 여부도 조사합니다.

미등록 매출누락 관련 사례를 살펴보도록 하겠습니다.

주위에 사업자등록을 하지 않고 사업을 하거나 사업자등록은 했지만 부가가치세 할인 등을 이유로, 계좌이체로만 사업을 하는 사람들이 간혹 있습니다. 이들은 어떻게 국세청에 적발되어 세금을 추징당하게 될까요? 최근 세무조사를 받고 세금폭탄을 맞은 K씨의 사례를 통해 살펴보도록 하겠습니다.

K씨는 꽤나 이름이 알려진 주택건설사업자입니다. 나름 주택건설업 분야에서 실력이 있다고 인정도 받고 있습니다. 그런데 알고 보니 K씨는 세무서에 사업자등록도 하지 않고 10년간 세금을 한푼도 내지 않은 탈세자였습니다. K씨는 어떻게 사업자등록도 하지 않고 세금을 한 푼도 내지 않으면서 10년간이나 주택건설 사업을 할 수가 있었을까요?

이유는 K씨가 하는 일이 소규모 주택건설사업이었기 때문입니다. 주택의 경우 1주택 외에 다른 주택이 없는 경우 해당 주택을 양도할 때 세법상 1세대1주택 양도에 해당되어 양도소득세가 비과세됩니다.

1세대1주택에 해당되는 주택의 경우 소유주입장에서는 '양도소득세가 어차피 비과세 되는데 굳이 건설업자에게 10%의 부가가치세를 지불해 가면서 세금계산서를 받을 필요가 있을까?'라고 생각하게 됩니다. K씨는 바로 이러한 주택 건축주들의 심리를 악용해 세

금계산서 발행을 원하지 않으면 부가가치세 10%만큼 공사비를 할인해 주겠다고 유혹하는 방법으로 세금을 탈세해 왔던 것입니다. 이렇게 세금계산서를 미발행하는 방법으로 용케 10년간이나 세금을 한푼도 내지 않고 사업을 해오던 K씨가 어떻게 국세청에 탈세사실이 적발되어 세무조사를 받고 세금폭탄을 맞게 됐을까요?

원인은 K씨가 건축해준 주택을 최근에 양도한 Y씨에게 있었습니다. Y씨는 자신이 1세대1주택자에 해당되어 양도소득세가 당연히 비과세되는 것으로 생각하고 K씨가 건축해준 주택을 매각했습니다. 그런데 나중에 알고 보니 Y씨는 1세대1주택자가 아닌 세법상 1세대2주택자에 해당되어 양도소득세 과세대상자였던 것입니다.

세법상 1세대1주택 비과세규정은 세대 단위로 판단하는데 Y씨의 경우 동거봉양하고 있는 부모가 주택을 자신의 명의로 소유하고 있어 1세대2주택에 해당되었습니다. 자신이 동거봉양하는 부모가 주택을 소유하고 있는 경우에는 자녀인 Y씨가 주택을 한 채만 보유하는 경우라도 세법상 1세대2주택자에 해당되어 양도소득세가 과세된다는 사실을 Y씨는 미처 몰랐던 것입니다. 세법의 무지로 인해 Y씨는 비과세는 커녕 다주택자의 양도소득에 해당되어 수억원의 세금폭탄을 맞고 말았습니다.

Y씨의 주택양도에 대한 세무조사과정에서 K씨가 공사수익을 세무서에 신고하지 않은 사실도 드러나 K씨도 세무조사를 받게 되었습니다. Y씨는 자신이 양도한 주택에 대해 관련 공사비를 취득원가로 인정해 달라고 주장했는데 과세관청에서 공사비소요액의 사실관계를 확인하는 과정에서 K씨가 그동안 미등록사업자로 주택건설사업을 해온 사실이 들통난 것입니다.

10년간 미등록사업을 하면서 탈세를 해왔던 K씨는 결국 세무조사를 받게 되었습니다. K씨의 경우 정상적으로 사업자등록을 하고 장부작성을 해서 세금을 신고했더라면 최소한의 세금만 부담하면서 얼마든지 사업을 할 수가 있었습니다.

K씨처럼 아예 사업자등록을 하지 않고 세금신고를 하지 않은 경우 세법상 엄청난 불이익을 받게 됩니다. 일반적으로 미신고소득은 5년의 국세부과제척기간이 적용되지만 미등록사업자의 경우 7년의 국세부과제척기간이 적용되어 7년간의 무신고소득에 대해 추계과세를 하게됩니다. 장부작성을 하지 않은 경우 추계결정을 하게 되면 실제비용을 인정받지 못해 부가가치세와 소득세 부담이 늘어날 수밖에 없습니다. 더불어 40% 무신고가산세와 연 8~9%에 달하는 납부불성실가산세까지 부담하며 탈세액에 따라 조세포탈범으

로 검찰에 고발될 수도 있습니다. 게다가 7개년치의 건강보험료까지 일시 부과되어 감당하기 어려운 세금폭탄을 맞습니다.

K씨의 사례에서 보듯이 성실납세가 중요한 이유가 여기에 있습니다. 성실납세만이 세금을 절세하는 길입니다. 그러므로 미등록사업을 하거나 세금계산서 발행을 회피하다 세금폭탄 맞는 일은 없어야 할 것입니다.

06 양도소득세의 현장확인 및 조사는 어떻게 진행되나요?

양도소득세란 개인이 토지, 건물 등 부동산이나 주식과 같은 파생상품의 양도 또는 분양권과 같은 부동산에 관한 권리를 타인에게 양도할 때 발생하는 이익에 대해 부과하는 세금을 말합니다. 납세자가 양도소득세를 제대로 산정하고 냈는지 과세관청은 점검할 의무가 있습니다.

이에 세무서장은 다음 항목 어느 하나에 해당하는 경우에 양도소득세 현장 확인을 구체적인 출장계획을 수립해 실시할 수 있습니다.

① 주택 또는 농지(임야·축사용지 포함) 양도자료 중 서면검토만으로 비과세·**감면요건** 충족여부를 확인할 수 없는 경우

② 건물 및 토지 등 부동산의 용도별 실제 이용현황 또는 사용면적 등 사실관계 **확인**이 필요한 경우

③ 납세자가 제출한 해명자료에 대해 현장 확인이 필요하거나 세무서장의 해명요구에 응하지 아니한 경우로서 현장 확인이 필요한 경우

> **해석사례**
> ● 오피스텔을 주거용으로 사용하는 경우 재산세 시가표준액
> 오피스텔은 부동산공시법에 따라 공시되는 부동산이 아니므로, 오피스텔을 주택으로 과세하는 경우 해당 건물부분과 그 부속토지부분을 각각 구분하여 산출한 시가표준액의 합을 주택의

시가표준액으로 봄.
[문서번호] 행정안전부 지방세운영과-2241(2010.05.28.)

◉ 미공시 공동주택 시가표준액 변경 적용 여부

국토교통부가 추가 공시한 공동주택가격은 산정가액보다 낮다는 이유로 재산세 과세기준일에 소급적용 될 수 없고, 지방세 관계법령에서 정한 바에 따라 과세처분을 원인으로 한 이의신청 등을 통해 산정한 자치단체에서 근거자료의 타당성 등을 재검토하여 소급적용 여부를 결정함이 타당하다고 판단됨.
[문서번호] 행정안전부 부동산세제과-907(2022.04.01.)

◉ 공시가격이 없는 주택의 합산배제 적용

임대개시일 또는 최초로 합산배제 신고를 한 연도의 과세기준일 현재 해당 임대주택의 공시가격이 없는 경우 지방법 §4① 단서 및 같은 조 ②에 따른 가액으로 적용하는 것임.
[문서번호] 서면부동산2020-4604(2020.11.26.), 서면부동산2019-290(2019.07.09)

양도소득세 현장 확인 계획을 수립할 때에는 그 확인기간을 5일(토요일·공휴일 제외) 이내로 해야 합니다. 그렇다면 양도소득세 현장 확인과 세무조사는 어떻게 구분될까요? 그 차이에 대해 자세히 살펴보겠습니다.

1. 세무조사

세무조사는 각 세법에 규정하는 질문조사권 또는 질문검사권에 근거해 조사공무원이 납세자의 국세에 관한 정확한 과세표준과 세액을 결정 또는 경정하는 행위입니다.

조사공무원이 조사계획에 의해 세무조사 사전통지 또는 세무조사 통지를 실시한 후, 납세자 또는 납세자와 거래가 있다고 인정되는 자 등을 상대로 질문하고, 장부·서류·물건 등을 검사·조사하거나 그 제출을 명합니다.

2. 현장 확인

현장 확인은 각 세법에 규정하는 질문조사권 또는 질문검사권에 따라 세원관리, 과세자료 처리 또는 세무조사 증거자료 수집 등 다음 각 항목의 어느 하나에서 예시하는 업무

등을 처리하기 위해 납세자 또는 그 납세자와 거래가 있다고 인정되는 자 등을 상대로 세무조사에 의하지 아니하고 현장 확인 계획에 따라 현장 출장해 사실관계를 확인하는 행위를 말합니다.

① 자료상 혐의자료, 위장가공자료, 조세범칙조사 파생자료로서 단순사실 확인만으로 처리할 수 있는 업무

② 위장가맹점 확인 및 신용카드 고액매출자료 등 변칙거래 혐의 자료의 처리를 위한 현장출장·확인업무

③ 세무조사 과정에서 납세자의 거래처 또는 거래 상대방에 대한 거래 사실 등 사실관계 여부 확인업무

④ 민원처리 등을 위한 현장출장·확인이나 탈세 제보자료, 과세자료 등의 처리를 위한 일회성 확인업무

⑤ 사업자에 대한 사업장현황 확인이나 기장확인 업무

⑥ 거래 사실 확인 등을 위한 계좌 등 금융거래 확인업무

● **국세기본법 제81조의6 제3항 (비정기 조사대상자 선정사유)**
1. 납세자가 세법에서 정하는 신고, 성실신고확인서의 제출, 세금계산서 또는 계산서의 작성·교부·제출, 지급명세서의 작성·제출 등의 납세협력의무를 이행하지 아니한 경우
2. 무자료거래, 위장·가공거래 등 거래내용이 사실과 다른 혐의가 있는 경우
3. 납세자에 대한 구체적인 탈세제보가 있는 경우
4. 신고내용에 탈루나 오류의 혐의를 인정할 만한 명백한 자료가 있는 경우
5. 납세자가 세무공무원에게 직무와 관련해 금품을 제공하거나 금품 제공을 알선한 경우

위의 항목에 따라 현장 확인을 실시했는데 부가적인 세무실지조사가 필요하다고 인정되면 현장 확인 종결보고서 결제 후에 세무조사로 전환할 수 있습니다.

양도소득세 조사대상자는 비정기 선정 방법으로 선정합니다. 비정기 선정사유는 국세기본법 제81조의6 제3항에 규정되어 있습니다.

07 상속세와 증여세의 현장확인 및 조사도 궁금해요!

재산이 있는 납세자라면 상속세와 증여세에 대한 관심도가 상당히 높습니다. 그만큼 탈세와 편법이 종종 이루어지는 세목입니다.

세무서장은 상속세와 증여세의 공정한 세금부과를 위해 다음 항목에 해당하는 경우 별도의 출장계획을 수립해 현장 확인을 실시할 수 있습니다.

① 상속세 및 증여세 감면 등의 사후관리 자료로 현장 확인이 필요한 경우

② 납세자가 제출한 해명자료에 대해 현장 확인이 필요하거나 세무서장의 해명요구에 응하지 아니한 경우로 현장 확인이 필요한 경우

그렇다면 상속세와 증여세 조사대상자의 선정은 어떤 과정으로 이루어질까요?

1. 상속세 조사대상자의 선정

관할세무서장은 상속세 신고서 접수의 다음달 말일까지 피상속인(사망자)의 직업, 경력, 성별, 나이와 피상속인이 사망하기 전 증여한 재산 등을 종합적으로 검토해 서면 결정 대상자로 선정할지 또는 실지조사 대상자로 선정할지를 분류합니다.

① 상속세 서면 결정 대상자

상속재산가액이 상속세 및 증여세법상의 상속공제액 등에 미달하거나 실지조사에 의하지 않고도 처리가 가능한 신고서는 서면검토 대상자로 분류해 상속세를 결정합니다.

② 상속세 실지조사 대상자

서면결정 대상자에 해당하지 않는 경우로, 조사공무원이 당초 서면결정 대상자로 분류해 해명자료제출 안내문을 발송했으나 관련 내용을 해명하지 않으면 대상자 후보로 선정합니다.

그중에서 조사실익이 있을 것으로 예상되는 자 또는 상속재산가액이 상속공제액보다 많아 상속세를 납부한자중 금융재산이 많아 조사실익이 있을 것으로 예상되는 자에 대해서는 실지조사 대상자로 선정해 상속세를 결정합니다.

2. 증여세 조사대상자의 선정

관할세무서장은 접수된 증여세 신고서 및 부동산 등기부등본 등을 검토하고 수증자의 직업, 경력, 성별, 나이 등을 고려해 서면결정 대상자로 선정할지 또는 실지조사대상자로 선정할지를 분류합니다.

① 증여세 서면결정 대상자
증여재산가액이 증여공제액 등에 미달하거나 실지조사에 의하지 않고도 처리가 가능한 신고서는 서면검토 대상자로 분류해 증여세를 결정합니다.

② 증여세 실지조사 대상자
과세관청은 증여재산가액의 평가 및 부담부증여 등 과세요건의 확인이 필요한 증여이거나 서면결정 대상자 중 해명자료 제출을 거부하고 관련 내용을 검토한 결과 조사실익이 있다고 판단되는 경우에는 실지조사 대상자로 선정해 증여세 조사를 실시합니다.

납세자는 상속세와 증여세를 해명하기 위해 '자금출처 서면확인제도'를 활용할 수 있습니다. 지방국세청장 또는 세무서장은 상속세 및 증여세법에 따라 선정된 서면확인 대상자의 자금출처 서면확인을 실시하는 경우에 납세자가 제출해야 할 거래증명서류 등을 구체적으로 기재한 재산취득자금출처에 대한 해명자료 제출안내문(별지 제13호 서식)을 우편으로 발송해 해명자료를 제출하도록 안내해야 합니다.

지방국세청장 또는 세무서장은 서면확인 기간이 끝나는 때에는 그때까지 확보된 자료에 따라 처리해야 하며, 납세자가 해명자료를 제출한 경우 그 처리결과를 해명자료 검토결과 안내문에 기재해 납세자에게 발송해야 합니다. (별지 18-2호 서식)

자금출처 서면확인은 세무조사는 아닙니다. 하지만 납세자가 소명을 하지 않는 경우에는 세무조사 대상자로 선정될 수도 있습니다. 따라서 납세자가 재산취득자금출처에 대한 해명자료 제출안내문을 받았다면 충분히 해명자료를 준비해서 제출하는 것이 좋습니다.

자금출처 서면확인의 업무 종결은 다음 항목에 따라 처리됩니다.

① 각종 세금을 누락한 혐의가 없다고 인정되는 경우에는 '혐의없음'으로 종결처리합니다.

② 혐의 사항이 단순하고 경미한 경우에는 상속세(증여세)기한 후 신고(수정신고)안내문을 우편으로 발송합니다.

③ 실지조사가 필요하다고 인정되는 경우에는 실지조사 대상자로 선정합니다. 다만 세무서장은 지방국세청장의 승인을 받아 실지조사 대상자로 선정해야 합니다.

3. 사전증여재산 신고누락으로 과세된 사례

상속세 신고시 피상속인이 사망전 10년 이내에 상속인에게 증여한 재산가액과 5년 이내에 상속인이 아닌 자에게 증여한 재산가액은 사전증여재산으로 하여 상속세 과세가액에 포함시켜 상속세를 계산하여야 합니다.

그리고 상속개시 전 2년 이내에 인출 또는 처분한 금액이 일정금액(1년 이내 2억원, 2년 이내 5억원)을 초과한다면 상속재산으로 추정하게 됩니다. 상속인들이 사용처를 입증하지 못하면 상속재산으로 추정되어 과세됩니다. 실무사례에서는 수십억원의 현금이 상속개시전 2년 이내에 인출이 되었지만, 상속인들이 출처를 소명하지 못하여 상속세를 추가적으로 납부하는 경우가 허다합니다.

반면 피상속인이 사망하기 2년 전의 인출금액에 대해서는 과세관청이 자금의 출처를 입증 해야됩니다. 예를 들어 피상속인이 사망 5년 전에 부동산을 매각하거나 토지보상을 받은 자금이 현금으로 통장에서 인출되어, 아무런 흔적 없이 사라졌다면 과세관청이 상속인들의 계좌흐름을 조사하여 사전증여 여부를 입증해야 합니다.

사망전 2년 전후에 따라서 자금출처의 입증책임 귀속이 달라지므로 상속개시전 2년이내 피상속인의 재산을 인출하거나 처분하는 경우에는 신중에 신중을 기해야 할것입니다.

사전증여재산이 있음에도 불구하고 증여세 신고를 누락하거나 상속세 신고시 사전증여재산을 상속재산에 합산하여 신고하지 않는다면 증여세와 상속세 모두 신고불성실 가산세 40%와 납부불성실가산세 연리 8.03%가 적용됩니다. 통상적으로 세무조사는 상속이 개시된 후 상당한 기간이 경과되어 실시되므로 사전증여행위가 만약 5년전에 발생했다면 납부불성실가산세만 50%에 육박합니다. 사전증여재산에 대해 증여세신고도 하지 않고 상속재산에 가산하여 신고하지 않은 경우에는 증여세와 상속세를 모두 과세하되 증여세 납부액만큼 상속세 납부할 세액에서 공제해 주어 이중과세를 방지하고 있습니다.

이렇게 상속세 세무조사가 무서운 이유는 과거 10년 동안에 발생했던 사전증여재산여부등을 집중 조사하여 증여세와 상속세는 물론 엄청난 징벌적가산세를 부과하기 때문입니다.

안타깝게도 상속세 세무조사시 사전증여재산을 신고누락하여 세금폭탄을 맞는 경우가 빈번하게 발생하고 있습니다.

사전증여재산가액을 상속세 신고시 누락하게 되면 이렇게 엄청난 세금폭탄을 맞게 되는데 어째서 많은 상속인들이 사전증여재산을 상속세 신고시 누락하고 있는 것일까요?

그 이유는 가족등 특수관계자간에 별다른 생각없이 자금거래를 하다가 별안간 상속이 개시되는 경우이거나 기왕에 신고한 사전 증여재산가액이 있음에도 상속인들이 피상속인의 사전증여내역을 정확히 기억해 낼 수 있는 방법이 마땅치 않기 때문입니다. 최근에 발생했던 일도 기억이 가물가물한데 하물며 10년 동안 발생했던 사전증여 재산을 정확히 기억해 낸다는 것이 쉽지 않기 때문입니다.

그래서 최근 국세청에서는 상속세 신고시 합산해야 하는 '사전증여재산'을 신고 전에 확인할 수 있는 서비스를 개통해 납세자들에게 제공하고 있습니다.

상속인은 신고기한 만료 14일 전까지 국세청에 정보제공을 신청할수 있으며 신청일로부터 7일이 경과하면 국세청 홈택스에서 피상속인의 사전증여재산 관련정보를 조회할 수가 있습니다.

피상속인이 법인사업자의 대표이사였거나 개인사업자의 사업주체였던 경우에 세무조사시 피상속인의 금융재산을 조사해 보면 사업체 운영 시 발생한 매출 신고누락액이 피상속인의 금융계좌에 예치되어 있는 경우를 종종 볼 수 있습니다. 피상속인의 금융계좌를 통하여 매출누락이 파악이 되면, 상속세와 별도로 법인세, 소득세 및 부가가치세, 가산세 등 전혀 예상치 못한 세금문제가 추가적으로 발생되므로 평소에 기업을 경영하면서 미래의 상속세 세무조사를 염두에 두고 합리적이고 합법적인 방법으로 투명하게 금융거래를 하여야 할 것입니다.

4. 상속농지 세금감면 받을 수 있는 사례

최근들어 도시에서 생활하는 자녀들이 부모로부터 상속받은 상속농지에 대한 세금문제로 고민하는 이들이 급증하고 있습니다.

농림축산식품부 자료에 따르면 2023년 우리나라 농업인의 평균연령은 69.1세인 것으로 나타났습니다. 통계자료에서 보여주듯이 농지소유주가 대부분 고령자이기 때문에 시골에서 농사짓던 부모의 사망으로 인해 도시에서 생활하는 자녀들이 부모의 농지를 상속받는 경우가 많습니다.

특히 도시에서 생활하는 자녀들이 부친이 농사짓던 상속농지를 별다른 생각없이 보유하고 있다가 최근 농사짓지 않는 농지(비사업용토지)에 대해 세금을 중과세하겠다는 정부정책이 언론에 보도되면서 상속농지에 대한 세금문제로 적잖이 골머리를 썩고 있습니다.

상속인들은 피상속인이 농사짓던 농지를 양도하는 경우에 양도소득세가 감면되는지 여부와 상속인들이 농사를 짓지 않는 경우에 비사업용토지로 보아 양도시 세금이 중과세 되는지 여부, 그리고 어떻게 하면 상속세를 절세 할수 있는지 등을 궁금해 합니다. 아래 사례를 통해 상속인들이 궁금해 하는 농지상속에 대한 양도소득세 문제와 절세방법을 살펴 보겠습니다.

첫째는 부친 사망 전, 8년 이상 농사를 짓다가 사망한 경우입니다. 모친이나 자녀들이 농사를 짓는 경우에는 년간 1억원 범위 내에서 5년간 최대 2억원 까지 양도소득세 세금감면 혜택을 누릴 수 있습니다. 1회에 1억씩 5년간 최대 2억원까지 감면이 가능하므로 농지 양도시 최대한 감면혜택을 받기 위해 농지를 두 번으로 나누어 양도하는 것이 유리합니다.

농사를 짓지 않는 경우에는 3년 이내에 양도할 때만 양도소득세 감면을 받을 수 있고 3년이 지나면 감면혜택을 받을 수 없습니다. 다만 3년이 지난 경우에도 상속인들이 언제든지 1년 이상 농지 소재지에 거주하면서 경작한 경우에는 양도소득세 감면을 받을 수 있습니다.

부친이 8년 이상 농사짓던 농지는 무조건 사업용토지로 보아 상속인들이 농사를 짓지 않아도 상속인들이 해당 농지를 양도하는 경우에 비사업용토지에 대한 중과세율을 적용하지 않습니다.

둘째로 부친 사망 전, 8년 미만 농사를 짓다가 사망한 경우입니다. 모친이나 자녀들이 상속받은 후 합산하여 8년 이상 농사를 짓다가 양도하면 1회 1억원 5년 이내 최대 2억원까지 양도소득세를 감면받을 수 있고, 합산하여 8년이 되지 않으면 감면혜택을 받을 수 없습니다.

부친이 8년 미만 농사를 짓던 농지는 상속인들이 5년 이내에 양도하는 경우에는 사업용토지로 보지만 5년이 경과되어 양도하면 비사업용토지의 양도로 보아 농지 양도시 양도소득세가 중과세됩니다. 그렇다면 부친이 농사짓던 농지를 가족간 협의분할에 의해 모친이 상속받은 후 모친의 사망으로 인해 자녀들에게 상속이 이루어지는 경우, 세금문제는 어떻게 될까요?

모친이 농사를 지은 경우에는 부친의 경작기간이 모친의 경작기간과 합산되어 8년 이상 농사를 지은 경우에 해당될 때에는 양도소득세 감면이 적용됩니다.

그러나 모친이 농사를 짓지 않다가 사망한 경우에는 부친의 경작기간이 합산되지 않아 자녀들이 모친으로부터 상속받는 농지에 대해 양도소득세 감면이 적용되지 않습니다. 따라서 절세를 위해서는 모친이 상속 받은 후에도 계속해서 농지소재지에 거주하면서 농사를 지을 필요가 있습니다.

농지의 경우 대부분 기준시가와 시가의 차이가 매우 큰 경우가 일반적입니다. 상속농지가액이 고액인 경우에는 양도소득세 감면을 적용받는 경우에도 적지않은 양도소득세가 과세되므로 절세를 위해서는 상속세 신고시 농지가액을 기준시가가 아닌 매매사례가액이나 감정가액으로 신고하는 것이 좋습니다. 왜냐하면 상속받은 농지를 양도할때에 양도차액이 줄어들어 양도소득세를 줄일 수 있기 때문입니다.

08 쫄지 말고 침착하게... 세무조사 대응 3단계 전략

최근 지인에게 다급한 목소리로 전화가 왔습니다. "이메일로 세무조사통지서를 받았는데 어떻게 해야 하느냐? 도와달라"는 내용이었습니다. '세무조사 사전통지서를 이메일로 보내는 경우는 없었는데...' 일단 수상하다는 생각이 먼저 들었습니다.

지인이 보내준 이메일 내용에 대해 국세청에 확인해 봤습니다. 역시 짐작한대로 보이스피싱 이었습니다. 통장계좌부터 신용카드, 주민등록증, 비밀번호까지 모두 찍어서 보내라는 황당한 내용의 이메일 보이스피싱 사기임이 확인되었습니다.

"털어서 먼지 안나오는 사람 없습니다."라는 속담이 있듯이 사업자 중에는 세무조사에 대한 막연한 불안감과 두려움을 갖고 있는 이들이 의외로 많습니다. 이처럼 세무조사에 대한 납세자들의 불안한 심리를 이용해 등장한 것이 바로 보이스 피싱입니다.

하지만 세무조사 사전통지에 대해 지나친 두려움을 가질 필요는 전혀 없습니다. 설령 탈세를 한 사실이 있다고 하더라도 말입니다. 아무리 막강한 세무조사 권한을 가지고 있는 국세청이라고 해도 법적절차에 따라 세무조사를 진행해야 하는 것이고, 납세자는 납세자권리헌장 규정에 따라 최소한의 세무조사를 받을 수 있는 권리가 법으로 보장되어 있기 때문입니다.

만약 세무조사 사전통지서를 받았다면 어떻게 대응해야 할까요? 언젠가 닥칠지도 모르는 세무조사에 대해 생각해 보고 미리 대응할 수 있는 효과적인 방법을 숙지해 둔다면 세무조사에 대한 막연한 불안과 공포에서 벗어나 납세자 본연의 사업에 더욱 집중할 수 있을 것입니다.

세무조사에 대한 막연한 두려움을 가지고 있는 사업자들을 위해 필자가 세무공무원 공직경험과 세무사로서 다년간 세무조사대행 경험을 통해 나름대로 정립한 〈세무조사 3단계 대응방법〉을 소개합니다. 이를 잘 숙지하고 실제 세무조사시 활용하여 절세에 활용하기를 바랍니다.

첫 번째, 세무조사 통지를 받았을 때입니다. 세무조사가 시작되기 전에 조사관으로부터 자료제출을 요구받은 경우에는 반드시 세무대리인과 상의를 거쳐서 제출하는 것이 좋습니다. 회사 경리부서 직원이 무심코 이면 계약서 등을 세무조사관에게 제출하여 낭패를 보는 것과 같은 돌발상황을 예방할 수 있기 때문입니다.

세무조사가 본격적으로 시작되기 전에 우선적으로 납세자가 해야 할 일은 재무제표상 각종비율분석과 추세분석입니다. 원재료비, 외주가공비 등 특정계정의 급격한 변화이유와 년도별 당기순이익 추세변화 등을 분석할 필요가 있습니다.

또한 각종 비율분석, 추세분석과 더불어 금융자료 분석은 필수적입니다. 왜냐하면 세무조사는 통상 3~5년 전의 자료와 수치에 대해 이루어지기 때문입니다. 오래 전의 일이기 때문에 기억을 하지 못하거나 입증자료를 찾지 못해 억울하게 세금이 부과되는 경우가 부지기수로 많은데 사전에 각종 비율분석과 추세분석 금융자료 분석을 통해 세무조사에 대해 철저히 대비를 한다면 억울하게 세금이 부과되는 일은 없을 것입니다.

두 번째, 세무조사가 진행중일 때입니다. 세무조사가 진행중일 때에는 세무조사관들의 소명요구 사항과 회사의 소명내역을 잘 정리하고 메모해 둘 필요가 있습니다. 세무조사시 소명자료에 대해 과세관청과 납세자의 입장이 충돌하는 경우가 종종 발생합니다. 이때 절대로 세무공무원과 얼굴을 붉히며 다툴 필요가 없습니다.

쟁점 충돌시 국세법령정보시스템을 이용해서 납세자에게 유리한 관련 국법령과 예규나 판례 등을 공부해 반박자료를 준비해 놓는 것이 보다 더 효과적입니다. 이렇게 쟁점 부분에 대해 수집된 자료는 종종 시간에 쫓기는 조사공무원을 상대로 납세자가 유리한 결과를 얻는 계기가 되기도 합니다. 혹시라도 과세관청에서 무리한 세금부과를 하는 경우에는 잘 준비된 반박자료는 조세불복자료로 활용될수 있습니다. 실제로 납세자가 조세불복을 하는 경우에 조사공무원이 인사상 불이익을 받는 경우도 있어 잘 준비된 반박자료는 세무조사에 대한 강력한 대응수단으로 활용될수도 있습니다.

세 번째, 조사종결시입니다. 세무조사 마지막 날은 세무컨설팅의 날로 정하여 세무조사팀장이 조사를 받은 사업자를 상대로 세무조사 결과안내, 납부할 세금과 절차안내, 징수유예와 납기연장등 세무조사 후속절차를 알려줍니다.

세무조사 종결시점에서 간혹 납세자가 감정이 격앙되어 자포자기 심정으로 조사관과 충돌하여 세무상 불이익을 받게 되는 안타까운 사례도 간혹 발생합니다. 세무컨설팅의 날에 불필요한 감정을 표출하는 대신에 조사팀장의 설명을 잘 경청하여 회사를 경영함에 있어서 세법적 문제점을 살펴보고 개선할 수 있는 계기로 삼는 것이 훨씬 더 바람직한 방법일 것입니다.

제6장

실제 세무조사시 세금폭탄 사례

01 꼬마빌딩 기준시가로 신고시 세금폭탄 맞는다

최근 임대업자 A씨는 강남의 꼬마빌딩을 자녀 B씨에게 증여했습니다. 자녀 B씨는 부모로부터 증여받은 꼬마빌딩의 증여가액을 기준시가인 20억원으로 하여 관할 세무서에 신고납부를 마쳤습니다. 우리나라는 증여세에 대해 정부부과과세제도를 채택하고 있으므로 관할세무서에서는 B씨가 증여받은 꼬마빌딩에 대해 통상적인 증여세 세무조사를 실시했습니다.

증여세 세무조사 과정에서 세무조사관들은 B씨가 증여받은 꼬마빌딩에 대해 감정평가를 실시했는데 감정가액이 놀랍게도 기준시가의 두배인 40억원에 달했습니다. 감정평가 방법이 수반된 세무조사결과 B씨는 증여세를 과소신고 한 것으로 간주되어 자진신고납부한 증여세에 더해 9억원의 엄청난 증여세 세금폭탄을 맞고 말았습니다.

참고로 정부부과 과세세목은 상속세, 증여세, 종합부동산세(단, 납세의무자가 신고하는 경우 제외), 농어촌특별세가 있습니다. 해당 세목은 납세의무자의 신고등의 행위는 협력의무의 이행에 따른 예비적 절차이며 확정효력이 없고 정부가 과세표준과 세액을 결정합니다.

B씨는 증여받은 꼬마빌딩의 증여재산가액을 상속세 및 증여세법 제61조 5항 규정에 의거하여 임대보증금환산액과 기준시가중 큰 금액인 기준시가로 하여 적법하게 증여세 신고를 마쳤습니다. 증여받은 꼬마빌딩의 경우 적절한 시가를 알 수 없어 세법이 정하는 방식에 의해 증여재산가액을 기준시가로 하여 적법하게 증여세 신고를 마친 것입니다. 그런데 느닷없이 9억원의 증여세 세금폭탄이라니!

적법하게 세법규정에 맞게 세금신고를 했다고 생각한 B씨는 세무조사관들에게 자신의 억울함을 호소했지만 모두 허사였습니다. 결과적으로 이러한 상황의 이유는 B씨가 꼬마빌딩과 관련된 최근 상속세 및 증여세법 시행령 개정사항을 전혀 모르고 있었기 때문입니다.

국세청은 평가심의위원회제도를 도입해 2019년 2월 12일부터 평가 기간이 지나더라도 일정 기간은 감정평가를 통해 상속세나 증여세를 추가과세하고 있습니다. 납세자가 상속세나 증여세 신고 시 기준시가나 공시지가로 신고한 경우 국세청이 해당 부동산에 대한 감정평가를 통해 시가로 세금을 부과하면서 납세자의 세금부담이 커진 것입니다. 최근판례(서울행정법원_2023구합73250)에서도 상속세 신고가액을 상속세 세무조사 과정에서 감정평가하여 97억원 가량을 부과하였습니다. 세금신고시 시가가 없는 경우 기준시가로 신고할지 감정평가 가액으로 신고할지는 조심스런 판단이 필요합니다.

이와 관련하여 시가란 무엇이고 기준시가나 공시지가와 어떻게 다른지, 그리고 납세자가 숙지해야 할 내용, 절세를 위한 세금신고 요령 등에 대해 살펴보겠습니다.

시가란 상속세와 증여세를 매길 때 우선순위에 있는 평가방법으로, 제3자 간의 매매가액, 감정평가액, 공매 또는 경매가액, 수용가액 그리고 유사 매매 사례가액으로 구성됩니다. 유사 매매 사례가액은 아파트와 같이 형태와 면적이 유사한 부동산의 경우 같은 단지 내에서 거래된 유사한 아파트의 거래 가액을 말합니다.

실제로 상속세나 증여세를 신고할 때 유사 매매 사례가액이 있는지 없는지를 반드시 확인해야 합니다. 국세청에서 상속세나 증여세를 결정할 때 유사 매매 사례가액을 확인하고 그를 기준으로 과세하고 있기 때문입니다.

기준시가란 국토교통부에서 고시하는 개별공시지가나 공동주택가격, 개별주택가격 등을 말합니다. 일반적으로 시가 10억원 아파트의 경우 기준시가는 약 7~8억원 정도 됩니다. 시가의 70~80% 정도가 기준시가로 형성된다고 보면 됩니다.

상속증여세법상 상속세나 증여세가 부과되는 재산의 가액은 상속개시 및 증여 당시의 시가에 따르는 시가평가가 원칙입니다. 다만 예외적으로 시가 산정이 어려운 경우 한해 보충적 평가방법에 따라 평가하는데, 이 경우 부동산은 국토교통부에서 고시하는 기준시가에 의합니다. 따라서 납세자는 상속이나 증여재산 가액을 낮게 평가하는 기준시가가 유리하고, 국세청은 상속재산이나 증여재산을 높게 평가하는 시가로 과세하는 것이 세금을 더 많이 거둘 수 있어서 유리할 것입니다.

기존에는 유사 매매 사례가액이 없다면 납세자는 상속세나 증여세 신고 시 재산평가를 기준시가로 해서 세금을 많이 낮출 수 있었습니다. 그러나 지금은 국세청에서 감정평가사업을 진행해 과세하고 있어서 유사 매매 사례가액이 없어도 조심해야 합니다. 국세청은 납세자가 기준시가로 세금신고를 한 경우에도 자체감정을 진행해 시가로 상속세와 증여세를 추징하고 있기 때문입니다.

개정된 법률에서는 '2019년 2월 12일 이전에는 평가 기준일 전 2년 이내의 기간 중 매매 등이 있는 경우에 평가심의위원회를 통해 해당 가액을 평가금액으로 적용할 수 있다'라고 되어 있습니다. 그런데 개정 이후에는 평가 기준일 후 6개월 또는 9개월까지 발생한 매매 등의 가액을 평가금액으로 적용할 수 있습니다. 이 경우 증여세는 신고기한 종료 후 6개월이고 상속세는 신고기한 종료후 9개월입니다.

국세청의 감정평가사업은 법령에서 감정평가의 대상에 대해 위임한 바도 없이 국세청이 자체적으로 정한 기준에 의해 대상자를 임의로 선정해 왔습니다. 그러다가 최근 감정평가액으로 상속세나 증여세를 결정한 사례가 법원에서 패소하는 사례가 발생하자 2023년 7월 3일 상속세 및 증여세법 사무처리규정에서 비로소 그 기준을 고시했습니다.

사무처리규정 제72조에 따르면, 지방국세청장 또는 세무서장은 상속세 및 증여세가 부과되는 재산에 대해 재산평가심의위원회에 둘 이상의 감정기관에 의뢰해 평가할 수 있으며 비주거용 부동산 감정평가 사업의 대상은 비주거용부동산등 부동산과다보유법인이 보유한 부동산도 포함하는 것으로 되어있습니다.

지방국세청장 또는 세무서장은 추정시가와 법 제61조부터 제66조까지 보충적 평가방법에 의해 평가한 가액의 차이가 10억원 이상인 경우와 추정시가와 보충적 평가액 차이의 비율이 10%이상[(추정시가-보충적평가액)/추정시가]인 경우에는 비주거용부동산 감정평가 대상을 선정할 수 있으며, 이 경우 대상 선정을 위해 5개 이상의 감정평가법인에 의뢰해 추정시가(최고값과 최소값을 제외한 가액의 평균값)를 산정할 수 있습니다.

현실적으로 기준시가 등의 시가반영 비율이 30% 정도인 것을 고려하면 조사공무원이 마음만 먹으면 얼마든 감정평가대상에 포함해 상속세나 증여세를 추징할 수 있어 꼬마빌딩 등 비주거용 부동산의 경우 납세자는 사실상 감정평가가 의무화된 셈이라고 볼 수 있습니다.

국세청의 감정평가사업은 법령상 아무런 기준도 없이 임의로 감정평가를 진행하고 있어 조세법률주의 측면에서 여러 가지 문제가 있습니다. 게다가 세무조사관에 따라 임의감정이 진행됨에 따라 납세자 간 낼 세금이 달라지므로 조세평등주의 원칙에도 위배 됩니다. 과세관청과 납세자 간 다툼도 빈번하게 벌어지고 있습니다. 이처럼 국세청의 감정평가사업은 법률적으로 여러 가지 문제점을 안고 있기에 조세 불복이 증가하고 있으므로 하루빨리 제도를 보완할 필요가 있습니다.

이와 같은 상황에서 꼬마빌딩 등 비주거용 부동산에 대한 증여세나 상속세를 신고할 때는 감정평가를 해야 할지 말아야 할지를 고민하는 납세자들이 많습니다. 이 경우 국세청의 감정평가사업과 관련해 납세자 본인이 스스로 알아서 감정가액으로 상속세나 증여세를 신고하면 국세청의 감정평가대상에서 제외되기에 납세자에게 조금 더 유리한 수준의 감정평가금액도 도출이 가능합니다. 유사한 판례(대법 2020두54265)로 사전에 감정평가해서 세금을 신고한 경우 추후 과세관청에서 재감정가액으로 과세하였으나 패소한 사례가 있습니다. 최초 감정평가가 중요해지는 판례라 하겠습니다.

그러므로 국세청 사무처리규정에서 정하는 감정평가 기준에 해당하는 부동산을 소유하고 있는 납세자는 상속세나 증여세를 신고할 때 감정가액으로 신고할지 기준시가로 신고할지에 대해 반드시 전문가와 논의해 신중하게 결정할 필요가 있습니다.

제6장 실제 세무조사시 세금폭탄 사례

02 내연녀에게 몰래 준 5억원 세금폭탄된 사연

지난해 겨울 골프광이었던 김사장이 새벽골프 라운딩을 나갔다가 갑자기 심장마비로 사망했습니다. 중소기업 대표였던 김사장이 갑자기 비명 횡사하자 유족들에 대한 상속 개시가 이뤄졌고, 김사장의 아내는 상속세 세무조사를 받게 되었습니다.

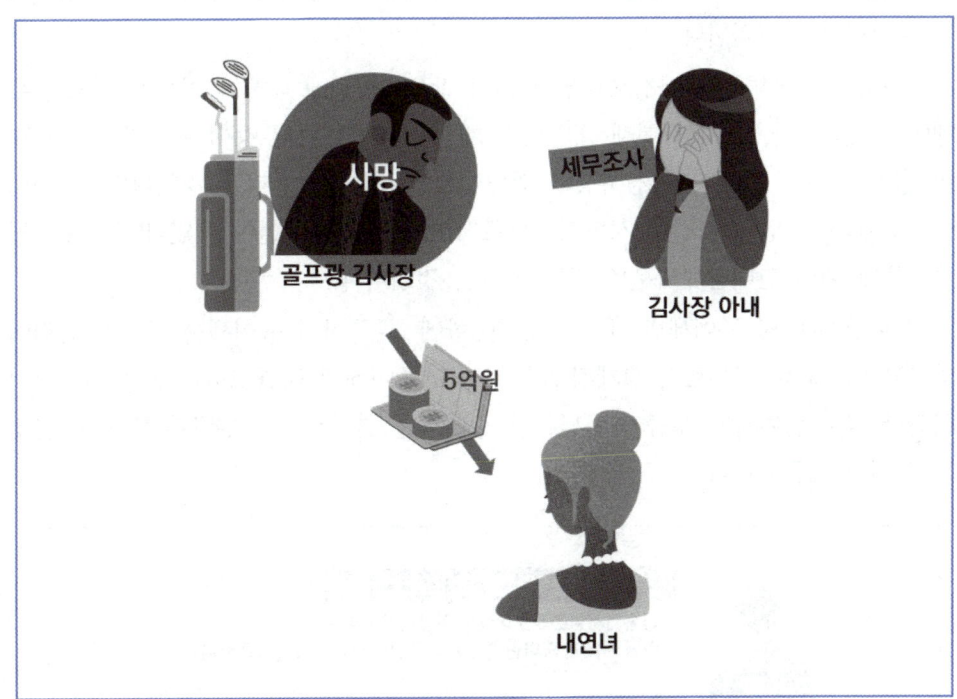

누구나 그렇듯 경황없이 난생처음 상속세 세무조사를 받게 된 김사장의 아내는 상속세 조사과정에서 새로운 사실을 알게 되었습니다. 국세청 세무조사관들이 남편의 금융거래내역을 조사하던 중 남편의 통장에서 사업과 관련없는 뭉칫돈이 지속적으로 인출된 사실이 포착되었습니다. 확인결과, 그 뭉칫돈 5억원은 김사장의 내연녀에게 이체된 것으로 추정되었습니다.

김사장의 아내는 그동안 믿고 의지했던 남편의 외도로 극심한 충격과 배신감으로 분노가 치밀어 올랐습니다. 설상가상으로 남편의 내연녀로 인해 자신에게 엄청난 세금폭탄이 부과된다는 세무조사관의 말에 화병까지 얻게 되었습니다.

세무조사관들의 설명은 다음과 같습니다. 상속세 및 증여세법 제13조 제1항 제2호에 "상속개시일전 5년 이내에 피상속인이 상속인이 아닌자에게 증여한 재산가액은 상속세 과세가액으로 본다"는 규정에 의거하여 김사장이 상속개시일 5년 이내에 내연녀에게 이체한 통장금액은 사전상속으로 보아 상속재산에 합산해서 상속세를 부과한다는 것입니다.

김사장의 내연녀는 김사장으로부터 증여 받은 5억원에 대해 증여세를 신고 납부했어야 했습니다. 하지만 현재 내연녀가 개인파산 상태여서 증여세를 부담할 능력이 없기 때문에 증여자인 김사장이 연대납세의무를 져야한다는 것입니다. 그런데 연대납세의무자인 김사장이 사망했으므로 김사장의 상속인들이 내연녀에게 부과될 증여세에 대해 연대납세의무를 지게 된다는 것입니다.

이는 상속세 및 증여세법 제4조의2 제6항에 "수증자가 증여세를 납부할 능력이 없다고 인정되는 경우로서 강제징수를 하여도 증여세에 대한 조세채권을 확보하기 곤란한 경우 증여자가 수증자가 납부할 증여세를 연대하여 납부해야 한다"고 규정되어 있기 때문입니다.

상속세 및 증여세법 제13조 1항 2호
상속개시일전 5년 이내에 피상속인이 상속인이 아닌 자에게 증여한 재산가액은 상속세 과세가액으로 본다.

상속세 및 증여세법 제4조2 6항
수증자가 증여세를 납부할 능력이 없다고 인정되는 경우로서 강제징수를 하여도 증여세에 대한 조세채권을 확보하기 곤란한 경우 증여자가 수증자가 납부할 증여세를 연대하여 납부해야 한다.

세무 조사관

정리
-> 김사장이 상속개시일 5년 이내에 내연녀에게 이체한 통장금액은 사전상속으로 보아 상속재산에 합산해서 상속세 부과
-> 내연녀가 개인 파산하여 증여세 부담 능력 없을 시 김사장이 연대납세의무
-> 김사장 사망시에는 그의 상속인들이 연대납세의무

결국 남편이 내연녀에게 건네준 5억원에 대해 상속세와 증여세를 김사장의 상속인들이 꼼짝없이 납부할 수밖에 없게 된 것입니다.

상속세 세무조사가 무섭고 두려운 이유는 상속인들이 전혀 알지 못했던 피상속인의 과거 10년치 금융거래를 추적조사하여 사전증여 여부등을 적발해 세금을 부과하기 때문입니다.

상속은 대부분 준비되지 않은 상황에서 갑자기 이뤄집니다. 그러다보니 자신의 죽음에 대해 진지하게 생각하고 미리미리 준비하는 경우는 거의 없습니다. 김사장의 사례를 타산지석으로 삼아 상속세 납부에 미리 미리 대비해야 합니다. 준비되지 않은 상속은 재앙을 불러올 수 있기 때문입니다.

03 다가구주택 용도변경시 세금폭탄 맞는다

일산 호수마을에 살고 있던 갑씨는 5년전 살고 있던 아파트를 처분하고 상가주택을 지었습니다. 상가주택에 직접 거주하면서 임대료수익도 챙길 수 있다면 살림살이에 도움이 될 것이라고 생각했기 때문입니다. 갑씨의 상가주택은 1~2층은 상가, 3~5층은 다가구주택으로 신축하여 사용했습니다. 그러다가 2년 전에 2층을 상가에서 주택으로 용도변경하여 주택으로 사용하였습니다. 그런데 최근 사업상 긴급자금이 필요하게 되었고 갑씨는 부득이 급매로 해당 다가구주택을 처분하게 되었습니다. 해당 다가구주택을 양도한 후 갑씨는 다가구주택은 당연히 1세대1주택으로 간주되는 것으로 판단하여 관할세무서에 1세대1주택 비과세로 양도소득세를 신고했습니다.

하지만 6개월 후 갑씨에게 관할세무서에서 발송한 3억원의 양도소득세 과세예정통지서가 날아들었습니다. 이게 도대체 어떻게 된 일일까요?

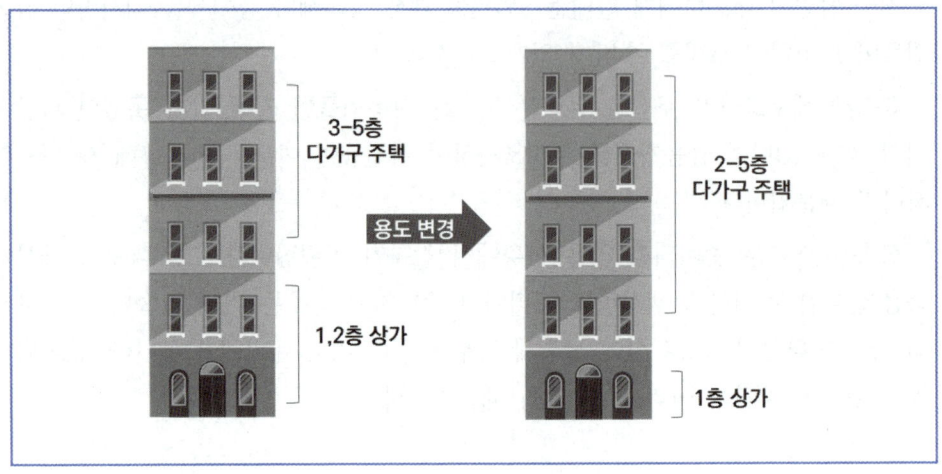

갑씨는 해당 다가구주택을 하나의 주택으로 보아 1세대1주택 비과세에 해당하는 것으로 양도소득세를 신고했지만 관할세무서에서는 갑씨가 주택이 4채인 다주택자에 해당한다고 하여 1주택을 제외한 나머지 3개의 주택에 대해 양도소득세를 중과세 한다는 내용이었습니다.

도대체 어떻게 된 일일까요?

갑씨는 다가구주택에 대한 건축법 내용을 잘못 알고 있었던 것입니다.

다가구주택은 건축법상 19가구 이하이면서 3개층 이하만 주택으로 사용하고 주택면적이 660평방미터(200평) 이하를 충족하는 주택을 말합니다. 다가구주택도 공동주택이지만 1세대가 다가구주택 1채를 보유한 경우에는 1세대 1주택으로 보아 양도시 양도소득세 전체를 비과세 해주고 있습니다. 다가구주택은 공동주택임에도 다가구주택 전체를 1세대1주택으로 비과세해주는 엄청난 혜택을 부여하고 있는 것입니다. 그러나 다가구주택이 건축법상 다가구주택 요건을 충족하지 못해 양도시 세금폭탄을 맞는일이 비일비재하게 발생하고 있어 특별한 주의가 필요합니다.

제6장 실제 세무조사시 세금폭탄 사례

> **다가구주택이란?**
>
> ① 건축법상 19가구 이하, 3개층 이하만 주택으로 사용
> ② 주택면적이 660평방미터(200평) 이하를 충족하는 주택
> ③ 공동주택이지만 1세대가 다가구주택 1채를 보유한 경우
>   1세대 1주택으로 간주하여 양도시 양도소득세 전체 비과세

 세무조사시 가장 많이 추징을 당하는 사례가 다가구주택이 3개층 이하 이어야 하는 조건을 충족하지 못해 발생합니다.

 예를 들어 3-4-5층을 다가구주택으로 사용하면서 2층을 개조해 주택으로 이용하는 경우 또는 옥탑창고를 주택으로 개조하여 직접 거주하거나 세를 주는 경우에 해당합니다. 우리나라에서 아주 흔한 경우인데 모두 다 불법입니다. 우리나라의 경우 다가구주택의 70~80%가 다 이런 형태라고 보아도 무리가 없을 정도입니다. 만약 요건을 갖추지 못한 다가구주택을 양도할때는 당해 다가구주택중 1채만 1세대1주택 비과세 혜택을 받고 나머지는 다주택이 되어 과세되며 만약 조정지역에 해당되는 경우 비과세는 커녕 양도소득세 중과세 폭탄을 맞게 되는 것입니다.

 갑씨의 경우도 4개층을 주택으로 사용했기 때문에 주택법을 위반한 사례에 해당되어 당해 다가구주택중에 1개층만 1세대1주택 비과세 처리되고 나머지는 다주택자로 간주되어 중과세 세금폭탄을 맞게 된 것입니다.

 다가구주택을 소유하고 있는 거의 모든 대한민국 사람들이 다가구주택을 실질직으로 개조해서 쓰고 있는데 그러면 다가구주택을 양도하는 사람들은 모두 세금폭탄을 맞아야 하느냐? 하는 질문을 할수가 있습니다.

```
┌─────────────────────────────────────────────────┐
│         ┌─ 가장 많은 사례 ─┐                      │
│         다가구주택 3개층 이하 조건 불충족           │
│         ┌─────────────────────────────────────┐ │
│         │ 3~5층을 다가구주택으로 사용하면서 2층을 개조해 주택으로 사용 │ │
│         │ 옥탑창고를 주택으로 개조하여 직접 거주하거나 세를 주는 경우 │ │
│         └─────────────────────────────────────┘ │
│              ┌─ 우리나라에서 아주 흔한 경우 => 불법 ─┐ │
│                                                 │
│         불법 다가구주택 양도시,                    │
│         1채만 1세대 1주택 비과세 혜택 인정          │
│         나머지는 다주택이 되어 과세 처리            │
│         조정지역에 해당하는 경우 양도소득세 중과세 폭탄 │
└─────────────────────────────────────────────────┘
```

　세금폭탄을 피할수 있는 방법이 있을까요? 방법은 있습니다. 갑씨의 경우 불법으로 상가로 개조한 2층을 다시 주택으로 원상복구 하는 것입니다. 건축법에서 규정하고 있는 3개층 이하만 주택으로 만들자는 것입니다. 다만 이 부분도 양도일 현재에만 정상적으로 원상복구하여 양도하면 비과세를 해주느냐? 하는 문제는 여전히 남습니다. 1세대1주택은 2년 동안 주택으로 존재했어야 하는데 불법으로 운영하다가 양도시점에만 용도변경을 했다고 봐줄 것이냐? 이런 문제점은 앞으로 국세청해석을 지켜보아야 할 것 같습니다.

　국세청과 행정안전부의 전산시스템에 의해 세입자들의 주민등록 전산자료, 확정일자 자료등이 모두 확인되어 국세청에서 당해 다가구주택이 주택으로 사용되었는지 상가로 사용되었는지 얼마든지 확인이 가능하기 때문에 다가구주택을 매매할때에는 신중에 신중을 기해야 합니다. 다가구주택을 1세대1주택 비과세에 해당되는줄 알고 양도했다가 나중에 세무조사시 세금폭탄을 맞는 경우가 부지기수이기 때문입니다.

　현재 다가구주택을 소유하고 계신분들은 건축법상 다가구주택의 정의를 반드시 숙지하도록 해야 합니다. 그리고 양도시에 1세대1주택 비과세에 해당하는지 여부를 세무전문가에게 반드시 상담을 받은 후에 양도하셔야 합니다. 그래야 다가구주택을 양도하는 경우에 세금폭탄을 피할 수 있습니다.

제6장 실제 세무조사시 세금폭탄 사례

04 부모찬스 '엄카족' 세무조사 받는 사례들

최근 '부모찬스'를 이용해 빚을 갚거나 사치성 소비생활을 하고 있는 소위 엄카족(엄마카드를 쓰는 자녀) 신혼부부들이 세무조사를 받는 사례가 증가하고 있습니다.

'부모찬스'란 부모의 사회·경제적 지위를 이용해 자녀가 공정하지 못한 이득을 얻는다는 뜻으로, 국세청은 최근 신혼부부들을 대상으로 잘못된 '부모찬스'를 사용하지는 않았는지 고강도 세무조사를 실시한 바 있습니다.

국세청은 일부 부유층들이 잘못된 '부모찬스'를 사용해 변칙적인 탈루행위를 통해 정당한 세부담없이 부를 자녀에게 이전하고 있다고 보고 있습니다. 국세청은 변칙적인 탈루행위를 통해 이루어지는 잘못된 '부모찬스'는 자산양극화를 심화시킬 뿐만 아니라 국민들에게 상실감을 주고있다고 판단하여 자금출처조사 등 강력한 세무조사를 실시하고 있습니다. 이에 따라 자신이 국세청의 자금출처 세무조사대상에 선정될까 봐 노심초사 하는 납세자의 수도 점차 증가하고 있습니다.

국세청의 최근 엄카족 등 '부모찬스' 혐의자에 대한 세무조사 사례를 소개하고자 합니다. 증여세금이 추징된 사례를 반면교사로 삼아 부모찬스 혐의로 인해 증여세 세무조사를 받고 세금이 추징되는 사례가 없어야 하겠습니다.

첫째, 대출은 다 갚았는데 근저당은 남겨둔 사례입니다.

자영업을 하는 신혼부부 A씨는 부모로부터 자금을 지원받아 꼬마빌딩을 취득했지만 증여세 신고는 하지 않았습니다. 빌딩을 취득하면서 금융기관에서 채권최고액으로 대출을 받아 수십억원의 대출을 받아 자신의 창업자금으로 활용했습니다. A씨의 대출금은 부모가 상환해 줬습니다. 대출금액을 전부 상환했음에도 부모가 대신 상환해준 것을 숨기기 위해 근저당권을 말소시키지 않고 그대로 두었습니다. 하지만 A씨는 특별한 소득없이 부동산을 취득하고 사업자금까지 마련한 점이 국세청의 레이다망에 노출되어 세무조사를 받고 결국 증여세를 추징당하게 되었습니다.

대출은 다갚았는데 근저당은 남겨둔 경우

자영업 신혼부부 A씨

부모의 자금 지원으로 꼬마빌딩 취득
▼
증여세 신고 하지 않음
▼
빌딩 취득시 금융기관에 채권최고액으로 수십억원 대출
▼
창업자금으로 활용
▼
대출금 부모가 전부 상환
▼
부모의 대신 상환을 숨기기 위해 근저당권 말소시키지 않음

 * A씨는 특별한 소득없이 부동산을 취득하고 사업자금까지 마련한 점이 국세청의 레이다망에 노출돼 세무조사를 받고 결국 증여세 추징.

둘째, 부모가 대출금액을 대신 갚아준 사례입니다.

신혼부부 B씨는 주택담보대출을 받아서 내집마련을 했습니다. 내집 마련 후 얼마 지나지 않아 B씨는 대출금액을 부모찬스를 이용해 상환해 버렸습니다. "주택담보대출 이후 일정기간이 지난 후에 내집마련을 했으니 설마 세무조사대상에 선정되지는 않겠지!"하고 안이하게 생각했지만 그것은 오산이었습니다. 국세청에서 주택담보대출상환자금에 대해 사후관리를 하고 있다는 사실을 B씨가 모르고 있었던

제6장 실제 세무조사시 세금폭탄 사례

것입니다. 주택담보대출상환에 대해 사후관리를 하고 있던 과세관청은 B씨 부부가 국세청에 신고한 소득으로는 주택담보대출금액을 상환할 능력이 부족하다고 판단해 B씨에 대해 세무조사를 실시했고, 세무조사결과 B씨는 주택담보대출금액을 부모가 대신 갚아준 것으로 밝혀져 증여세가 추징되었습니다.

부모가 대출금액을 대신 갚아준 경우

신혼부부 B씨

주택담보대출을 받아 내 집 마련
▼
대출금액을 부모찬스를 이용해 상환
▼
일정기간이 지났으니 세무조사대상에 선정되지 않겠지 생각
▼
주택담보대출상환에 대해 사후관리에서 포착

 * 과세관청은 B씨부부가 주택담보대출금액을 상환할 능력이 부족하다고 판단 국세청의 레이다망에 노출돼 세무조사를 받고 결국 증여세 추징.

셋째, 부모에게 빌린자금을 증여로 본 사례입니다.

C씨는 주택을 구입하면서 주택구입자금과 관련하여 부모에게 자금을 빌리면서 차용증을 작성했습니다. 차용증에는 원금과 이자에 대한 상환일정 등이 기록되어 있었지만 국세청에서 원금과 이자에 대한 사후관리를 한 결과 원금과 이자상환이 이루어지지 않은 사실이 밝혀졌습니다. 부모에게 주택구입자금을 빌리고 차용증을 작성한 경우에는 국세청에서 사후관리를 하고 있다는 사실을 반드시 숙지해야 합니다. 차용증에 작성된대로 원금과 이자상환을 꾸준히 지속해야 세무조사시 증여세가 추징되는 일이 없을 것입니다.

넷째, 전세보증금을 주택취득자금으로 사용한 사례입니다.

D씨는 신혼초에 경제적능력이 부족하여 부모가 마련해준 자금으로 전세를 얻어 살다가 이후 살고 있던 전셋집을 취득한 후 국세청의 자금출처세무조사를 받게 되

147

었습니다. 서울 강남 등 부유촌의 고액전세가 아닌 이상 신혼부부의 전세자금에 대해서는 세무조사가 없을 것이라고 안이하게 생각한 D씨는 별다른 생각없이 부모가 마련해준 전세금에 대해서 증여세신고를 하지 않았고 이후 살고 있던 전셋집을 취득한 후 취득등기를 했다가 세무조사를 받게된 것입니다. 국세청에서는 경제적능력이 부족한 신혼부부가 부동산을 취득하는 경우에는 취득자금에 대한 자금출처조사를 하고 있다는 사실을 숙지하여 D씨처럼 부모가 마련해준 전세금으로 살던집을 취득하다가 세무조사를 받고 증여세가 추징되는 일이 없어야 하겠습니다.

부모에게 빌린 자금을 증여로 본 경우

신혼부부 C씨

주택을 구입하면서 부모에게 자금을 빌려 차용증 작성
▼
차용증에 원금과 이자에 대한 상환 일정 기록
▼
국세청에서 원금과 이자에 대한 사후관리 확인
▼
원금과 이자상환이 이루어지지 않음 확인

 * C씨는 차용증에 기재된대로 원금과 이자상환이 이루어지지 않았기에 국세청의 레이다망에 노출돼 세무조사를 받고 결국 증여세 추징.

전세보증금을 주택취득자금으로 사용한 경우

신혼부부 D씨

부모가 마련해 준 자금으로 전세 얻음
살고 있던 전셋집 취득
신혼부부의 전세자금에 대해 세무조사가 없을 것으로 판단
부모가 마련해 준 전세금에 대해 증여세 신고 안 함
살고 있던 전셋집 취득 후 취득등기

 * D씨는 경제적 능력이 부족한 신혼부부가 부동산을 취득하는 경우 취득자금에 대한 자금출처조사를 실시하므로 **결국 증여세 추징.**

위 사례의 경우처럼 경제적 능력이 없는 신혼부부들이 고액부동산을 취득하거나 예금자산을 보유하는 경우에는 세무조사를 받을 확률이 매우 높습니다. 따라서 자금출처 증여세조사를 대비해 평소에 철저한 준비를 해 놓을 필요가 있습니다.

05 허위계약서 작성이 결코 절세방법이 될 수 없는 이유

일부 납세자들이 부동산거래를 하면서 세금을 적게 내거나 대출규제를 피할 목적 등으로 실제 거래금액과 다른 금액으로 계약서를 작성해 양도소득세 신고를 하는 경우가 있습니다. 이렇게 허위계약서를 작성해 양도소득세를 신고했다가 나중에 그 사실이 밝혀지는 경우 어떤 불이익을 받게 될까요?

부동산거래시 세금을 적게 내거나 대출규제 피할 목적으로
허위계약서 작성

허위계약서 작성 사실이 밝혀진다면???

양도자 양수자

* 소득세법과 조세특례제한법에서 규정하고 있는 비과세나 감면 혜택 무적용
* 과태료 + 신고불성실 가산세 + 납부지연가산세

허위계약서 작성 사실이 밝혀지면 양도자와 양수자 모두 소득세법과 조세특례제한법에서 규정하고 있는 비과세나 감면 혜택을 적용받을 수 없을 뿐만 아니라 과태료와 신고불성실 가산세, 납부지연가산세까지 추가되어 세금폭탄이 부과된다는 사실을 반드시 숙지해야 합니다. 실제 허위계약서를 작성해 양도소득세 신고를 했다

가 세금폭탄을 맞은 사례를 살펴보겠습니다.

식사동에서 농사를 짓고 있던 A씨는 자신이 4억원에 취득한 농지를 5억원에 양도하면서 상대방의 요구에 따라 6억원으로 업(Up) 계약서를 작성해 세무서에 양도소득세를 신고했습니다. A씨는 양도차액 1억원(양도가액 5억원-취득가액 4억원)이 발생해 1,500만원의 양도소득세가 산출됐지만 8년 자경 요건을 충족했기에 원래 낼 양도소득세는 없었습니다.

그런데 A씨가 계약서를 허위로 작성해 양도소득세를 신고한 사실이 들통나고 말았습니다. 세무조사관이 A씨가 신고한 양도소득세 신고서의 8년 자경 요건을 조사하던 과정에서 허위계약서 작성 사실이 드러난 것입니다. 과연 A씨는 어떤 처분을 받았을까요?

A씨는 자신의 농지에서 실제로 농사를 지었음에도 8년 자경으로 인한 양도소득세 감면 혜택을 받지 못해 1,500만원의 양도소득세와 신고불성실 가산세 600만원 (1,500만원×40%), 납부불성실가산세 약 150만원(1,500만원×365일가정×0.025%), 그리고 과태료 2,500만원(5억원×5%)를 추가로 부담해야 했습니다.

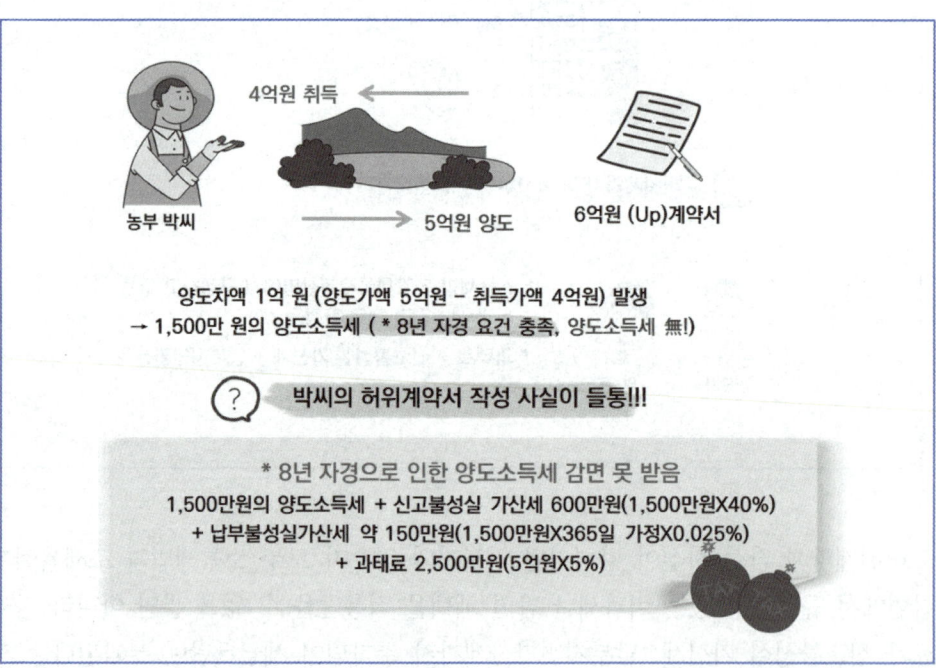

제6장 실제 세무조사시 세금폭탄 사례

　설문동에서 5년 전 주택을 4억원에 취득해 직접 거주해 왔던 B씨는 자신의 주택을 양도하면서 실제 거래액은 5억원임에도 4억원에 양도한 것으로 다운(Down) 계약서를 작성해 신고했습니다. B씨가 사실대로 양도소득세를 신고했다면 양도차액 1억원(양도가액 5억원-취득가액 4억원)이 발생해 1500만원의 양도소득세가 산출되지만 B씨는 1세대1주택 비과세요건을 충족했기 때문에 내야 할 양도소득세는 없었습니다.

　사실대로 신고해도 B씨는 양도소득세 부담이 없었으나 B씨는 매수자의 요청에 따라 계약서를 허위로 작성했습니다. 그런데 나중에 세무조사관이 B씨가 신고한 양도소득세 신고서의 1세대1주택 요건을 조사하는 과정에서 허위계약서 작성 사실이 드러나고 말았습니다. 과연 B씨는 어떤 처분을 받았을까요?

　B씨는 자신의 주택에서 2년 이상 거주하고 다른 주택을 소유하고 있지 않아 1세대1주택 비과세에 해당함에도 허위계약서작성으로 인해 양도소득세 비과세 혜택을 받지 못해 1,500만원의 양도소득세와 신고불성실 가산세 600만원(1,500만원×40%), 납부불성실가산세 약 150만원(1,500만원×365일가정×0.025%), 그리고 과태료 2,500만원(5억원×5%)을 추가로 부담해야만 했습니다.

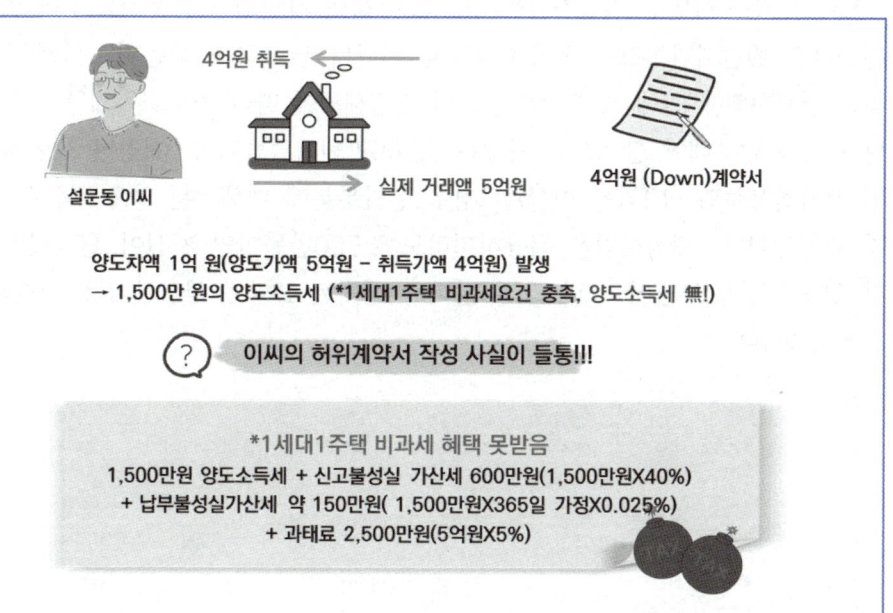

A씨와 B씨의 사례에서 보듯 부동산거래 시 허위계약서를 작성하면 양도자는 허위계약서 거래가액과 실제 거래가액의 차이를 한도로 비과세나 감면받은 세액은 물론이고 과태료까지 부담하게 됩니다. 매수인 역시 향후 부동산을 매도할 때 양도소득세 비과세나 감면 혜택을 받을 수 없게 됩니다.

또 허위계약서 작성은 국세기본법의 '사기나 그 밖의 부정한 행위'에 해당하기에 일반적인 세금의 제척기간(세금을 부과할 수 있는 기간)인 5년이 적용되지 않고 10년의 제척기간이 적용됩니다. 향후 10년간은 세금추징에 대해 안심할 수가 없다는 말입니다. 부동산을 거래하고 매매계약서를 작성하는 경우에는 실제 거래가액에 의한 계약이 가장 효과적인 절세방법임을 알고 허위계약서를 작성하는 일은 절대로 없어야 합니다.

06 기재부 유권해석 변경 1세대1주택 양도시 세금폭탄 '비상'

K씨는 최근 사업상 긴급자금이 필요해 부득이 자신의 겸용주택을 15억원에 처분하기로 했습니다. 그는 양도소득세를 얼마나 납부하게 되는지 궁금했습니다. 최근 겸용주택에 관해 과세권이 강화된 개정세법에 따라 양도소득세를 계산해 보니 K씨가 납부해야 할 양도소득세는 2,700만원이었습니다. 개정된 세법에 따르면 고가겸용주택 (12억원 이상)인 경우 상가부분에 대해서는 양도소득세가 무조건 과세됩니다. 개정세법을 적용하더라도 2,700만원이면 자신이 생각했던 것보다 양도소득세 부담이 그리 크지 않다고 생각한 K씨는 양도계약을 체결하기로 결정했습니다.

제6장 실제 세무조사시 세금폭탄 사례

[그림: 긴급자금 필요한 김씨 "15억원에 매도 결정, 양도소득세 2700만원" / 매수자 "주택을 근린생활시설로 용도변경 부탁드립니다!" / 세무사 "주택을 상가로 용도변경 시 세금이 6배 더 나오십니다!"]

그런데 매수자가 잔금청산 전, 주택을 근린생활시설로 용도변경을 해줄 것을 K씨에게 요청했습니다. 대부분의 매수자들은 대출을 끼고 부동산을 구입하는데 주택보다 토지나 상가일 때 더 많은 대출을 받을 수 있기 때문에 매수자가 용도변경을 해줄것을 요청한 것입니다. 사업자금 융통이 급했던 K씨는 별다른 생각 없이 매수자의 요구대로 주택을 상가로 용도변경 해주기로 결정 했습니다. 그리곤 다시 한번 세무사와 양도소득세 상담을 한 K씨는 깜짝 놀라고 말았습니다. K씨가 매수자의 요구를 들어주면 그냥 양도할 때 보다 세금이 무려 6배나 더 나온다는 것이었습니다. K씨가 별 생각없이 매수자의 요구를 수용해 계약서를 작성했더라면 하마터면 세금폭탄을 맞을뻔 했습니다.

이처럼 잔금청산 전, 매수자의 요구대로 주택을 상가로 용도 변경해 줄 경우 세금이 6배나 뛰는 이유는 무엇일까요?

그것은 기획재정부와 국세청이 2022년 10월과 12월에 공포한 유권해석 때문입니다. 기획재정부와 국세청은 유권해석을 통해 주택매도시 양도소득세 등 세금과 대출의 판단 기준일을 종전 '계약일'에서 '대금을 청산한 날'로 바꿨습니다. 이는 종전까지는 계약당시 주택이면 세금을 부과할때도 매도자가 주택을 매도한 것으로 보고 1세대1주택 비과세 혜택을 적용했지만, 이제는 잔금청산 전에 주택을 상가로 용도변경하거나 멸실을 했다면 주택의 양도가 아니고 상가나 토지의 양도로 보아

1세대1주택 비과세 혜택을 적용하지 않겠다는 것입니다. 기획재정부와 국세청의 이 같은 유권해석은 기존의 관행을 뒤집는 해석이기 때문에 납세자의 혼란이 적지 않습니다.

2022년 10월과 12월에 공포한 유권해석

국세청

기획재정부

* 주택매도시 양도소득세 등 세금과 대출의 판단 기준일을 종전 '계약일'에서 '대금을 청산한 날'로 변경.
→ 종전까지는 계약당시 주택이면 세금을 부과할때도 매도자가 주택을 매도한 것으로 보고 1세대1주택비과세혜택을 적용했지만, 이제는 잔금청산 전에 주택을 상가로 용도변경하거나 멸실을 했다면 주택의 양도가 아니고 상가나 토지의 양도로 보아 1세대1주택비과세 혜택을 적용하지 않겠다는 것.

　기존의 관행을 뒤집는 해석이 또 있습니다. 바로 주거용 오피스텔에 관한 기획재정부의 변경된 해석입니다. 예를 들면, Y씨가 분양권 계약당시에는 조정대상지역이 아니었지만 취득당시(주택사용승인일)에는 조정대상지역으로 공고가 된 A오피스텔을 보유하고 있었습니다. Y씨는 자신이 A오피스텔을 처분하는 경우 1세대1주택 비과세적용을 받기 위해 2년 거주 요건을 충족해야 하는지가 궁금했습니다.

　Y씨의 경우 종전해석에 따르면 오피스텔 계약일 당시에 비조정 대상지역에 해당되는 오피스텔을 계약한 경우에 해당되므로 2년 거주 요건을 충족하지 않아도 되었습니다. 하지만 변경된 해석에 따르면 주택사용일(잔금청산일)에 조정대상지역으로 고시된 지역에 오피스텔이 소재하는 경우에 해당되어 2년 거주 요건을 충족해야 합니다.

제6장 실제 세무조사시 세금폭탄 사례

그 이유는 기획재정부의 변경된 유권해석에 따라 2022년 10월 19일 이후 양도분부터 무주택세대가 조정대상지역 공고 이전에 오피스텔을 분양계약 했지만 해당 오피스텔이 조정대상지역 공고 이후에 완공되어 주거용으로 사용된 경우 1세대1주택 판정시 거주요건을 적용하도록 유권해석을 변경했기 때문입니다.

주거용 오피스텔에 관한 기획재정부의 변경된 해석으로 인해 1세대1주택 양도소득세 비과세 요건이나 일시적 2주택 처분기간, 양도소득세 중과배제, 종합부동산세 합산배제 등을 판단할 때에는 특별한 주의가 필요합니다.

주택을 용도변경 하거나 멸실하여 양도하는 경우와 조정대상지역으로 고시된 이후 사용승인된 오피스텔의 경우에 변경된 유권해석 내용을 제대로 숙지해 세금폭탄 맞는 일이 없어야 하겠습니다.

기획재정부의 변경된 유권해석

* 2022년 10월 19일 이후 양도분부터 무주택세대가 조정대상지역 공고 이전에 오피스텔을 분양계약 했지만 해당 오피스텔이 조정대상지역 공고 이후에 완공되어 주거용으로 사용된 경우 1세대1주택 판정시 거주요건을 적용하도록 유권해석 변경.

* 1세대1주택 양도소득세 비과세 요건이나 일시적2주택 처분기간, 양도소득세 중과배제, 종합부동산세 합산배제 등을 판단할 때에는 특별한 주의 필요.

07   사망전 상속재산처분! 세금폭탄 맞는다

고 이건희 삼성그룹회장의 상속인들은 12조원을 상속세로 국가에 납부하겠다고 관할세무서인 용산세무서에 상속세 신고를 했습니다. 지난 2020년 대한민국 상속세 수입이 2조 9천억원 이었음을 감안했을 때 대한민국 연간 상속세 수입액의 4배에 달하는 천문학적인 금액에 놀라지 않을 수 없습니다.

삼성측은 12조원의 상속세를 5년간에 걸쳐 나누어 납부하겠다고 과세관청에 분납 신청을 했으며 우선 6분의 1인 2조원을 금융기관에서 신용대출 등을 받아서 납부했습니다.

세계적인 글로벌 초일류기업인 삼성그룹조차 휘청거릴 정도로 엄청난 규모의 상속세 세금은 도대체 어떻게 계산되고 결정되는 것일까요?

대한민국의 상속세 최고세율은 50%로 일본의 55%에 이어 세계에서 두 번째로 높은 상속세율 체계를 유지하고 있습니다. 상속재산이 30억원을 넘는 경우에 상속재산의 50%를 국가에 납부해야 하는 구조입니다. 상속세 결정은 정부의 세무조사를 통해 확정됩니다. 상속세의 경우 자진신고납세 세목인 부가가치세, 종합소득세, 법인세와 비교해서 과세관청으로부터 보다 강도 높은 세무간섭을 받게 되는 것입니다.

제6장 실제 세무조사시 세금폭탄 사례

* 직계비속 상속세 명목 최고세율 상위 5개국 (2020년)

일본	한국	프랑스	영국	미국
55%	50%	45%	40%	40%

-) 상속재산이 30억원을 넘는 경우, 상속재산의 50%를 국가에 납부
-) 상속세 결정은 정부의 세무조사를 통해 확정
-) 자진신고납세 세목(부가가치세, 종합소득세, 법인세)과 비교해서 과세관청으로부터 보다 강도 높은 세무간섭을 받게 됨

    수백명의 회계·법률 전문 자격사들이 임직원으로 포진되어 있는 삼성그룹도 상속세 재원마련에 이렇게 어려움을 겪고 있을 정도이니 일반 중소기업의 대표가 사망한 경우라면 무슨 설명이 필요할까요? 필자가 상속세업무를 대행한 경험에 의하면 중소기업대표가 갑자기 사망한 경우에 상속인들이 겪는 정신적, 경제적 충격은 일반인들의 상상을 초월합니다. 대부분의 상속인들이 상속세 세무조사로 인해 심각한 정신적 공황 상태를 겪고 있다고 호소합니다.

    세계 1위 손톱깎이 업체였던 쓰리세븐의 창업주 김형규 회장이 2008년 갑자기 유명을 달리했을 때 쓰리세븐 상속인들은 김형규 회장이 소유했던 주식가치의 50%인 약 150억원을 상속세로 납부해야 했습니다. 쓰리세븐 김형규 회장의 상속인들은 그 큰돈을 마련할 수 없어 결국 회사가 파산에 빠졌던 가슴아픈 사례는 상속세에 대한 사전준비의 필요성을 웅변으로 설명하고 있다고 하겠습니다.

창업주 김형규 회장

상속인들

상속인들은 김형규 회장이 소유했던 주식가치인 50%인 150억원을 상속세로 납부해야 했으나, 돈을 마련할 수 없어 결국 파산…

　상속세 과세표준이 10억원을 넘으면 상속세율이 40%에 해당하고 30억원을 넘으면 상속세율이 50%에 해당하는데 요즘 서울시내 평균 아파트 한 채 가격이 11억원을 넘는다는 사실을 감안할 때 상속세는 이제 더 이상 재벌들이나 중소기업의 대표들에게만 해당되는 세금이 아니라는 것을 기억해야 합니다. 준비되지 않은 상속은 재앙이라는 사실을 인지하고 상속세의 계산구조와 절세방법을 숙지할 필요가 있는 것입니다.

　상속세 절세차원에서 실제 상속세 세무조사 사례를 살펴보도록 하겠습니다.

　A씨는 부친이 말기 췌장암으로 사망하기 1개월전에 부친 사망시 납부하게될 상속세를 줄여볼 요량으로 부친의 소유부동산을 급매로 처분하였으며 양도계약서는 이중으로 작성하였습니다. 이중계약을 통해 실제 양도대금 150억원중 50억원을 자기앞수표로 받아 차명계좌에 입금하였습니다. A씨는 이중계약서를 작성하였고 차명으로 50억원을 감추어 두었으니 과세관청에서 모를 것이라고 안이하게 생각했던 것입니다.

　과연 A씨는 과세관청의 상속세 세무조사를 무사히 넘어 갔을까요? A씨는 상속세 세무조사 과정에서 금융추적조사를 받았고 금융추적조사 결과 차명계좌를 사용한 사실이 들통나 상속누락재산에 대한 상속세와 더불어 40%의 무거운 신고불성실가산세 그리고 납부불성실가산세 까지 덤으로 세금폭탄을 맞고 말았습니다.

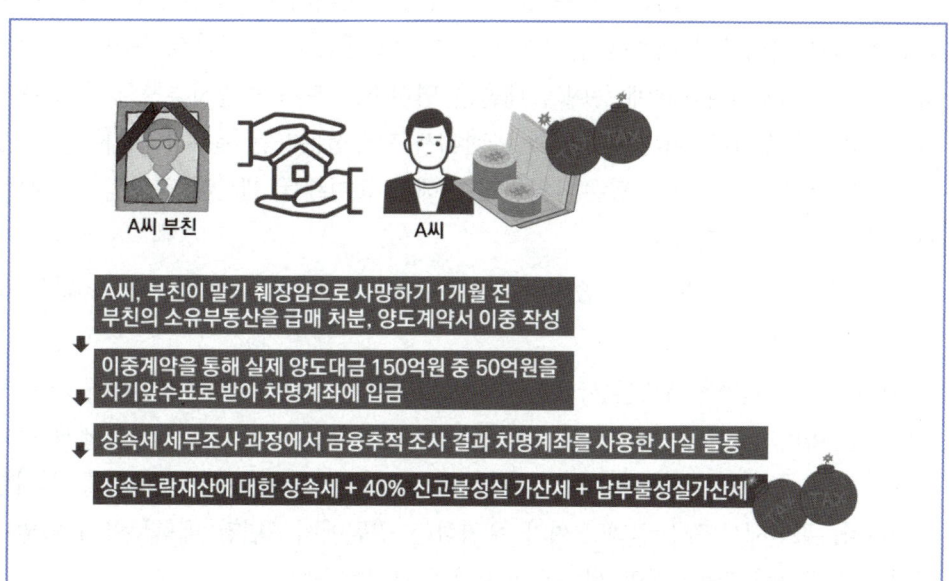

상속세 및 증여세법 제15조에는 "재산을 처분하였거나 채무를 부담한 경우로서 상속개시일전 1년 이내에 재산종류별로 2억원 이상인 경우와 상속개시일전 2년이내에 재산종류별로 5억원 이상인 경우에 용도가 불분명한 경우에는 상속재산으로 간주한다."라고 규정하고 있습니다. 즉 입증책임이 납세자에게 있다는 사실을 반드시 숙지하고 있어야 합니다.

뿐만 아니라 상속재산이 30억원 이상인 경우에는 사망일후 5년 이내에 상속인들의 재산이 사망일에 비해 현저하게 증가하게 된 경우에 상속세 탈세여부를 조사하게 된다는 사실도 잊지 말아야 합니다.

A씨처럼 섣부른 생각으로 상속세를 탈세하려다 세금폭탄 맞지 말고 합법적인 절세방법을 찾아보도록 노력해야 합니다. 세금은 공부한 만큼 보이고 보이는 만큼 다양한 방법으로 절세할 수 있기 때문입니다.

08 아들에 4억 증여한 후 세무조사 당한 병원장 왜?

20대 직장인 A씨는 최근 개인병원을 운영하는 아버지 B씨로부터 4억원을 증여받고 추가로 은행에서 대출을 받아 아파트를 구입했습니다. 아파트 구입과 관련해서 A씨는 자금조달계획서에 증여와 대출을 명시하고 관련 증빙서류를 갖추어 관계기관에 제출했습니다. 아파트 구입과 관련해서 세금전문가인 세무사의 자문을 받았고 아버지로부터 무상으로 받은 4억원에 대해서 증여세를 계산해 정상적으로 관할세무서에 신고납부 했습니다.

A씨와 B씨 세무사 모두 이 증여와 관련된 아파트 매입에 아무런 문제가 없을 것으로 판단했습니다.

그런데 이게 어떻게 된일일까요? 국세청은 얼마후 A씨가 아닌 A씨에게 4억원을 증여해준 아버지 B씨를 대상으로 세무조사를 실시했습니다. B씨가 아들에게 증여한 4억원의 출처를 검증하겠다며 B씨의 개인병원에 대해 특별세무조사를 실시한 것입니다. 특별세무조사 결과 B씨가 운영하는 병원에서 5년간 매출누락이 있었던 사실을 적발하여 7억여원의 세금을 B씨에게 부과했습니다.

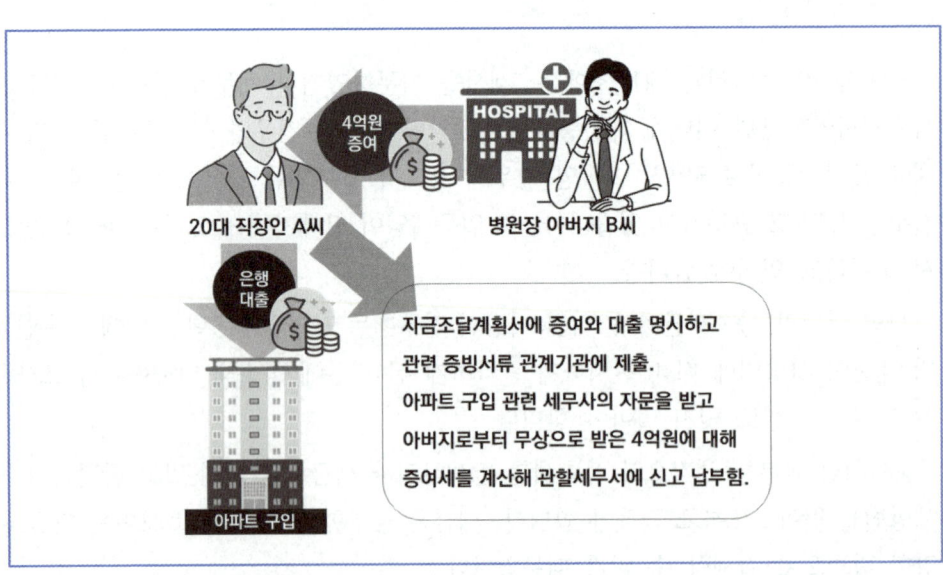

B씨는 아들에게 4억원을 증여하는 바람에 특별세무조사를 받았고 결과적으로 증여액보다도 훨씬 더 많은 7억원의 황당한 종합소득세 세금폭탄을 맞은 것입니다.

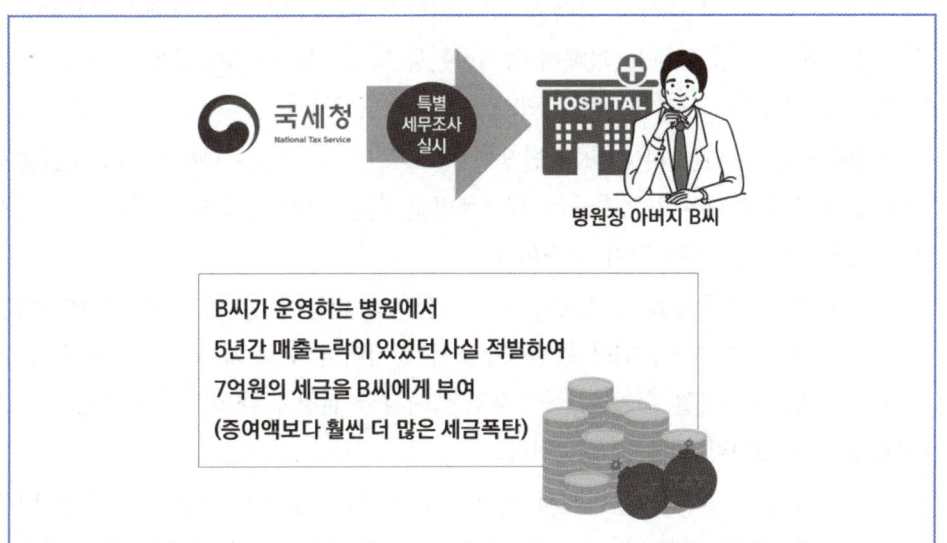

B씨에 대한 세무조사 사례와 관련해서 세정가에서는 놀라움을 감추지 못하고 있습니다. 과세당국이 아파트 취득자금 출처에 대한 증여세 조사범위를 넘어 증여자금에 대한 원천까지 세무조사를 실시한 것에 대해 "전례가 없는 일"이라며 소속 회원들에게 부동산 취득자금출처와 관련된 증여세 상담시 신중을 기해 줄 것을 당부하고 있을 정도이니 말입니다.

상기 세무조사 사례와 같이 아파트취득 자금출처 세무조사와 관련해 국세청이 증여자의 소득까지 들추어 낸것에 대해 과세관청이 세무조사권을 남용한 경우로 볼 수 있는지 여부가 세정가의 뜨거운 이슈가 된적이 있습니다.

학계에서는 "증여한 당사자가 탈세혐의를 받고 있는 사람도 아닌데 자금출처에 대한 세무조사를 실시하는 것은 개인의 거래자유를 침해하는 것"이라며 자금출처 조사라면 최소한 사전에 예상할 수 있는 기준에 맞춰 조사범위를 한정해야 할것이라는 견해를 밝혔습니다.

상기와 같은 증여세 세무조사 범위확대 경위에 대해 국세청은 세무조사의 구체적인 기준을 공개할 수 없다는 입장을 밝히고 있습니다. 당시 국세청 상속증여세 과장은 "증여자의 소득, 소비성향과 취득 주택가격등을 고려해 조사대상을 선정한다"며 다만 세무조사 대상자 선정을 위한 이상거래를 판단하는 구체적인 기준이 무엇인지 밝히면 해당 기준을 피해서 증여하는등 악용하는 사례가 나올 수 있어 내부 기준을 대외적으로 공개하기는 어렵다고 밝혔습니다.

근래에 세무조사권 남용시비가 발생할 정도로 강력해 지는 과세당국의 자금출처 증여세 조사와 관련하여 독자들이 세금폭탄을 맞는 일이 없도록 차제에 다음 2가지 사항을 꼭 숙지하는 것이 좋습니다.

먼저 편법 증여시 40%의 신고불성실 가산세와 더불어 편법증여와 관련된 법인세, 소득세까지 추징하기 위한 특별세무조사로 이어질 수도 있다는 사실입니다. 이제 증여를 할때는 어쩔 수 없이 증여자의 증여자금 원천에 대해서도 사전에 세무조사에 철저히 대비할 필요가 있습니다.

또한 취득자금 출처와 관련해서 차용증을 작성한 경우와 금융기관대출을 받은 경우에는 수증자의 직업, 연령, 소득 그리고 실제 이자 및 부채상환능력을 국세청에서 종합적으로 판단하여 세무조사대상자로 선정하고 있다는 점입니다. 자녀 등 증여를 받는 사람이 이자 및 부채상환능력이 없다고 판단되는 경우에는 증여자와 수증자 모두가 세무조사대상자로 선정될 수 있음을 잊지 말아야 합니다.

09 '뻥튀기' 매출 세금폭탄으로 돌아온다

매년 3월은 12월말 회계연도 법인사업자의 법인세 결산시즌입니다. 12월말 법인은 3월 말일까지 재무제표를 작성해 세무조정을 한 후 과세관청에 법인세 신고납부를 해야 합니다. 재무제표의 종류는 재무상태표, 손익계산서, 자본변동표, 이익잉여금 처분계산서 또는 결손금 처리계산서가 있는데, 가장 핵심적인 보고수단의 하나인 손익계산서는 회계 기간에 발생한 모든 비용과 수익을 대조해 손익의 정도를 밝히는 계산서입니다.

제6장 실제 세무조사시 세금폭탄 사례

손익계산서는 기업이 재화나 용역을 얼마나 팔았고 얼마나 이익을 남겼는지를 보여주는 표라고 할 수 있습니다. 매출액이 꾸준히 증가하는 기업이라면 성장세를 지속하는 회사로써 당연히 우량기업이라고 할 수 있습니다.

그런데 가끔 매출액을 허위로 부풀리는 기업도 있습니다. 기업이 매출을 부풀리면 부가가치세와 법인세, 소득세 등 엄청난 세금부담을 감수해야 합니다. 게다가 매출을 뻥튀기한 사례가 발견되면 십중팔구 금융당국이나 과세당국의 조사를 받게 됩니다. 이렇게 엄청난 위험부담을 감수하면서까지 기업이 매출액을 부풀리는 이유는 무엇일까요? 기업이 허위로 매출을 부풀리는 사례와 문제점을 살펴보겠습니다.

첫째, 대출을 쉽게 받기 위해서입니다. 은행이 기업에 운영자금 대출을 해줄 때는 매출액을 기준으로 대출한도를 결정합니다. 업종에 따라 다르기도 하지만 매출액만큼 대출을 해주기도 하고 매출액의 1/3만큼 대출을 해주기도 합니다. 그래서 대출을 많이 받기 위해 매출액을 부풀리는 것입니다.

하지만 가공 매출을 계상해 부당하게 대출을 받으면 세무조사 시 납부지연 가산세와 신고불성실가산세 적용대상이 되는 것은 물론 특정경제범죄가중처벌 등에 관한 법률(특가법)에 따라 처벌을 받을 수도 있습니다.

둘째, 기업공개(IPO)나 수의계약 조건 등을 맞추기 위해 매출 부풀리기를 합니다. 상장을 전후로 주가를 관리하기 위해 매출 부풀리기를 하기도 합니다. 국내 1위 가맹 택시 카카오모빌리티가 기업공개를 앞두고 매출 부풀리기 의혹으로 금융당국의 조사를 받기도 했고, 크라운해태그룹 계열사들이 허위매출을 발급한 혐의로 서울지방국세청 조사4국의 세무조사를 받은 사례도 있습니다.

그런가 하면 금강제화는 로열티를 지급하고 신발에 금강 상표를 붙여 홈쇼핑에서 판매하는 신발디자인회사 대표에게 실제 신발 거래인 것처럼 허위세금계산서를 발행하는 방법으로 매출 부풀리기를 했습니다.

상장기업뿐만 아니라 일반 중소기업도 대기업이나 국가기관과 수의계약 등을 하기 위해 매출 부풀리기를 하는 경우가 있습니다. 이렇게 주가관리나 수의계약 등을 하기 위해 허위세금계산서를 발행하는 경우 세무조사 후 세금추징은 물론 조세범처벌법에 의해 검찰에 조세 포탈범으로 고발될 수 있음을 유념해야 합니다.

셋째, 권리금을 많이 받기 위해서입니다. 요식업자 중에는 장사가 안되는 가게를 비싼 값에 팔기 위해 매출을 부풀리는 경우가 있습니다. 가게 매도를 앞두고 가짜 주문서를 받거나 고액의 허위매출을 포스기에 입력하는 방법으로 매출을 속이는 것입니다.

따라서 가게를 인수할 때는 적어도 매도자의 과거 5개년 치 재무제표를 조회해서 분석해야 해당 가게의 정확한 업황을 알 수 있습니다. 권리금을 많이 받기 위해 허위로 매출을 계상한 경우 계약파기 및 손해배상청구소송 대상이 됩니다. 허위로 매출을 계상하는 것이 민형사상 사기죄에 해당한다는 최근 판례도 있습니다.

넷째, 자료상 매출에 해당하는 경우입니다. 자료상이란 일정 대가를 받고 거짓 세금계산서를 파는 사람을 말합니다. 이런 사람들은 짧은 기간에 거액의 자료를 파생시키고 폐업 후 도주하는 경우가 다반사 입니다. 거짓 세금계산서 거래로 인한 불이익을 받지 않으려면 애초에 거짓 세금계산서를 구매하지 말아야 합니다.

그러나 본인은 정상 거래인 줄 알고 거래를 했는데, 나중에 알고 보니 상대방이 자료상인 경우가 종종 있습니다. 이렇게 선의의 피해를 보는 사례를 방지하기 위해 거래를 할 때는 반드시 은행 계좌를 통해 입금하고 송장, 운송 차량번호, 운송일지, 계약서, 배달증명, 실물사진 촬영, 검수 기록부 등 가능한 한 추후 거래 사실을 입증할 수 있는 증빙을 충분히 갖춰 놓을 필요가 있습니다.

만일 자료상 자료를 수취한 것으로 판명되는 경우 법인세와 소득세 세금추징은 물론 신고불성실가산세, 납부지연 가산세, 세금계산서불성실가산세, 지방소득세, 4대 사회 보험료 추징 등 세금폭탄을 맞게 되므로 절대로 자료상 자료를 수취하는 일은 하지 말아야 합니다.

10   기부 천사 사망 후 세금폭탄이 웬 말?

왼손이 하는 일을 오른손도 알게 하라! 갑자기 이게 무슨 말인가 싶을 것입니다. 세금 문제에 관한 한 기부 할 때는 생색내는 것처럼 보여 민망하더라도 드러내는 편이 낫다고 강조하기 위해서입니다. 선의로 행한 기부가 오히려 부메랑이 되어 세금폭탄을 맞는 경우를 종종 보기 때문입니다. 최근 5억원의 상속세 세금폭탄을 맞은 K씨의 사례가 그중 하나입니다.

지병으로 인해 거동이 갑자기 불편해진 K씨는 이제 자신의 삶이 얼마 남지 않았다고 생각했습니다. 그래서 죽기 전에 자신의 재산을 익명으로 기부해 사회에 환원하기로 마음먹었습니다. 자녀들은 이미 장성해 사회적으로 성공한 터라 부담도 적었습니다. 그래서 K씨는 사망 직전 자신의 소유로 되어 있는 상가건물을 처분해 마련한 20억원을 익명으로 자선단체에 기부했습니다.

그런데 기부 천사 K씨가 세상을 떠나고 나서 1년 후 문제가 발생했습니다. K씨의 자녀들이 느닷없이 세무서로부터 한 통의 납세고지서를 받아 든 것입니다. K씨가 사망 직전 익명으로 기부한 상가처분대금 20억원의 사용처가 확인되지 않으므로 상속세법 제15조에 의거 이를 상속재산으로 추정해 상속세 5억원이 매겨졌습니다. 부친으로부터 변변한 재산도 물려받지 못한 자녀들에겐 청천벽력과도 같은 일이었습니다.

세무서는 상속 개시일(사망일) 전 1년 이내에 2억원 이상, 2년 이내에 5억원 이상의 재산을 처분하거나 예금을 인출하거나 채무를 부담한 경우로, 그 자금을 어디에 사용했는지 밝히지 못하면 상속재산으로 추정해 상속세를 매기기에 어쩔 수 없다고 했습니다.

세무서로부터 뜻하지 않은 거액의 납세고지서를 받아든 자녀들은 부친의 유품을 다시 정리해 보기로 했습니다. 다행히 부친의 유품 속에서 익명으로 기부한 기부처를 확인했습니다. 부친의 기부처가 확인됨에 따라 K씨의 자녀들은 세무서가 매긴 상속세 5억원을 피해갈 수 있었습니다. 부친이 익명으로 기부한 기부처를 찾아냈기에 망정이지 기부처를 밝히지 못했더라면 K씨 자녀들은 꼼짝없이 5억원의 상속세를 내야만 했을 것입니다.

K씨의 사례에서 보듯 나이 들어서 쓰는 돈은 반드시 기록을 남겨 두는 것이 좋습니다. 기부뿐 만이 아니라 사용하는 모든 돈에 대해 빠짐없이 기록으로 남겨야 합니다. 피상속인의 생전지출에 대해 출처가 불분명하다고 판단되면 과세당국에서는 이를 상속세를 매길 가능성이 매우 크기 때문입니다.

요즘은 K씨처럼 고령자가 아니어도 교통사고나 심장마비 등으로 갑작스럽게 운명하는 사람들이 많습니다. 생전에 왕성하게 사회활동을 하던 사람이 갑자기 사망하면 고인이 남긴 상속재산으로 인해 상속인들은 엄청난 고통을 겪게 됩니다. 고인이 사망하기 전에 재산처분, 예금, 부채 등이 어디에 어떻게 사용됐는지를 상속인들이 입증해야 하는데 이는 현실적으로 매우 어렵기 때문입니다. 따라서 평소에 만약을 대비해 모든 비용은 계좌로 송금하고 영수증도 꼬박꼬박 챙겨놓는 습관을 들이는 것이 필요합니다.

이를 위해 통장 거래의 경우에는 통장 지면에 입출금 명세를 간단하게 기록해 놓고, 인터넷으로 결제를 할 때는 메모난에 거래내용을 최대한 자세히 기록해 놓는 것이 좋습니다. 죽음은 누구도 피할 수 없습니다. 하지만 세금은 준비하고 아는 만큼 피할 수 있습니다. 피할 수 있는 세금은 피하는 것이 옳다고 생각합니다.

11 자녀에게 주택증여 시 세금을 추징당하지 않으려면

최근 부모와 자식 간 주택증여가 증가함에 따라 변칙적 탈루혐의자에 대한 국세청의 세무조사가 강화되고 있습니다. 이에 따라 국세청의 자금출처 세무조사대상에 선정될까 봐 노심초사하는 납세자의 수도 점차 증가하고 있습니다.

자신이 국세청의 자금출처조사대상에 선정되어 증여세가 추징될까 불안해하는 납세자들을 위해 국세청이 보도자료를 통해 발표한 주택증여 관련 세무조사 시 세금이 추징된 사례를 소개하고자 합니다. 증여세금이 추징된 사례를 반면교사로 삼아 증여세 세무조사를 받고 세금이 추징되는 사례가 없도록 해야겠습니다.

첫 번째는 재차 증여 합산신고를 누락한 경우입니다. A씨는 부모로부터 부동산을 증여받고 증여세를 제대로 신고납부했지만, 부동산을 증여받기 9년 전에 부모로부터 비상장법인 발행주식을 증여받은 내역을 합산해 신고하지 않았습니다. 현행 세법상 증여세는 10년을 합산해 과세하고 있어 A씨는 10년 이내에 증여받은 비상장주식가액을 부동산증여가액과 합산해 증여세신고를 해야 했지만, 9년 전에 증여받은 주식을 합산하여 신고하지 않았기 때문에 비상장주식가액과 부동산가액을 합산해 억대의 증여세를 추가 납부하게 되었습니다.

두 번째는 부담부 증여를 가장한 편법증여입니다. B씨는 부모로부터 고가의 아파트를 증여받으면서 해당 아파트에 담보된 부모의 금융채무를 인수했다고 신고했습니다. 그러나 국세청에서 채무상환 내역에 대한 부채사후관리를 한 결과 B씨가 부모로부터 아파트를 증여받은 이후에 금융채무와 관련된 이자와 원금을 부모가 계속 상환한 사실이 확인되었습니다. 세무조사결과 이자와 원금을 부모가 계속 상환한 사실이 확인됐기에 B씨는 금융채무 전체를 부모로부터 증여받은 것으로 간주되어 억대의 증여세를 추가 납부하게 되었습니다.

세 번째는 유사매매사례가액이 아닌 공시가격으로 아파트 증여세신고를 한경우입니다. C씨는 부모로부터 아파트를 증여받으면서 아파트공시가격으로 증여세신고를 했다가 억대의 증여세를 추징당했습니다. 증여세는 시가를 증여가액으로 보아 과세하며 증여재산의 시가판단 기준은 증여일 전 6개월부터 증여일 후 3개월까지를 시가의 범위로 두고 있습니다. 아파트의 시가는 국토교통부 실거래가 공개시스템에서 누구나 확인할 수 있습니다. 그런데 증여세신고 시 실거래가로 신고해야 한다는 사실을 알면서도 C씨처럼 증여세가 부담되어 공시가액으로 증여세신고를 하는 납세자들이 종종 있습니다.

공시가액으로 증여세신고를 한 경우에는 국세청 조사관들이 손쉽게 국토교통부 실거래가 공개시스템 자료를 통해 실거래가를 확인해 실거래가액과 공시가액과의 차이에 대해 증여세를 매길 수 있습니다. 게다가 국세청은 실거래가 없는 경우일지라도 강남 등 고가아파트 밀집 지역의 경우 해당 아파트에 대해 감정평가법인에 감정을 의뢰해 감정가액을 시가로 보아 증여세를 매기기도 합니다. 강남 등 고가아파트 밀집 지역의 경우 국세청의 고가아파트 감정평가의뢰로 인해 감정평가법인들이 때아닌 특수를 누리고 있다고 행복한 비명을 지르고 있을 정도입니다.

국세청의 자금출처조사와 관련해 가장 중요한 관건은 미성년자 등 소득 출처가 불분명해서 세무조사대상자로 선정되는 경우일 것입니다. 소득이 없는데 부동산을 취득하거나 예금자산을 보유하고 있다면 세무조사를 받을 가능성이 매우 큽니다. 따라서 자금출처조사를 대비해 평소에 철저한 준비를 해놓을 필요가 있습니다.

12 유튜버, 원치 않는 세금폭탄 피하려면

　요즘 유튜브 활동을 하며 발생한 수익에 대한 세금문제로 고민하는 사람들이 많습니다. 그동안 유튜브 수익을 과세당국에 신고·납부하지 않았던 분들 혹은 최근 세무조사를 받고 대처방법을 찾는 분들도 늘고 있습니다. 국세청이 최근 탈세의 사각지대라고 불렸던 유튜버들에 대해 대대적인 세무조사를 벌였기 때문입니다. 유명 유튜버의 경우 광고 수익으로 많게는 수십억원의 수익을 얻고 있지만 그동안은 징수의 사각지대에 놓여 있었던 것이 사실입니다.

　유튜버의 광고수익은 유튜버와 구글이 각각 55%와 45%씩 나눠 갖습니다. 구글은 싱가포르지사를 통해 한국의 유튜버가 지정한 통장으로 광고수익을 지급합니다. 이때 구글에서 광고수익을 얻은 유튜버들이 소득을 직접 국세청에 신고하지 않으면서 세금을 피해왔습니다. 1만 달러 이상의 외환이 국내 계좌로 입금되면 각 금융기관이 국세청에 신고를 하기 때문에 과세당국에서 1만 달러 이상의 유튜버의 소득파악은 가능합니다. 하지만 1만 달러 미만인 경우 금융기관의 신고의무가 없기 때문에 외화입금 내역을 알 수가 없습니다.

1) 국세청 첨단기술 활용 과세 나서

　국세청은 유튜브 운용사인 구글코리아를 조사해 자료를 확보했고, 최근 유튜버들에 대한 세무조사를 벌이면서 이 자료를 활용한 것으로 알려졌습니다. 국세청은 향후 빅데이터 분석기법을 더욱 고도화하고 검찰, 지방자치단체 등 유관기관과 공조를 통해 유튜버들에 대한 세무조사 대상자 선정을 더욱 정교화·과학화하겠다고 밝혔습니다. 빅데이터, 인공지능 등 신기술을 적용해 외환수취자료 키워드, 영상, 음성 등의 알고리즘을 분석해 유튜버들의 탈세 감시망을 강화한다는 방침입니다. 예를 들어 외환수취자료에 대한 단어유사도와 특수관계자료 등을 분석해 대금 차명수취를 밝혀낸다는 것입니다.

　과세당국은 유튜버에 대한 세무조사 시 자금출처 등 강도 높은 조사를 실시하고, 그 과정에서 차명계좌 이용 등 조세포탈혐의가 드러나면 조세범칙조사로 전환해 검찰고발 등 엄정한 조치를 취할 예정입니다. 여전히 '유튜브 수익은 구글에서 보내는 것이니까 국세청은 잘 모르겠지', '나는 수익이 그리 많지 않으니까 괜찮겠지'와 같은 안이한 생각에 젖어있다면 유튜버 본인은 물론 아니라 가족, 친족까지 세무조사 대상이 될 수도 있습니다.

2) 꼭 사업자등록 하고 제 때 신고해야

유튜버들은 국세청에서 자신의 소득을 알지 못할 것이라며 세금신고를 하지 않고 있다가 세무조사가 착수되면 그때서야 부랴부랴 사업자등록을 하고 세무사를 찾는 경우가 비일비재합니다. 사업자등록을 늦게 하게 되면 사업자등록 미등록가산세까지 물게 되기 때문에 미리 사업자등록을 해야만 세금을 한 푼이라도 줄일 수 있습니다.

유튜버로서 사업자등록을 할 때는 과세와 면세여부를 잘 판단해야 합니다. 유튜버가 영상 콘텐츠 제작을 위해 작가나 편집자를 고용했다면 업종을 '미디어 콘텐츠 창작업(업종코드 921505)'으로 과세사업자등록을 해야 합니다. 이 때 연간 매출액이 4,800만원을 넘길 것 같으면 일반과세자로, 4,800만원 미만을 예상하면 간이과세자로 등록하면 됩니다. 일반과세자로 사업자등록 시에는 관련 매입세액을 세무서에서 환급받을 수 있습니다.

유튜버가 1인으로 영상을 만들면서 수익이 발생한다면 '1인 미디어 콘텐츠 창작업'으로 해서 면세사업자로 등록하면 됩니다. 별도의 사업장 없이 집에서 유튜버 활동을 할 때는 사업장을 집주소로 해 사업자등록증을 발급받으면 되고, 별도의 사업장에서 유튜버 활동을 할 때는 별도의 사업장 주소로 사업자등록을 하면 됩니다.

과세사업자로 사업자등록을 한 경우에는 매년 1월과 7월에 부가가치세 확정신고를 해야 하고, 면세사업자로 신고한 경우에는 매년 2월에 사업장현황신고를 해야 합니다. 5월에는 과세사업자와 면세사업자 모두 종합소득세 확정신고를 해야 합니다.

3) 경비처리엔 사업용 신용카드 활용이 유리

유튜버로서 사업자등록을 한 후 수익을 제대로 신고하고 수익과 관련된 비용을 확실히 챙기는 것이 절세의 지름길입니다. 그럼 유튜버 수익과 관련된 비용은 어떤 것이 있을까요? 유튜브 방송제작을 위해 외주제작비가 들어가는 경우라면 당연히 외주제작비는 비용으로 인정됩니다. 이때 상대방이 사업자라면 세금계산서를 받아야 하고, 사업자가 아니라면 3.3% 원천징수해서 납부하고 경비처리를 해야 합니다.

방송 제작을 위해 피부미용에 들어가는 비용, 방송 중에 구매한 물품, 팬미팅 식사비, 차량구입비등은 비용으로 인정됩니다. 이러한 비용지출 시 사업용 신용카드를 사용하는 것이 과세관청으로부터 경비인정을 받는데 유리합니다.

연간 수익이 7,500만원 이상인 경우에는 세무사를 선임해 기장대리 의뢰를 하는 것이 절세에 큰 도움이 되기 때문에 가까운 세무사사무소를 찾아 도움 받을 것을 권장합니다.

13 사업자명의대여 세금폭탄으로 돌아온다

"한때 잘나가던 사람인데 친구나 친척에게 빚 보증을 잘못 섰다가 한순간에 망했다더라!"라는 이야기를 들어보았을 것입니다. 빚 보증이 위험하다는 것을 모르는 사람은 없습니다. 그러나 사업자등록 명의대여가 빚보증 못지 않게 위험하다는 것을 제대로 아는 사람은 많지 않습니다. 사업자등록 명의대여란 가족이나 친구에게 자신의 명의를 빌려줘 사업자등록증을 발급받게 하는 행위를 말합니다. 지인이나 친구, 친척의 간곡한 부탁이 있는 경우, 정 때문에 부탁을 뿌리치지 못하고 자신의 명의를 빌려주었다가 피해를 보는 사례가 많아 특별한 주의를 요합니다.

국세청이 발표한 사업자등록 명의대여 피해사례 중 하나를 소개하고자 합니다.

P씨는 식당을 운영하고 있는 친형의 요청으로 건설현장 식당의 사업자등록 명의를 빌려주었습니다. 1년 동안 매출액은 2억원이었으며, 매입할 때 받은 세금계산서는 1억원이었습니다. P씨의 친형은 부가가치세 1,000만원과 소득세 2,000만원을 납부하지 않고 폐업했습니다. 관할세무서에서는 체납액 3,000만원에 대해 P씨 소유의 아파트를 압류했습니다.

P씨는 관할세무서에 명의대여 사실을 주장하였으나 받아들여지지 않자 2년간의 행정소송을 통해 가까스로 친형이 실사업자라는 사실을 인정받을 수 있었습니다. 2년간의 행정소송을 통해 P씨의 친형이 실사업자임이 가까스로 밝혀졌지만, P씨는 벌금 800만원과 변호사비용 1,500만원 합계 2,300만원의 금전적 손실과 함께 엄청난 정신적 피해를 감수해야만 했습니다.

제6장 실제 세무조사시 세금폭탄 사례

P씨만 피해를 본 것이 아닙니다. P씨 친형의 경우 자신이 실사업자라는 사실이 밝혀짐에 따라 부가가치세 매입세액 불공제, 가산세, 소득세 합산과세, 벌금, 변호사비용 등으로 1억원의 금전적 손실발생과 함께 엄청난 정신적고통을 겪게 되었습니다. 부가가치세 1,000만원 소득세 2,000만원 합계 3,000만으로 끝낼 수 있는 일이었는데, P씨의 친형이 자진신고납부를 하지 않는 바람에 호미로 막을 일을 가래로 막게 되는 격이 되었습니다.

P씨의 사례와 같이 명의를 빌려간 사람이 세금을 신고하지 않거나 신고후 세금을 납부하지 않으면 사업자등록상 명의를 빌려준 사람에게 세금이 부과되고 징수됩니다.

이 경우 명의를 빌려준 사람이 근로소득이나 부동산임대소득 등 타소득이 있는 경우라면 종합소득으로 합산되어 세부담이 크게 늘어나게 됩니다. 실제소득은 발생하지 않았음에도 명의상 소득이 있는 것으로 되기 때문에 국민연금이나 건강보험료까지 늘어나게 됩니다.

명의대여로 사업자등록을 한 경우 명의를 빌려간 사람의 재산이 있다 할지라도 과세관청에서는 P씨의 사례처럼 명의를 빌려준 사람의 소유재산을 압류합니다. 압류 후에도 세금을 납부하지 않으면 압류재산을 공매처분하는등 체납처분절차를 집행하게 됩니다.

뿐만 아니라 체납사실이 금융회사에 통보되어 은행대출금의 변제요구등 금융거래상 불이익까지 받게 되기도 하며, 출입국관리소에 체납사실이 통보되어 출금금지를 당할 수도 있습니다. 그뿐 아니라 명의대여 사실이 국세청 전산망에 기록·관리되어 명의대여자가 나중에 실제 사업을 하고자 하는 경우에 불이익을 받을 수도 있습니다.

국세기본법 제14조 제1항에서는 '과세대상이 되는 소득 수익 재산 행위 또는 거래의 귀속이 명의일 뿐이고 사실상 귀속되는 자가 따로 있을때에는 사실상 귀속되는 자를 납세의무자로 하여 세법을 적용하여야 한다'라고 규정하고 있습니다.

P씨는 국세기본법 제14조 제1항 규정을 활용해 친형이 실사업자라는 사실을 어렵게 인정받을 수 있었습니다. 그런데 문제는 명의를 빌려주었다는 것을 납세자가 스스로 입증하여야 한다는 것입니다. 단순히 억울하다고 호소하면 안되고 객관적인 증거자료를 수집해 입증하여야 합니다.

객관적인 증거자료를 수집해 실질사업자가 밝혀진다면, 명의를 빌려준 사람이 세금을 내지 않을 수 있을까요? 명의를 빌려준 사람이 어렵게 조세불복이나 소송을 통해 실질사업자가 밝혀진다 해도 명의를 빌려준것에 대한 책임을 피할 수는 없습니다.

조세범처벌법 제11조에서는 '조세회피와 강제집행 면탈목적으로 타인 명의 사업자등록을 하는 경우 실제사업자에게는 2년 이하의 징역 또는 2,000만원 이하의 벌금에 처하며, 명의대여자에게는 1년 이하의 징역 또는 1,000만원 이하의 벌금에 처한다'라고 규정하고 있기 때문입니다.

따라서 아무리 가까운 사이라도 명의대여 행위는 엄연한 불법행위라는 사실을 인지하고, 사람과 재산을 모두 잃지 않도록 명의대여를 하지 말아야 할 것입니다.

14 국세청이 알려주는 양도세 실수톡톡 사례

이사나 상속 등으로 일시적으로 2주택자가 됐을때는 양도소득세를 물지 않는 비과세특례를 적용받을 수 있습니다. 그런데 납세자가 일시적 2주택자 비과세요건을 제대로 알지 못해서 세금폭탄을 맞는 경우가 의외로 많습니다.

우리나라는 부동산 세법에 관한 용어 자체가 어렵고 세법이 수시로 개정되다 보니, 실수로 비과세. 감면을 받지 못하는 사례가 많은 것입니다. 비과세에 해당됨에도 세법의 무지와 무관심으로 세금폭탄 맞는 사례가 없도록, 일시적 2주택과 관련해 국세청이 발표한 양도소득세 실수 사례를 살펴보겠습니다.

첫째, 종전주택과 신규주택 취득시점. 거주요건을 잘 따져봐야 합니다.

일시적 2주택자로서 양도소득세 비과세 혜택을 받으려면 종전 주택취득일로부터 1년 이상 지난뒤 신규주택을 취득해야 하고 신규주택취득일로부터 3년 이내에 종전주택을 양도해야 합니다.

종전주택 취득일로부터 1년이 지나지 않은 상태에서 신규주택을 취득하는 경우, 종전주택 취득당시 종전주택이 조정대상지역이었음에도 2년거주를 하지 않은 경우, 신규주택을 취득한 날로부터 3년 이내에 양도하지 않은 경우에는 비과세를 적용받지 못합니다.

다만 5년 이상 거주한 건설임대주택을 분양받는 경우, 종전주택이 수용으로 양도되어 신규주택을 취득하는 경우, 취학·질병 등 부득이한 사유가 있는 경우, 공공기관의 지방이전으로 신규주택을 취득하는 경우에는 종전주택을 취득한 날부터 1년이 지나기전에 신규주택을 취득하더라도 비과세적용이 가능합니다.

위에서 정한 기한요건을 충족하지 못하면 비과세적용을 받지 못하므로 절세를 하려면 신규주택을 취득하기 전부터 미리미리 계획을 세우고 계획된 일정에 따라 주택을 양도해야 합니다.

둘째, 주택을 상속받은후 다른 주택을 샀다가 팔면 비과세를 못받습니다.

상속개시당시 이미 일반주택을 보유하고 있는 1세대가 주택을 상속받은후 일반주택을 양도하는 경우 1세대1주택 비과세 특례가 적용됩니다.

그런데 상속주택은 무조건 주택수에서 제외되는 것으로 잘못알고 있는 납세자가 의외로 많습니다. 상속개시일 이후에 일반주택을 취득하여 양도하는 경우에는 비과세 혜택을 받을 수 없습니다.

그러므로 주택을 상속받은 후에 다른주택을 취득할 계획이 있는 경우에는 상속재산 분할협의를 통해 주택을 상속받지 않거나 소수지분만 상속받는 것이 유리합니다.

상속주택을 공동으로 상속받는 경우 공동상속주택은 상속지분이 가장 큰 상속인의 주택수에 포함되므로 상속지분이 작은 상속인은 일반주택 양도시 1세대1주택 비과세적용이 가능합니다.

셋째, 사람이 살고 있지 않는 시골주택도 주택수에 포함됩니다.

시골에 방치되어 있는 주택이 주택수에 포함되지 않는 것으로 잘못알고 본인이 거주하던 일반주택을 양도한 후 비과세신고를 했다가 시골주택도 주택수에 포함되어 비과세를 받지 못하는 사례가 빈번합니다.

소득세법 제88조에는 주택에 대해 "허가여부나 공부상의 용도구분과 관계없이 세대의 구성원이 독립된 주거생활을 할수 있는 구조로서, 일정구조를 갖추어 사실상 주거용으로 사용하는 건물"이라고 정의하고 있습니다.

사실상 주거용으로 사용하고 있지 않은 노후화 되거나 방치된 주택을 주택수에 포함하는 것이 잘못이라는 납세자의 주장에 대해, 최근 조세 심판원과 법원은 잠재적기능이 여전히 존재하고 있는 시골주택도 주택으로 보는 것은 타당하다고 결정한 바 있으므로 시골주택을 소유하고 있는 경우 일반주택양도시 특별한 주의가 필요합니다.

넷째, 부득이한 사유로 다른 지역으로 주거이전시 세대 전원이 이전해야 합니다.

1세대1주택 비과세적용을 위해서는 주택을 2년 이상 보유하여야 하나 근무상의 형편등 부득이한 사유로 1년 이상 거주한 주택을 양도하는 경우에는 보유·거주기간에 상관없이 1세대1주택 비과세적용을 받을 수 있습니다.

이 경우 세대전원이 주거이전을 해야 하는데 특별한 사유없이 세대 전원이 다른 시·군으로 주거를 이전하지 않으면 비과세를 적용받지 못합니다.

주거를 이전하지 못한 세대원에게 취학, 근무상의 형편 등 부득이한 사유가 있는 경우에는 해당 세대 전원이 함께 주거를 이전하지 않은 경우에도 비과세적용이 가능합니다.

그러므로 세대 전원이 주거를 이전할 수 없고 세대원도 부득이한 사유가 없는 경우라면 양도시기를 늦춰 1세대1주택 비과세요건을 충족할 필요가 있습니다.

15 농지분할매매 양도세 2억원 감면 받을수 있다고?

K씨는 지인으로부터 양도소득세 절세를 하려면 농지를 쪼개서 매각해야 한다는 조언을 들었습니다. 그래서 양도소득세 절세를 위해 하나의 필지를 2개로 나누어 하나는 10월에 잔금을 받고 하나는 다음해 1월에 잔금을 받는 것으로 매매계약을 체결했습니다.

세법상 8년 이상 농사를 짓던 농지를 양도하면 1년에 1억원, 5년간 최대 2억원

제6장 실제 세무조사시 세금폭탄 사례

까지 세금감면을 받을수 있습니다. 그러므로 K씨처럼 농지를 한번에 양도하지 않고 쪼개서 여러번에 나누어 양도하면 절세에 도움이 됩니다.

K씨는 쪼개기 양도를 통해 양도소득세 1억원을 추가로 감면받았다고 좋아했습니다. 그런데 양도소득세 감면신고를 한 지 얼마 지나지 않아 K씨는 과세관청으로부터 뜻하지 않은 양도소득세 고지서를 받아들고 화들짝 놀랐습니다.

과세관청에서 K씨의 쪼개기 거래를 인정할 수 없다는 것입니다. 과세관청은 K씨의 쪼개기 거래를 부당행위로 보아 이를 하나의 거래로 보아 양도소득세 계산을 했습니다. 그 결과 K씨가 양도한 농지에 대해 감면을 한번만 적용하여 두 번째 감면신청액 1억원을 부인했습니다. 감면세액 1억원을 부인하고, 이에 더해 신고불성실가산세와 납부불성실가산세 3,000만원을 추가해 1억3,000만원의 납세고지서를 발부했습니다.

세법은 양도시기를 잔금청산일로 하고 양도소득세는 1년 단위로 과세한다고 규정하고 있는데, 과세관청에서는 어째서 세법을 무시하고 K씨에게 양도소득세 1억3,000만원을 고지한 것일까요?

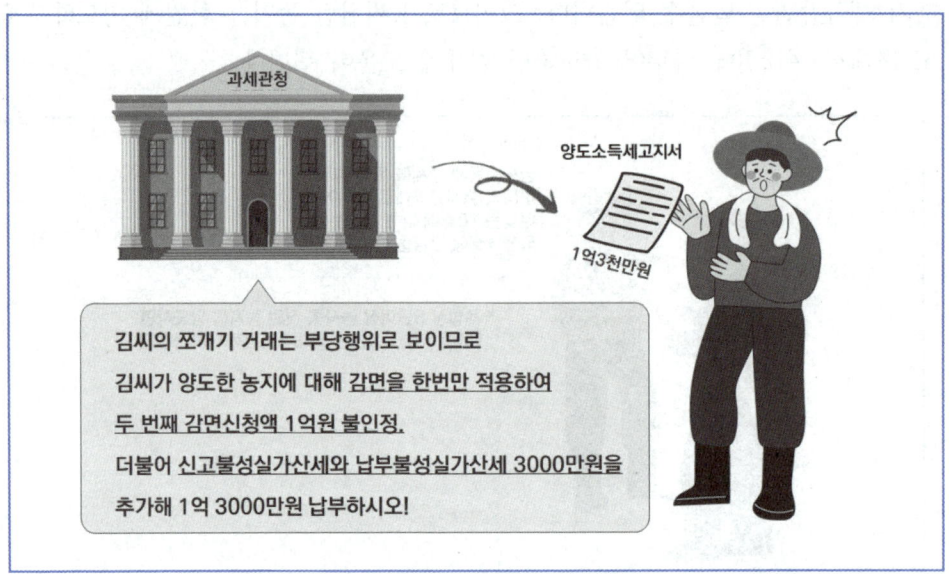

과세관청이 K씨의 쪼개기 거래를 부인한 논지는 '양도인과 양수인이 같고 필지가 하나다'라는 것입니다. 실제 하나의 거래임에도 K씨가 양도소득세를 추가로 감면받기 위해 세법상 부당행위에 해당하는 분할매도계약을 했다는 것입니다.

과세관청에서는 그동안 K씨의 사례처럼 분할매도와 관련하여 세금부과를 많이 해왔고 이에 대한 납세자들의 조세불복이 줄을 이었습니다.

분할매도와 관련해 엇갈린 심판례가 나오다가 최근에는 분할매도를 인정하는 심판례들도 연속적으로 나오고 있습니다. 과세관청에서는 분할매도와 관련해 자신들이 조세불복에서 이긴 사례를 가지고 계속해서 과세를 해왔고 납세자들도 이를 인정할 수 없다고 조세불복을 계속해왔던 것입니다.

2023년 세법개정안에 따라 ▲토지를 분필하거나 토지지분의 일부를 양도하는 경우 ▲토지 일부 양도일부터 2년이 되는 날이 속한 과세기간 종료일까지 나머지 토지를 동일인 또는 그 배우자에게 양도하는 경우에는 이를 하나의 거래로 보아 1억원의 감면한도를 적용하기로 했습니다.

K씨의 경우처럼 양도소득세를 줄이기 위해 쪼개기 거래를 하는 경우, 감면한도를 세법에 명확히 규정함으로서 다툼의 소지를 원천적으로 없애기로 한 것입니다.

제6장 실제 세무조사시 세금폭탄 사례

```
┌─────────────────────────────────────────────────┐
│   [과세관청 건물 그림]                           │
│                    * 김씨의 쪼개기거래를 부인한 논지 │
│                    '양도인과 양수인이 같고 필지가 하나다.' │
│                                                 │
│   ┌─ 2023년 세법개정안 ──────────────────────┐   │
│   │ * 토지를 분필하거나 토지지분의 일부를 양도하는 경우 │
│   │ * 토지 일부양도일부터 2년이 되는 날이 속한 과세기간 종료일까지 나머지 토지를 │
│   │   동일인 또는 그 배우자에게 양도하는 경우에는 이를 하나의 거래로 보아 │
│   │   1억원의 감면한도를 적용하기로 했다.     │
│   └──────────────────────────────────────────┘ │
└─────────────────────────────────────────────────┘
```

16   정관 내용 부실하면 세무조사 받는다

'800억원대 성과급'을 둘러싼 임지훈 전 카카오 대표와 카카오간 법정 공방이 화제가 된 적이 있습니다. 두나무(가상화폐거래소 '업비트' 운영사) 투자로만 수익률 1만배를 기록해 세상을 깜짝 놀라게 한 임지훈 전 카카오 대표는 카카오벤처스(옛 케이큐브벤처스)를 상대로 800억원에 달하는 성과급지급을 요구했는데, 카카오벤처스가 이를 거절하자 법정다툼을 벌이게 되었습니다. 카카오벤처스가 임지훈 전 대표에게 성과급지급을 거절한 이유는 무엇일까요?

카카오벤처스는 "회계법인과 법무법인이 임지훈 전 대표와 카카오벤처스간 성과급 계약당시 카카오벤처스 주주총회와 이사회 결의를 거치지 않은 점"을 이유로 내세웠습니다. 상법상 펀드운용에 따른 성공보수계약을 변경하려면 주주총회와 이사회의 승인을 얻어야 하는데 주총과 이사회승인을 거치지 않았다는 것입니다. 카카오측은 "의사결정과정에 흠결이 있으므로 향후 법원 재판에서 성과급지급 유무와 범위가 결정되면 집행하겠다"는 입장입니다. 성과급을 주는 것은 맞는 것 같은데 주총과 이사회승인을 거치지 않았으니 법원의 판결을 받아서 주겠다는 것입니다.

카카오벤처스 소송사례에서 보듯이 주총과 이사회승인 등 상법상 법인의 운영에 관한 규정은 회사 대표의 입장에서 반드시 챙겨보아야 할 사항입니다. 우리나라 중소기업의 경우 회사의 대표는 대부분 소유자이면서 경영을 같이 합니다. 회사를 운영하며 대표가 소유자 주주로서 이익을 가져가는 부분도 있고 경영자로서 받아가는 급여도 있습니다. 그런데 대표로서 이 두 가지를 챙기려면 정관에 이 부문에 관한 규정이 반드시 있어야 합니다. 정관에 규정이 없는 지출은 상법과 세법에 저촉되어 대표와 회사 모두에 엄청난 경제적손실을 초래할 수 있습니다. 이에 법인대표가 반드시 챙겨야할 정관상 규정 3가지를 설명하고자 합니다.

첫째, 주식양도제한규정입니다. 회사를 운영하다 보면 부득이하게 차명주주가 발생할 수도 있습니다. 그리고 회사가 성장하면 외부주주가 들어오는 경우도 있습니다. 차명주주나 외부주주가 대표도 모르게 자신의 주식을 제3자에게 양도한 경우 회사경영에 상당한 위험을 초래할 수 있습니다. 제3자가 회사의 경영에 시시콜콜 간섭하는 경우도 생길 수 있다는 말입니다. 주주들이 대표도 모르게 주식을 양도하는 것을 막기 위해 정관상 '주식양도제한규정'을 넣을 필요가 있습니다.

상법 제335조 제1항에는 '주식은 타인에게 양도할 수 있습니다. 다만 회사는 정관으로 정하는 바에 따라 그 발행하는 주식의 양도에 관하여 이사회의 승인을 받도록 할 수 있다'고 규정하고 있습니다. 대표도 모르는 사람이 주주가 되는 것을 막기 위해 이 규정을 정관에 넣는게 좋습니다. 정관에 규정하면 법인등기부등본에 등기까지 마쳐야 효력이 생깁니다.

둘째, 임원보수와 퇴직금 규정입니다. "임원보수를 얼마로 하면 좋은가요?" 회사 대표들이 흔히 하는 질문입니다. 임원보수에 대한 상법과 세법상 규정은 다음과 같습니다. 상법 제338조(이사의 보수)에 '이사의 보수는 정관에 그 액수를 정하지 아니한때에는 주주총회의 결의로 이를 정한다'고 규정하고 있습니다. 법인세법 시행령 제44조(퇴직급여의 손금불산입)에는 '법인이 임원에게 지급한 퇴직급여중 다음 각호의 어느 하나에 해당하는 금액을 초과하는 금액은 손금에 산입하지 아니한다'고 규정하고 있습니다. 따라서 정관에 퇴직급여로 지급할 금액이 정하여진 경우에는 정관에 정하여진 금액이나, 상법과 세법의 규정에 따라 임원보수와 퇴직금은 회사가 줄 수 있는 형편에 맞게 급여 및 퇴직금지급한도를 정관에 규정할 필요가 있습니다. 회사의 상황과 형편에 맞지 않게 과도하게 급여와 퇴직금을 산정할 경우 '배임'에 해당(대법원 2014다11888판결) 하거나 손금부인될 수도 있습니다.

셋째, 배당에 관한 규정입니다. 상법 제462조의3 제1항에는 '연1회 결산기를 정한 회사는 영업연도중 1회에 한하여 이사회의 결의로 일정한 날을 정하여 그날의 주주에 대하여 이익을 배당할 수 있음을 정관으로 정할 수 있다'고 했습니다.

대표나 임원이 긴급자금이 필요하여 배당을 실시하더라도 정관에 규정없이 배당을 실시하면 효력이 없어 낭패를 볼 수 있습니다. 그러므로 정관에 정기배당과 중간배당에 관한 규정을 반드시 정해야 합니다.

17 어설픈 오피스텔 투자, 세금 폭탄 맞는다

양도소득세중에서 가장 파워풀한 절세혜택은 단연코 1세대1주택 비과세 혜택입니다. 강남의 고가주택을 양도하는 경우 엄청난 양도차익이 발생되어 양도소득세가 많이 나올 것 같지만 1세대1주택에 해당할 경우 부담해야 할 양도소득세는 그리 많지 않습니다. 그 이유는 1세대1주택의 경우 양도가액 12억원까지는 비과세가 되는데다 최대 양도차액의 80%까지 장기보유특별공제를 받을수 있기 때문입니다. 그런데 1세대1주택에 해당함에도 불구하고 양도인이 오피스텔을 보유하고 있는 경우에는, 뜻하지 않게 비과세 혜택은 커녕 세금폭탄을 맞고 눈물짓는 경우가 많이 발생하고 있어 주의가 필요합니다.

사례를 들어보겠습니다. K씨는 최근 강남의 주택을 45억원에 양도했습니다. 강남의 주택외에 다른 주택이 없었기 때문에 1세대1주택으로 판단해 양도소득세를 신고납부했습니다. 그런데 얼마 후 깜짝 놀랄 일이 벌어졌습니다. 과세관청으로부터 10억원의 세금을 추가로 납부하라는 고지서가 발송된 것입니다. K씨에게 도대체 무슨 일이 있었던 것일까요?

　강남주택 외에 특별한 수입이 없던 고령의 K씨는 수년전 투자가치가 좋은 오피스텔을 발견했습니다. 오피스텔가격은 2억3천만원이었습니다. 입지가 좋은데다 가격도 저렴해 가성비가 좋을 것으로 판단해 구입한 것입니다. 1억9천만원의 융자를 끼고 현금 4천만원으로 오피스텔을 매입했습니다. K씨는 오피스텔의 경우 주민등록 전입신고만 하지 않으면 업무용으로 보아 주택으로 보지 않는 것으로 착각했습니다. 그래서 K씨는 임차인에게 주민등록 전입신고를 하지 않는 조건으로 임대차 계약을 할 것을 제안했습니다. 그랬더니 오히려 '임차인이 전입신고를 하면 손해배상 해야 한다'는 특약까지 넣어도 좋다고 했습니다. 임차인은 자신의 직장에서 오피스텔이 가까워 출퇴근하기도 가까운 데다가 월세도 저렴해 빨리 계약을 성사시키고 싶었기 때문입니다. 임대인과 임차인 모두의 이해관계가 맞아 떨어져 서로에게 이득인 계약이었습니다.

제6장 실제 세무조사시 세금폭탄 사례

```
오피스텔 2억3천만원 매입,
→ 1억9천만원 융자 + 현금 4천만원
```

"주민등록전입신고만 하지 않으면 업무용으로 보아 주택으로 보지 않겠지!"

"주민등록전입신고만 하지 않으시면 됩니다!" — 김씨

"직장에서 오피스텔이 가깝고 월세도 저렴하니 좋네요! '전입신고시 손해배상해야 한다.'는 특약 넣으셔도 좋습니다!" — 임차인

임대인은 세입자가 전입신고를 안했으니 국세청에서 해당 오피스텔을 주거용으로 사용중인지를 모를거라 생각하여 자신의 주택을 양도후 1세대1주택비과세로 신고한 것입니다. 그런데 양도소득세 신고후 얼마후에 국세청에서 연락이 왔습니다.

"오피스텔을 한 채 보유하고 계신데, 저희가 실지조사를 나가보니, 오피스텔에 냉장고와 세탁기등 가전제품이 있고, 주거용으로 사용중이네요. 주거용오피스텔로 확인되어 주택수에 포함됩니다. 1세대2주택에 해당되어 양도소득세 세금과 가산세를 포함해서 10억원을 추가로 납부하셔야 합니다."

K씨는 청천벽력같은 세무조사관의 말에 자신의 귀를 의심할 수밖에 없었습니다. 임차인이 전입신고를 안했는데 어떻게 국세청에서 실지조사를 나온 것일까요? 왜, 하필 자기만 실지조사를 나온 것인지 억울해 했습니다. 그러자 국세청 조사관은 이렇게 말했습니다.

"같은 오피스텔 건물 입주민중 90%이상이 주거용으로 사용중입니다. 그래서 여기도 주거용으로 사용할 확률이 높을 것으로 보고 조사를 나오게 되었습니다."

최근 국세청에서는 K씨의 사례와 같이 고가주택양도자가 오피스텔을 소유한 경우에는 거의 전수조사 하듯이 세무조사를 실시하고 있습니다. 전입신고를 안하더라도 꼼짝없이 걸리게 되어있는 것입니다. 전입신고만 안하면 된다는 꼼수는 이제는

절대로 통하지 않습니다. 그러므로 처음부터 주거용오피스텔은 주택이라고 생각하고 투자하는 것이 바람직합니다.

K씨는 "2억3천만원 짜리 오피스텔 때문에 세금 10억원이 나온다면 차라리 오피스텔을 뺏어가라! 헌법 제37조 제2항에 의한 과잉금지의 원칙에도 반한다"며 항변하고 있습니다.

K씨의 사례와 같이 억울한 사례가 발생하는 이유는 각 세법 마다 오피스텔을 적용하는 기준이 다르기 때문입니다. 각 세법마다 오피스텔을 적용하는 혼란스러운 기준을 알아보겠습니다.

취득세의 경우는 오피스텔을 취득시 업무용으로 봅니다. 재산세와 종부세는 원칙이 업무용으로 보고 있습니다. 다만 주택임대사업자등록 또는 주거용으로 과세신청한 경우에는 주택으로 봅니다. 종합소득세와 양도소득세는 사실상용도로 판단합니다. 부가가치세의 경우 취득시는 업무용으로 보고 보유시는 사실상 용도로 판단합니다.

결론적으로 오피스텔 보유자가 다른 주택을 양도할 때는 오피스텔 실제 용도가 주거용이면 세금폭탄이 될 수 있습니다.

세법	오피스텔 적용 기준
취득세	업무용
재산세와 종부세	원칙은 업무용 (다만 주택임대사업자등록 또는 주거용으로 과세신청한 경우 주택으로 본다.)
종합소득세와 양도소득세	사실상용도
부가가치세	취득시는 업무용, 보유시는 사실상 용도

오피스텔 보유자가 다른 주택을 양도시
오피스텔 실제 용도가 주거용이면 세금폭탄!

제7장

세무조사에 대한 행정 및 사법적 대응

01 위법·부당한 세무조사는 어떻게 대처해야 하나요?

 세무조사란 어느 나라를 불문하고 과세권을 행사하려는 과세관청의 입장과 이를 수용해야만 하는 납세자 사이에 첨예한 이해 충돌이 발생할 수밖에 없는 영역입니다.

 세무조사에서 가장 본질적이고 중요한 사항인 세무조사 대상자의 선정, 집행방법 등이 법률에서 규정되지 않고 국세청 훈령사항인 조사사무처리규정으로 정해져 있어 자의적으로 해석될 여지가 많습니다. 실제로도 자의적 해석에 의한 세무조사와 그 결과에 대해 많은 납세자들의 조세저항이 있는 것도 사실입니다.

 만약 과세권의 자의적 해석에 따라 위법·부당한 세무조사가 이루어졌다면 당사자인 납세자는 어떻게 대응해야 할까요?

 위법·부당한 세무조사에 대해 납세자가 선택할 수 있는 권리구제 방법은 불복기간 이내와 불복기간 이후의 두 가지로 나누어 볼 수 있습니다.

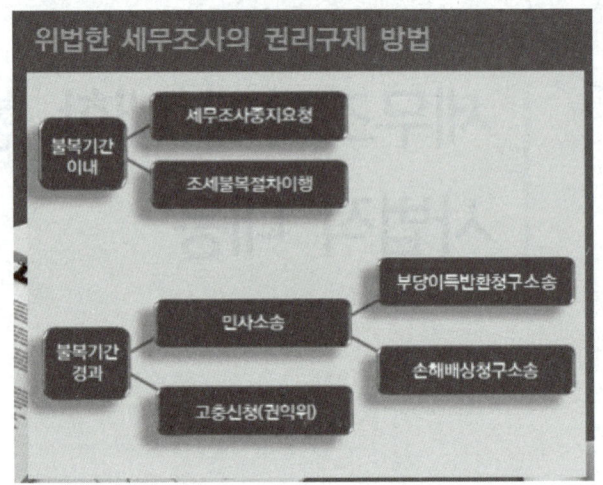

　과세관청의 세무조사 불복기간 이내라면 납세자는 세무조사 중지 요청과 조세불복에 대한 절차를 이행할 수 있습니다. 만약 불복기간이 경과했다면 민사소송을 통해 부당이득반환청구소송과 손해배상청구소송을 진행할 수 있고, 권익위에 고충신청을 해 이의제기를 할 수도 있습니다.

02　부당하게 세무조사 확대한 세무조사관 징계

　세무지식이 부족한 납세자는 세무서에서 세무조사 대상과 기간을 확대해 세무조사를 하겠다고 하면 크게 당황할 수밖에 없습니다. 이미 상당한 시간을 생업을 제쳐두고 세무조사에 시달려 왔는데 과세관청에서 세무조사대상과 기간을 더 연장하겠다고 한다면 도대체 어떻게 해야 할까요? 당황하지 말고 여기 한 사례를 참고하도록 하겠습니다.

　최근 OO세무서에서는 관내 A사업자의 정기세무조사를 실시하면서 세금탈루 증거자료가 확인되지 않자 탈세제보를 이유로 조사대상과 과세기간을 확대해 세무조사를 실시했습니다. 그런데 당시 세무조사를 실시한 담당 조사팀장이 세무조사권을 남용한 것으로 경징계 이상의 징계처분을 받게 되었습니다.

제7장 세무조사에 대한 행정 및 사법적 대응

담당 조사팀장이 세무조사와 관련해 징계를 받다니 도대체 ○○세무서에서는 무슨 일이 있었던 것일까요?

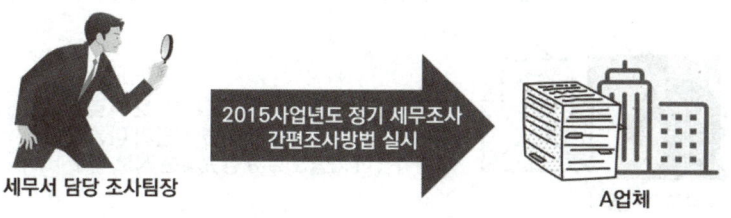

과거 감사원이 공개한 '납세자 권리보호 실태' 보고서에 따르면 ○○세무서는 A업체에 대한 2015사업년도 정기 세무조사를 간편조사 방법으로 실시했으나 조사과정에서 아무런 문제점을 발견하지 못하자 당초 조사대상 사업년도가 아닌 다른 사업년도로 조사범위를 확대했습니다. 조사범위 확대과정에서 구체적인 탈세증거자료가 없었는데도 불구하고 당초 조사대상 사업년도가 아닌 다른 사업년도로 조사대상범위를 확대했으며 조사범위 확대과정에서 관서장의 승인을 받거나 그 사유와 범위를 납세자에게 통지하지도 않았던 사실이 밝혀졌습니다.

당시 해당팀장은 A업체의 결산내역중 2015사업년도에 외주가공비 가공계상등 탈세여부를 조사했지만 아무런 문제점을 발견하지 못했습니다. 그러자 해당팀장은 정보의 구체성이 없어 다른세무서에서 누적자료로 관리하던 탈세제보자료를 이메일로 받아 A업체가 최근 3~4년간 주변 지인의 이름을 도용해 외주가공비를 가공으로 계상했다는 정보를 입수하고 A업체에게 2011~2014 사업년도의 외주가공비 관련 자료를 요구했습니다. 외주가공비 관련자료 요구에도 불구하고 A업체로부터 관련 상세자료를 제출받지 못하자 해당팀장은 2011~2014사업년도 중에 외주가공비를 가공계상 했다는 사실확인서를 사업자로부터 제출받고 세무조사를 종결해 종합소득세 수억원을 부과했습니다.

세무조사는 중대한 탈세 사실이 드러나기 전까지 법과 절차에 따라 정해진 범위 내에서만 추진해야 합니다. 국세기본법 제81조의 9에서는 "세무공무원은 구체적인 세금탈루 혐의가 여러 과세기간 또는 다른 세목까지 관련되는 것으로 확인되는 경우 등 대통령령으로 정하는 경우를 제외하고는 조사진행 중 세무조사의 범위를 확대할 수 없다."고 규정하고 있습니다.

세무조사 범위를 확대하려면, 구체적 사실과 근거가 있어야 하는데 해당팀장은 구체성이 떨어지는 탈세제보와 본인의 판단만으로 임의로 세무조사를 확대했으며 납세자측에 세무조사 확대사유를 전혀 알려주지 않는 등 정해진 세무조사 범위 확대 절차를 지키지 않았습니다.

감사원은 해당팀장이 구체적인 근거 없이 세무조사 범위를 확대한 것은 징계대상인 위법행정이라고 판단했습니다. 뿐만아니라 법을 위배하며 거두어 들인 세금은 정당한 사유에 따라 과세했어도 당연히 납세자에게 돌려주어야 한다고 통보했습니다.

감사원의 징계처분에 대해 해당팀장은 임의로 절차를 어기면서 세무조사를 확대한 것은 인정하면서도 탈세제보를 보고 직감적으로 의심이 들어 조사범위를 확대한 것이라고 해명했습니다.

비록 조사범위 확대 규정을 잘 몰라서 실수한 것 같다고 하면서도 내부자료를 통해 A업체에 대한 2011~2014년 세금신고 내역을 추가로 분석하면서 탈루 정황을 포착했으니 법을 위반한 것이 아니며 조세정의차원에서라도 과세하는 것이 맞다며 면책을 청구했습니다.

해당팀장의 면책청구에 대해 감사원은 해당팀장이 국세청 조사요원 실무 자격증, 경력, 조사팀장 교육 등 법령과 규정을 모를 수 없는 위치에 있다고 보아 A씨의 청구를 받아들이지 않았습니다.

결국 감사원은 조사팀장을 징계처분하고, 앞으로 세무조사 과정에서 위법·부당하게 조사범위를 확대해 납세자의 권익이 침해되는 일이 없도록 관계규정을 철저히 준수할 것 등을 OO세무서에 통보했습니다.

국세기본법에서는 "다른 과세기간·세목 또는 항목에 대한 구체적인 세금탈루 증거자료가 확인되어 다른 과세기간·세목 또는 항목에 대한 조사가 필요한 경우와 명백한 세금탈루 혐의 또는 세법 적용의 착오 등이 있는 조사대상 과세기간의 특정 항목이 다른 과세기간에도 있어 동일하거나 유사한 세금탈루 혐의 또는 **세법 적용 착오** 등이 있을 것으로 의심되어 다른 과세기간의 그 항목에 대한 조사가 **필요한 경우**" 이외에는 세무조사범위를 확대할 수 없도록 구체적으로 규정하고 있습니다.

이와 같은 국세기본법상의 세무조사 범위확대 규정을 잘 숙지한다면 세무조사도중 과세관청이 무리하게 세무조사 범위를 확대하여 납세자로서의 권익이 침해되는 일은 없을 것입니다.

> **국세기본법 제 81조 9**
>
> 세무공무원은 구체적인 세금탈루 혐의가 여러 과세기간 또는 다른 세목까지 관련되는 것으로 확인되는 경우 등 대통령령으로 정하는 경우를 제외하고는 조사진행 중 세무조사의 범위를 확대할 수 없다.

징계처분

① 세무조사 범위 확대하려면 구체적 사실 및 근거 있어야하나, 구체성 떨어지는 탈세제보와 본인의 판단으로 세무조사 확대
② 납세자 측에 세무조사 확대사유 알려주지 않음
☞ 해당 팀장은 징계 대상,
법을 위배하며 거두어 들인 세금은 납세자에게 돌려주어야 함

03 세무조사 받은 후 또 해명자료 요구, 중복조사일까?

국세청이 세무조사를 실시한 후 2년 뒤에 다시 '해명자료 제출 안내문'을 보내왔다면 해명자료제출 안내문이 세무조사에 해당되는 것일까요? 만일 세무조사에 해당된다면 이는 국세기본법에서 규정하고 있는 중복조사에 해당되므로 해명자료 제출 안내문 발송행위는 세무조사 업무 행정에 있어서 엄청나게 중요한 의미를 갖습니다.

이와 관련, 최근 법원에서 해명자료 제출 안내문이 세무조사가 맞고 중복조사에 해당된다는 판결이 나와 세정가의 뜨거운 이슈가 되고 있습니다.

사건을 살펴보면, 갑씨는 1986년도에 서울에 A아파트 한 채를 취득했고, 이어서 2013년 12월 13일 서울에 또 다른 B아파트를 취득하였습니다. 그러다가 기존에 보유하고 있던 A아파트를 2016년 3월 3일 양도했고, 관할세무서에 일시적 2주택자로 '비과세 규정'을 적용해 양도세를 신고 납부했습니다.

세법상 1세대2주택자가 1주택을 양도하는 경우에는 양도소득세 과세대상일 뿐만 아니라 중과세율을 적용하도록 되어있지만 새로운 주택을 취득한때로부터 3년 이내에 기존주택을 양도하면 일시적2주택자로 보아 양도소득세를 비과세 해주는 규정을 활용한 것입니다.

문제가 된 것은 갑씨가 배우자와 공동명의로 경기도에 갖고 있던 별장이었습니다. △△세무서에서 갑씨가 보유하고 있는 별장에 대해 주택으로 볼것인지 별장으로 볼 것인지 여부를 가리기 위해 세무조사를 나온 것입니다. 만일 세무조사결과 갑씨가 배우자와 공동명의로 보유하고 있는 별장을 주택으로 간주한다면 갑씨는 다주택자가 되어 비과세 신청했던 양도소득세 신고분에 대해 엄청난 세금폭탄이 발생할 상황이었습니다. 관할세무서에서는 이 사건 건물이 별장에 해당하는지 여부에 관해 조사한 다음 해당 건물이 별장에 해당한다고 보아 갑씨의 양도소득세 신고와 관련하여 1세대1주택비과세 적용이 적정하다고 인정하고 조사를 종결했습니다.

그런데 ○○지방국세청장은 2018년 11월 12일부터 29일까지 △△세무서에 대한 종합감사를 실시했고, 그 과정에서 00세무서에서는 갑씨에게 '2016년 양도소득세 조사 당시 제출된 서류만으로는 별장으로 보기 어려우므로, 필요한 관련 장부 및 증빙서류를 담당자에게 제출하라'는 내용의 '해명자료제출 안내문'을 발송했습니다.

해명자료 제출안내문에는 이렇게 적혀있었습니다. "○○지방국세청 감사와 관련하여 소득세법 제170조의 질문조사권 및 국세청 및 지방세무관서 감사 규정 제19조에 따라 아래 내용에 대하여 해명을 요구하오니 사실 확인에 필요한 관련 장부 및 증비서류를 2018년 11월 27일까지 담당자에게 제출하여 주시기 바랍니다."

갑씨는 이미 한 차례 양도소득세 세무조사를 받았는데 갑작스런 해명자료 제출 요구에 에너지경제연구원에서 발간한 '주택용전력수요 계절별 패턴 분석과 시사점'이라는 자료와 원고의 건강보험 요양급여내역, 카드사용 내역서등의 소명자료를 추가로 제출했고, ○○지방국세청 감사관실에 2017년 11월 22일과 같은 달 24일, 같은 달 27일 등 3차례 방문해 감사관을 면담했습니다.

갑씨는 이것이 법에서 금지하고 있는 '중복 세무조사'라고 주장하며 조세불복을 제기했습니다.

이에 대해 심판원은 국세청의 손을 들어주었고, 중복조사에 대해서는 "단순한 사실관계의 확인이나 통상적으로 이에 수반되는 간단한 질문조사에 그치는 것이어서 납세자 등으로서도 손쉽게 응답할 수 있을 것으로 기대되거나 납세자의 영업의 자유 등에도 큰 영향이 없는 경우에는 원칙적으로 중복조사금지의 전제가 되는 세무조사 또는 재조사가 금지되는 세무조사로 보기 어렵다(대법원 2017년 3월 16일. 선고 2014두8360 판결 참조)"라고 결정이유를 밝혔습니다.

반면 행정법원은 다음과 같은 이유로 갑씨의 손을 들어주었습니다.

○○지방국세청장은 이 사건 감사 과정에서 갑씨의 2016년도 양도소득세에 관한 1차 조사 당시 갑씨가 제출하였던 자료 등을 검토한 다음 00세무서로 하여금 갑씨에게 구 소득세법 제170조에 기한 질문조사권을 행사하여 1차 조사 때 이미 조사가 이루어졌던 '이 사건 건물이 별장에 해당하는지 여부'에 대해 다시 갑씨에게 추가로 자료를 제출하도록 요구하게 했습니다.

△△세무서가 2018년 11월 20일 갑씨에게 관련 자료 및 증빙서류의 제출을 요구하는 과정에서 그 법적 근거가 구 소득세법 제170조에 따른 질문조사권임을 분명히 밝힌 이상, 갑씨에게는 이와 같은 △△세무서의 요구에 성실하게 협력할 의무가 있었습니다. 이뿐만 아니라, 이에 대해 거짓으로 진술을 하거나 거부·기피하는 때에는 과태료가 부과될 수도 있는 상황이었습니다. 위와 같은 자료 제출 요구에 따라 원고는 카드사용 내역 등의 자료를 제출했고, 3회에 걸쳐 ○○지방국세청 감사관실에서 세무공무원의 질문 및 조사에 응했습니다.

2차 조사가 금지되는 재조사에 해당한다는 갑씨의 주장이 이유 있는 이상 갑씨의 나머지 주장에 관해 더 나아가 살펴 볼 필요 없이 △△세무서의 이 사건 처분은 위법하다고 판결했습니다(2020구합 59468 양도소득세 부과처분취소 참조).

04 납세자보호위원회는 무엇을 하는 곳인가요?

불복기간 이내에 조치할 수 있는 세무조사 중지 요청은 국세청에 있는 납세자보호위원회를 통해 진행할 수 있습니다.

2008년 처음으로 지방청 및 세무서에 설치된 납세자보호위원회는 2014년에 법

제화되어 2018년에는 국세청에도 설치해 납세자가 언제든 편하게 접근할 수 있도록 운영하고 있습니다.

납세자보호위원회의 설치 목적은 세무조사로 인한 과세관청과 납세자 사이의 첨예한 충돌을 방지하기 위함입니다. 납세자는 납세자보호위원회를 통해 권익침해상황을 알릴 수 있고, 납세자보호위원회는 과세관청의 세무조사가 위법·부당한 세무조사로 판명이 날 경우 조사중지 요청을 할 수 있습니다.

위법·부당한 세무조사를 받게 된 납세자라면 자신의 권익보호를 위해 적극적으로 국세청 납세자보호위원회를 활용할 필요가 있습니다. 실제로 일선 세무서의 위법·부당한 세무조사행위에 대해 납세자가 국세청납세자보호위원회에 권리구제를 요청한 결과 세무조사중지명령이 내려지는 경우가 빈번하게 발생하고 있습니다.

그렇다면 납세자보호위원회의 심의는 어떤 경우에 진행이 되며 어떤 과정을 통해 결론이 지어지는지 자세히 살펴보겠습니다.

먼저 지방청과 각 세무서의 납세자보호위원회의 심의 대상이 되는 경우는 다음과 같습니다.
① 위법·부당한 세무조사 및 세무공무원의 위법·부당한 행위
② 중소규모 납세자의 세무조사 기간 연장·범위 확대에 대한 이의 제기
③ 대규모 납세자의 세무조사 기간 연장·범위 확대
④ 장부 등의 일시 보관 기간 연장

⑤ 그밖에 납세자의 권리보호를 위해 납세자보호담당관이 심의가 필요하다고 인정하는 안건(고충 민원 등)

위의 항목을 충족하는 경우 납세자는 납세자보호위원회에 심의를 요청할 수 있습니다. 납세자는 ①번과 ②번 항목에 관한 의견을 위원회에 출석해 진술합니다.

지방청과 각 세무서 납세자보호위원회의 심의를 거친 결정(위의 ①~③ 항목)에 이의가 있는 경우에는 결정 통지를 받은 날부터 7일 이내에 국세청장(국세청 납세자보호위원회)에게 재심을 요청할 수 있습니다.

납세자보호위원회는 세무조사권의 남용을 근절하기 위한 제도도 마련하고 있습니다. 첫째로, 납세자보호위원회가 조사 공무원의 행위를 위법·부당한 것으로 의결하면 조사대상자는 조사팀 교체를 신청할 수 있습니다. 둘째로, 영세자영업자는 세무조사를 받을 때 납세자보호담당관에게 세무조사 입회를 신청해 도움을 받을 수 있습니다.

납세자보호위원회는 세무관서로부터 독립적으로 운영하기 위하여 외부위원이 내부위원보다 많게 구성되어 있으며 위원장은 외부위원이 맡도록 되어 있습니다. 전국 지방국세청 6곳에 외부위원 10명, 내부위원 8명 등 총 18명으로 구성되어 있으며, 전국 세무서 118곳에 외부위원 8명, 내부위원 6명 등 총 14명으로 이뤄져 있습니다.

국세청 납세자보호위원회는 기재부 등 외부기관이 추천한 전문가들로 구성되어 운영됩니다.

납세자보호위원회의 설치 목적은 세무조사 등으로 인한 과세관청과 납세자 사이의 첨예한 충돌을 방지하기 위함입니다. 납세자는 납세자보호위원회를 통해 권익침해상황을 알릴 수 있고, 납세자보호위원회는 과세관청의 세무조사가 위법·부당한 세무조사라고 판단이 서면 관할세무서나 지방국세청에 세무조사중지등의 요청을 할 수 있습니다.

그러므로 위법·부당한 세무조사를 받게 된 납세자라면 자신의 권익보호를 위해 적극적으로 국세청 납세자보호위원회를 활용할 필요가 있습니다.

실제 일선 세무서의 위법·부당한 세무조사행위에 대해 불만을 품은 납세자가 국세청 납세자보호위원회에 권리구제를 요청한 결과 세무조사 중지명령 등이 내려지는 경우가 빈번합니다.

납세자는 과세관청의 위법·부당한 세무조사 및 세무공무원의 위법·부당한 행위, 부당한 세무조사 기간연장, 부당한 세무조사 범위확대 등의 행정처분에 대해 납세자보호위원회에 심의를 요청할 수 있습니다.

권리보호심의 요청을 받은 납세자보호위원회에서는 과세관청의 위법부당성 여부에 대해 심리를 하며 20일 이내에 납세자에게 심의결과를 통지해야 합니다.

납세자가 지방국세청이나 각 세무서 납세자보호위원회에 심의요청을 하여 결정 통지를 받았는데 그 결정이 불만족스러운 경우에는 결정 통지를 받은 날부터 7일 이내에 국세청 납세자보호위원회에 재심을 요청할 수 있습니다.

탈세 제보가 중복조사에 해당된다고 본 실제 사례의 경우는 이렇습니다.

나중복씨는 최근 세무조사를 받았는데 갑자기 세무서에서 또다시 세무조사를 나오겠다는 통지서를 받았습니다. "아니 세무조사를 받은 지 얼마나 되었다고 세무조사를 또 나오느냐?"라고 관할 세무서에 항의했더니 탈세 제보가 접수되어 어쩔 수 없다는 설명이었습니다. 억울하고 답답한 마음에 나중복 씨는 국세청 납세자보호위원회에 권리구제를 요청했습니다.

과연 국세청 납세자보호위원회는 나중복 씨의 심의요청에 대해 어떤 결정을 내렸을까요?

국세청 납세자보호원회에서는 사건을 심의한 결과, 조사청이 수집한 과세자료는 조세탈루 혐의를 인정할 만한 명백한 자료로 보기어렵다고 판단해 재조사가 허용되는 예외적인 경우로 볼 수 없다고 결정해 관할 세무서에 조사중지 명령을 내렸습니다.

또 다른 사례는 금융위원회 과징금 부과자료가 중복조사에 해당한 경우입니다.

금융위원회는 증자대금 납입금에 대해 조사를 한 결과 증자대금을 허위로 기재한 자에 대해 금융거래실명법에 따라 처벌하고 국세청에 증여세 과세자료를 통보했습니다.

이에 국세청에서는 금융감독원으로부터 통보받은 자료를 바탕으로 해당 납세자를 증여세 조사대상으로 선정해 세무조사를 착수했습니다.

하지만 세무조사를 통지받은 납세자는 금융감독원으로부터 국세청이 통보받은 자료는 이미 세무조사를 받은 자료이니 중복조사에 해당한다며 국세청 납세자보호위원회에 세무조사를 중지해줄 것을 심의 요청했습니다.

심의 요청을 받은 국세청 납세자보호위원회는 금융감독원으로부터 통보받은 자료에 의한 세무조사는 납세자가 이미 세무조사를 받은 바 있어 중복조사를 할 수 있는 예외적인 경우에 해당하는 것으로 볼 수 없다며 납세자의 손을 들어 주었고 일선 세무서에 조사중지 명령을 내렸습니다.

이는 모두 억울하게 세무조사를 받게된 납세자가 국세청 납세자보호위원회에 심의요청을 한 결과 세무조사중지명령이 내려진 사례입니다. 이같은 사례를 잘 숙지하여 과세관청의 위법·부당한행위로 인해 납세자로서의 권익이 침해당하는 일이 없어야 하겠습니다.

05 조세불복절차 이행은 어떻게 하는 건가요?

세금은 국가가 국민을 상대로 강제로 징수하는 것이기 때문에 조세권이 남용되면 국민의 재산권을 크게 침해할 수 있습니다. 그렇기때문에 과세관청으로부터 납세자가 권리나 이익을 침해받았다고 판단되는 경우라면 납세자의 권리를 구제받을 수 있는 제도가 필요합니다. 세법은 그러한 내용을 법으로 만들어 놓았는데 그것이 바로 조세불복제도입니다.

조세불복제도는 사전적 권리구제제도와 사후적 권리구제제도 이 두 가지로 크게 나누어 볼 수 있습니다.

1. 사전적 권리구제제도(과세전적부심사제도)

사전적 권리구제제도는 세금이 고지되기 전에 사전 예방차원에서 과세의 타당성을 담보하기 위해 과세예고통지서를 받았을 때 신청하는 제도입니다. 다른 말로 과세전적부심사제도라고도 합니다.

과세전적부심사제도는 국세기본법 제81조의 15에 규정된 제도입니다. 이 제도는 우선 세무조사를 실시하고 그 조사결과를 납세자에게 통지합니다. 또한 업무감사 및 과세자료에 의해 고지처분하는 경우 과세예고를 통해 과세할 내용을 미리 납세자에게 알려줍니다. 납세자가 그 내용에 대해 이의가 있을 때 과세예고의 적법 여부에 대해 심사를 청구할 수 있습니다.

납세자가 과세전적부심사를 청구하려면 세무조사결과통지서 또는 과세예고통지서를 받은 날부터 30일 이내에 통지서를 보낸 해당 세무서장, 지방국세청장에게 청구서를 제출해야 합니다.

만약 쟁점사항이 국세청장의 유권해석을 변경해야 하거나 새로운 해석이 필요한 경우, 국세청장의 감사지적에 의한 경우 및 청구세액이 10억원 이상인 경우에는 국세청장에게 제출할 수 있습니다. 과세전적부심사청구서를 접수한 세무서장이나 지방국세청장은 이를 심사해 국세심사위원회의 심의를 거쳐 결정을 한 후 청구를 받은 날부터 30일 이내에 납세자에게 그 결과를 통지해야 합니다(국기령 제63조의15 제1항 제5호).

과세전적부심사제도의 신청방법은 과세전적부심사청구서와 관련 증빙서류를 작성해 세무서에 직접 제출하거나 우편으로 접수, 또는 홈텍스(www.hometax.go.kr)를 통해 제출하면 됩니다.

2. 사후적 권리구제제도

사후적 권리구제제도는 세금이 고지가 된 후에 진행할 수 있는 법적 권리구제 방법을 말합니다.

먼저 사후적 권리구제제도 1단계는 다음과 같이 진행됩니다.

① 세무서 또는 지방국세청에 제기하는 이의신청

② 국세청에 제기하는 심사청구

③ 국무총리실 조세심판원에 제기하는 심판청구

④ 감사원에 제기하는 감사원 심사청구

만약 1단계 방법으로도 납세자가 구제받지 못한 경우라면 2단계로 다음과 같이 진행할 수 있습니다.

⑤ 행정소송법에 의해 법원에 제기하는 행정소송

사후적 권리구제 절차의 흐름을 그림으로 표현하면 다음과 같습니다.

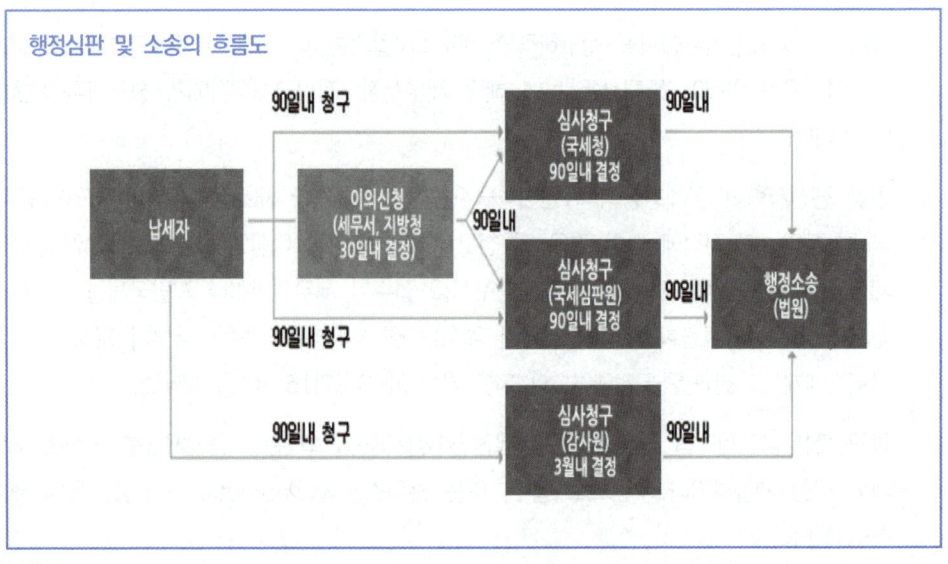

납세자가 이의신청을 거치는 경우와 거치지 않는 경우에 따라 어떻게 진행 상황이 달라지는지 자세히 살펴보겠습니다.

제7장 세무조사에 대한 행정 및 사법적 대응

■ 이의신청을 거치는 경우
- 납세고지서를 통지한 세무서(접수처 : 민원봉사실)에 직접 또는 우편으로 제출합니다.
- 납세고지서를 받은 날부터 90일 이내에 이의신청서를 제출해야 합니다. 이 기한을 넘기면 이의신청을 하더라도 본안심리 즉, 청구하는 주장 내용이 옳은지 그른지를 다루지 아니하고 '각하' 결정하므로 특히 유의해야 합니다.
- 불복청구기한은 '불변기한'이기 때문에 단 하루라도 넘기면 부적합한 청구로서 '각하' 결정하므로 유의해야 합니다.
- 이의 신청 후 심사청구(국세청장 대상) 또는 심판청구(조세심판원장 대상) 중 하나를 선택할 수 있습니다.

■ 이의신청을 거치지 않은 경우
- 납세고지서를 받은 날로부터 90일 이내에 국세청에 심사청구를 하든지 조세심판원에 심판청구를 선택해 할 수 있습니다.

이렇게 이의신청이나 심사청구 또는 심판청구를 거치지 않고 납세자는 납세고지서를 받은 날로부터 90일 이내에 바로 감사원에 심사청구를 할 수도 있습니다. 어떤 절차를 밟는 것이 좋을지는 개인의 상황마다 다르기 때문에 세무전문가와 상의를 거쳐 선택하는 것이 권리구제에 유익합니다.

06 고충청구제도는 어떻게 활용해야 하나요?

조세불복 방법인 이의신청서, 심사청구서의 양식을 살펴보면 각종 청구는 처분통지를 받은 날 또는 처분이 있는 것을 처음으로 안 날로부터 90일 이내에 하도록 되어 있습니다. 만일 기간이 지났다면 앞서 설명한 법적 절차를 밟을 수가 없게 됩니다. 따라서 억울하게 부당한 납세고지서를 받았다고 판단되는 납세자라면 신청기일을 지나치지 않도록 주의해야 합니다.

그렇다면 불복청구 신청기일이 지났을 때는 어떻게 해야 할까요? 정말 구제될

방법이 없는 걸까요? 다행히도 여러 가지 방법들이 남아 있습니다. 그중에서 고충청구제도에 대해 자세히 살펴보겠습니다.

고충청구제도는 불복기한을 넘긴 납세자를 구제하기 위해 마련된 제도입니다. 고충청구제도를 이용하는 방법에는 크게 두 가지 방법이 있습니다.

1. 납세자보호담당관실을 활용하는 방법

각 세무서와 지방국세청, 국세청에는 납세자보호담당관실이 있습니다. 납세자보호담당관실에서는 납세자의 세금과 관련한 애로 및 불편사항에 대한 고충을 해결해주는 업무를 주로 하고 있습니다.

만약 납세자가 납세고지서에 대한 불복청구기한을 놓쳤을 경우에는 세무서나 지방국세청, 국세청의 납세자 보호 담당관실에 고충청구서를 접수하는 방법을 고려해 볼 수 있습니다.

2. 국민권익위원회를 활용하는 방법

2008년 출범한 국민권익위원회는 위법이거나 불합리한 행정, 제도로 인한 국민의 어려움을 해결하는 중앙행정기관입니다. 국민권익위원회에는 국세청 직원이 상주해 납세자의 고충을 해결해주는 업무를 하고 있습니다. 따라서 납세자가 납세고지서상의 불복청구기한을 놓쳤을 경우 국민권익위원회에 고충청구서를 접수하는 방법을 고려해 볼 수 있습니다.

납세자의 고충을 국민권익위원회에서 심의한 결과, 위법이거나 불합리한 행정처분이라고 결정되면 국세청에 이를 취소하거나 재조사할 것을 권고할 수 있습니다.

07 이럴 때는 국세청이 아무리 과세해도 취소될 수 있다

과거 권위주의 정권시절에 납세자에 대한 세무조사는 부과제척기간인 5년이 지나지 않았으면 거듭 실시되어도 시비거리가 되지 않았습니다. 그래서 정권교체기에 정권에 밉보인 일부기업들이 표적 세무조사를 받고 가혹한 세무조사의 칼날에 결국 회사문을 닫게 됐던 사례를 우리는 익히 알고 있습니다. 그러나 이제는 국세청의 재량에 맡겨졌던 표적 세무조사는 옛말이 되어가고 있습니다.

> **과거**
> -〉 권위주의 정권시절, 부과제척기간인 5년이 지나지 않았으면 거듭 실시되어도 시비거리가 되지 않았음
> -〉 정권교체기에 정권에 밉보인 일부 기업들이 표적 세무조사 대상이 되어 가혹한 세무조사를 받아 회사 문을 닫기도 했음
>
> VS
>
> **현재**
> -〉 국세청의 밀실 속에서만 다뤄졌던 세무조사업무가 '조사사무처리규정'이라는 이름으로 세상에 나오게 됨
> -〉 신설된 국세기본법 제7장의2에 납세자의 권리가 규정됨

국세청의 밀실 속에서만 다뤄졌던 세무조사업무가 조사사무처리규정이라는 이름으로 세상에 나오게 됐고, 신설된 국세기본법 제7장의2에 납세자의 권리가 규정되게 됐기 때문입니다. 2010년 국세기본법 제81조의4 세무조사권 남용금지 조항이 정비된 이후 대법원은 세무조사의 위법성에 대해 단호한 태도를 이어가고 있습니다.

>
> - 2010년 국세기본법 제 81조의 4 세무조사권 남용금지 조항이 정비된 이후 대법원은 세무조사의 위법성에 대해 단호한 태도 유지
> - 세무조사관들의 조사권 남용금지 조항을 엄격하게 해석 → 납세자의 권리 보호
> → 납세자의 권익보호와 선진세정 구현을 위해 매우 고무적인 일

법원은 세무조사관들의 조사권 남용금지 조항을 엄격하게 해석해 납세자의 권리를 보호해 주고 있는데 이는 납세자의 권익보호와 선진세정 구현을 위해서 매우 고무적인 일이라고 할 것입니다. 납세자 입장에서는 국세기본법에서 정하고 있는 세무조사권 남용금지 원칙을 위반한 이유로 법원에서 국세청이 패소한 사례를 잘 숙지할 필요가 있습니다.

세무서로부터 납세고지서를 통보받은 경우에도 과세관청의 세무조사가 위법한 사유에 해당된다는 법원의 판결을 받으면 세무서에서 결정고지한 모든 세금은 당연히 취소되기 때문입니다. 그렇다면 납세자가 세무조사를 받은 후 조세불복을 통해 과세가 취소된 사례는 어떤 경우일까요?

1) 억압적인 강요로 작성된 문서는 무효다(대법원 1988.03.08. 선고 88누49).

세무조사관들은 세무조사가 종결되면 최종적으로 납세자를 상대로 문답서를 작성하게 되는데 이때 작성한 문답서의 내용은 법적 구속력을 갖습니다. 사례의 경우 세무조사관들이 조사가 종결된후 납세자 갑을 상대로 문답서를 작성하는 과정에서 조사공무원이 납세자 갑으로 하여금 문답서에 서명날인 할 것을 억압적으로 강요한 경우입니다.

만약 문답서 날인에 불응할 때에는 조세범 처벌법 등으로 입건함과 동시에 개인사업체에 대해 세무사찰을 하겠다고 경고하는 등 서명날인을 강력히 유도해 납세자는 어쩔 수 없이 문답서에 서명날인을 하고 말았습니다. 결국 세무조사 결과에 불만을 품은 납세자가 조세불복을 법원에 제기했고 이에 법원은 조사과정에서 일방적이고 억압적인 강

요로 문답서를 작성한 것으로 판단해 세무조사결과로 부과된 세금을 취소하라고 판결했습니다.

2) 과세예고통지를 안 한 것은 위법(대법원 2016.04.15. 2015두 52326)

세무조사가 종결되면 납세고지서를 발부하기 전에 과세예고통지를 하도록 되어 있습니다. 그런데 과세관청이 과세처분에 앞서 필수적으로 행해야 될 과세예고통지를 생략했다면 어떤 일이 벌어질까요?

과세예고통지를 받지 못함으로써 과세전적부심사의 기회를 상실한 납세자가 법원에 소송을 제기했는데 대법원에서는 과세관청이 과세예고통지를 하지 않은 것은 납세자의 절차적 권리를 침해한 것으로서 중대한 하자에 해당하므로 과세처분은 위법하다고 판결했습니다.

과세관청이 행정집행과정에서 절차적규정을 생략하는 바람에 엄청난 행정력이 동원된 세무조사 후 결정된 추징세금이 무효판결을 받은 것입니다.

3) 다른 목적의 세무조사는 금지(대법원 2016.12.15. 2016두 47659)

이 사례는 국세청 직원이 지인으로부터 토지매매 관련 분쟁과 관련해 청탁을 받았던 사례입니다. 청탁내용은 ○○○이 탈세를 했으니 ○○○에 대한 탈세 제보를 해달라는 내용이었습니다. 국세청 직원은 1년에 1건 이상 의무적으로 자체 탈세 제보자료를 제출하도록 되어있으므로 국세청 전산망을 이용해 탈세 정보자료를 쉽게 작성해 제출할 수 있습니다.

국세청직원이 청탁을 받아 작성한 탈세제보자료에 의해 결국 ○○○은 관할 세무서로부터 세무조사를 받았고 엄청난 세금을 부과 받았습니다. 세무조사 결과, 국세청 직원이 연루된 사실을 알게 된 ○○○은 조세불복절차로 법원에 세무조사의 부당성에 대해 소송을 제기했습니다. 국세청직원이 청탁을 받아 이루어진 세무조사결과에 대해 대법원은 어떤 판결을 내렸을까요?

대법원은 세무공무원이 개인적인 이익을 위해 그 권한을 남용해 세무조사 자료를 수집하고 위법으로 수집된 과세자료로 세금을 부과한 것은 부당하다며 납세자의 손을 들어줬습니다. 아무리 탈세 사실이 인정된다고 할지라도 세무조사의 절차적 정당성이 유지되어야 한다는 취지의 판결입니다.

위의 사례에서 보듯이 대법원은 세무조사의 위법성에 대해 단호한 태도를 이어가고 있습니다.

납세자와 과세관청간에 정보의 비대칭적 우위를 가지고 있는 과세관청의 세무조사관들이 세무조사의 경우에 권한을 남용해서는 안될 것입니다. 세무조사관들의 권한이 남용되고 인정될 경우 납세자의 정상적인 경영활동이 마비되는 등 납세자가 겪는 고통은 상상 이상일 것이기 때문입니다. 그래서 세무조사의 절차적 중요성을 일관되게 강조하는 법원의 판결은 납세자들에게 상당히 고무적인 일로 받아들여지고 있습니다.

08 전심절차 관련 조세소송의 사례를 알려주세요!

납세자가 조세소송을 하려면 먼저 국세기본법에 따라 이의신청, 심사청구, 조세심판청구를 거쳐야 합니다. 소송으로 가기 위한 이러한 절차를 전심절차라고 합니다. 그런데 전심절차를 거치지 않고도 바로 조세소송을 제기할 수 있는 경우가 있습니다. 부당이득금 반환청구 소송, 손해배상금청구 소송입니다.

과세관청을 상대로 부당이득금 반환청구 소송을 해서 승소를 하려면 과세관청의 징수가 법률상의 근거가 없거나 과세처분의 하자가 중대하고 명백해 당연 무효임을 납세자가 입증해야 합니다.

하지만 전심절차를 거치지 않은 경우 과세관청을 상대로 승소한다는 것은 상당히 어려운 일입니다. 괜히 불복기한을 놓쳐 불필요한 소송까지 가지 않으려면 납세자 스스로 특별한 주의를 기울여야 하겠습니다.

다음은 조세소송의 사례들입니다.

제7장 세무조사에 대한 행정 및 사법적 대응

> **사례 1**
> **대법2012두20618 (2014.12.11)**
> [제목] 제2차 납세의무자에 대한 부과처분에 대해 전심절차를 거치지 아니하고 제기한 소는 부적법함.
> [요약] 이 사건 제2차 처분(제2차 납세의무자에 대한 부과처분)은, 과세관청이 과세처분을 변경한 경우에도 해당하지 않으며, 같은 행정처분으로 수인이 같은 의무를 부담하게 되는 경우에도 해당하지 않으므로, 원고들이 이 사건 제2차 처분에 대해 전심절차를 거치지 않을 이유가 없음.
> [결정유형] 국승

> **사례 2**
> **서울고법2019누65094 (2020.05.27)**
> [제목] 이 사건 소는 전심절차 미경유로 각하 대상임.
> [요약] 위법한 처분에 대한 행정소송은 행정소송법 제18조 제1항 본문, 제2항 및 제3항에도 불구하고 심사청구 또는 심판청구와 그에 대한 결정을 거치지 아니하면 이를 제기할 수 없다고 규정하고 있어 이 사건 소는 전심절차를 거치지 않아 각하 대상임.
> [결정유형] 국승

09 부당한 중복조사는 중지 명령이 가능하다구요?

한 번 받은 세무조사가 또다시 반복되는 중복조사가 이뤄질 때가 있습니다. 납세자 입장에서 그 조사가 부당하다고 판단되면 어떻게 해야 할까요? 어떤 경우에 중복조사의 중지 명령이 가능한지 그 다양한 사례들을 살펴보겠습니다.

사례 1
탈세 제보가 중복조사에 해당한 사례 (국세청납보 2019-15)

나중복 씨는 최근 세무조사를 받았는데 갑자기 세무서에서 또다시 세무조사를 나오겠다는 통지서를 받았습니다. "아니 세무조사를 받은 지 얼마나 되었다고 세무조사를 또 나오느냐?"라고 관할 세무서에 항의했더니 탈세 제보가 접수되어 어쩔 수 없다는 설명이었습니다.

억울해진 나중복 씨는 국세청 납세자보호위원회에 권리구제를 요청했습니다. 과연 국세청 납세자보호위원회는 나중복 씨의 심의요청에 대해 어떤 결정을 내렸을까요?

국세청 납세자보호원회에서는 사건을 심의한 결과, 조사청이 수집한 과세자료는 탈세혐의에 대한 증빙으로 보기에는 명확성, 신빙성이 떨어진다고 판단했습니다. 또한 매출액 및 거래처 수가 극히 일부에 그쳐 전체현황을 파악하기도 어렵다고 판단했습니다. 게다가 조사청은 변칙 회계처리금액을 추정해 도출했을 뿐, 조세탈루 혐의를 인정할 만한 명백한 자료가 있다고 보기 어렵다고 판단했습니다. 이에 납세자보호위원회는 재조사가 허용되는 예외적인 경우로 볼 수 없다고 결정해 관할 세무서에 조사중지 명령을 내렸습니다.

탈세제보가 명백하지 않다고 한 사례

조사청이 수집한 과세자료는 탈세혐의에 대한 증빙으로 보기에는 명확성.신빙성이 떨어지고, 직원.매출액 및 거래처 수가 극히 일부에 그쳐 전체현황을 파악하기도 어렵다고 판단된다. 또한 조사청은 변칙 회계처리 금액을 추정하여 도출하였을 뿐 조세탈루 혐의를 인정할 만한 명백한 자료가 있다고 보기 어려워 **재조사가 허용되는 예외적인 경우로 볼수 없다고 할것이다.**

(국세청납보 2019-15)

제7장 세무조사에 대한 행정 및 사법적 대응

사례 2
금융위원회 과징금 부과자료가 중복조사에 해당한 사례 (국세청납보 2018-29)

금융위원회는 증자대금 납입금에 대해 조사를 한 결과 증자대금을 허위로 기재한 자에 대해 금융거래실명법에 따라 처벌하고 국세청에 증여세 과세자료를 통보했습니다. 이에 국세청에서는 금융감독원으로부터 통보받은 자료를 바탕으로 해당 납세자를 증여세 조사대상으로 선정해 세무조사를 착수했습니다.

하지만 세무조사를 통지받은 납세자는 금융감독원으로부터 국세청이 통보받은 자료는 이미 세무조사를 받은 자료이니 중복조사에 해당한다며 국세청 납세자보호위원회에 세무조사를 중지해줄 것을 심의 요청했습니다.

심의 요청을 받은 국세청 납세자보호위원회는 금융감독원으로부터 통보받은 자료에 의한 세무조사는 납세자가 이미 세무조사를 받은 바 있어 중복조사를 할 수 있는 예외적인 경우에 해당하는 것으로 볼 수 없다며 납세자의 손을 들어 주었고 일선 세무서에 조사중지 명령을 내렸습니다.

중복세무조사 예외사유 (금융위원회 과징금부과)

- 금융위원회 과징금부과(증자대금납입자 허위기재) : 국세청 통보
- 명의신탁 증여세조사
- 금융위원회의 제재대상사실 및 과징금 부과에 대한 자료가 금융위원회의 조사에 기반한 객관적인 자료라는 점을 전제하더라도 금융감독원 통보자료에 기재된 사항을 뒷받침할 만한 증빙 등이 확인되지 아니한 2008년 과세연도 증여세 조사는 중복세무조사를 할 수 있는 예외적인 경우에 해당하는 것으로 볼 수 없음.

(국세청 납보 2018-29)

사례 3
주식양도에 대한 해명안내문도 세무조사에 해당한 사례 (국세청납보 2019-009)

종로세무서는 요청인이 특수관계자에게 양도한 대가가 시가보다 현저히 낮아 저가양도에 따른 양도소득세 과세 검토대상으로 확인된다며 요청인에게 주식양도에 대한 해명안내문을 발송했습니다.

요청인의 세무대리인은 세무서를 방문해 주식거래 대가 결정과정을 통해 비록 특수관계자 간의 거래이긴 하지만 거래가액 결정의 객관성이 인증되는 경우임을 진술했습니다. 여기에 7페이지의 소명서와 주주총회 의사록, 주식가치 평가보고서, 이사회 의사록, 송금확인증 등 총 8가지 증빙자료를 제출했습니다.

종로세무서는 2개월의 경과 후에 요청인의 거래를 정상적 거래로 판단하고 기획점검을 종결했습니다. 덧붙여 실질적으로 과세표준과 세액을 결정 또는 경정하기 위해 2개월 이상의 상당한 시일 동안 소명자료를 검토했으므로 특별한 사정이 없는 한 이는 세무조사에 해당한다고 결정했습니다. 그 결과로 종로세무서의 요청인에 대한 세무조사는 중복조사에 해당한다며 세무조사 중지명령이 내려졌습니다.

주식양도에 대한 해명안내문도 세무조사

종로세무서는 요청인이 특수관계자에게 양도한 대가가 시가보다 현저히 낮아 저가양도에 따른 양도소득세 과세 검토대상으로 확인되므로 요청인에게 소명을 요구하는 주식양도에 대한 해명 안내문을 발송. 요청인의 세무대리인은 세무서를 방문해 주식거래대가 결정과정을 통하여 비록 특수관계자간 거래이긴 하지만 거래가액 결정의 객관성이 인증되는 경우임을 진술하며 7페이지의 소명서 및 주주총회 의사록, 주식가치 평가보고서, 이사회의사록, 송금확인증 등 8가지 증빙자료를 제출.
종로세무서는 2개월 경과 후 정상적 거래로 판단, 기획점검을 종결. 실질적으로 과세표준과 세액을 결정 또는 경정하기 위해 2개월 이상의 상당한 시일에 걸쳐 소명자료를 검토하였으므로 특별한 사정이 없는 한 세무조사에 해당.

(국세청납보 2019-009)

사례 4

중복조사 예외사유 (국세청납보 2018-29)

금융위원회는 증자대금을 허위로 납입한 ○○○에 대해 금융제재를 내리고 국세청에 명의신탁 증여세조사대상자로 통보했습니다. 일선 세무서로부터 세무조사를 받게 된 ○○○은 자신에 대한 세무조사는 중복조사에 해당한다며 국세청 납세자보호위원회에 고충을 신청했습니다.

이후 납세자보호위원회의 심의 결과, 금융위원회의 제재대상 사실과 과징금 부과에 대한 자료가 금융위원회의 조사에 기반한 객관적인 자료라는 점을 전제하더라도 금융감독원 통보자료에 기재된 사항을 뒷받침할 만한 증빙 등이 확인되지 않는다고 판단했습니다. 이에 ○○○에 대한 세무조사는 중복세무조사를 할 수 있는 예외적인 경우에 해당한다고 볼 수 없다고 결정해 관할 세무서에 조사중지명령을 내렸습니다.

중복세무조사 예외사유(금융위원회 과징금부과)

- 금융위원회 과징금부과(증자대금납입자 허위기재) : 국세청 통보
- 명의신탁 증여세조사
- 금융위원회의 제재대상사실 및 과징금 부과에 대한 자료가 금융위원회의 조사에 기반한 객관적인 자료라는 점을 전제하더라도 금융감독원 통보자료에 기재된 사항을 뒷받침할 만한 증빙 등이 확인되지 아니한 2008년 과세연도 증여세조사는 중복세무조사를 할 수 있는 예외적인 경우에 해당하는 것으로 볼 수 없음.

(국세청 납보 2018-29)

사례 5

1차 조사자료로 판단만 달리한 감사원 처분요구서 (대법원 2016두 1240)

감사원은 정기적으로 일선 세무서와 국세청의 업무처리 내용에 대해 감사를 실시합니다. 감사결과로 잘못된 행정행위가 발견되면 감사결과 처분요구서를 국세청에 통보합니다.

○○○은 감사원 처분요구자료에 의해 세무조사 대상자로 선정되어 세무조사를 받게 되었습니다. 그런데 알고 보니 감사원의 처분요구자료가 이미 세무조사를 받은 내용이었습니다. 조사공무원에게 즉시 중복조사에 해당한다며 항의했지만 관할 세무서 조사공무원은 감사원의 처분요구에 의한 세무조사이니 어쩔 수 없다며 세무조사를 집행했습니다.

조사결과 세금이 부과되자 ○○○은 조세불복을 제기했고, 대법원은 ○○○의 손을 들어주었습니다. 대법원은 ○○○에 대한 감사원의 처분요구는 새로운 진술이나 자료를 기초로 한 것이 아닌, 이전 세무조사에서 이미 작성했거나 취득한 자료를 토대로 사실관계 인정 여부에 대한 판단 등만을 달리한 것으로 보고 재조사 허용사유의 하나로 규정하고 있는 각종 과세자료에 해당한다고 볼 수 없다고 판단했습니다. 이에 대법원은 ○○○에 대한 세무조사는 중복조사에 해당한다고 판결하고 조사를 중지시켰습니다.

> **1차 조사자료로 판단만 달리한 감사원 처분요구서**
>
> 감사결과 처분요구는 새로운 진술이나 자료를 기초로 한 것이 아니라 종전 세무조사에서 이미 작성하거나 취득한 자료를 토대로 하면서도 사실관계 인정여부에 대한 판단 등만을 달리한 것으로 재조사 허용사유의 하나로 규정하고 있는 각종과세자료에 해당한다고 볼 수는 없다.
>
> 대법원 2018.6.19거녹 2016두 1240판결)

사례 6
법인세 통합조사 후 주식 변동조사 실시한 경우 (대법원 2013두 6206)

○○○은 2000년 사업년도에 대해 2001년에 조사대상 세목을 '법인세외'로 정기 세무조사를 받았습니다. 그런데 관할 세무서에서 다시 2005년에 조사대상세목을 '법인세 등'으로 주식변동조사가 나왔습니다.

○○○은 자신에 대한 세무조사가 중복조사에 해당한다며 조세불복을 제기했습니다. 최종 대법원의 판결은 어떻게 내려졌을까요?

대법원은 ○○○에 대한 2005년도 주식변동조사는 동일 사업년도의 법인세에 대한 거듭된 세무조사로서 특별한 사정이 없는 한 구 국세기본법 제81조의 3 제2항에서 금지하는 재조사에 해당한다고 판결을 내렸습니다. 그에 앞서 이루어진 세무조사의 대상에 주식 변동 내역에 관한 부분이 제외되어 있었다고 해 달리 볼 수는 없으므로 이 사건의 법인세 부과처분은 위법하다고 납세자의 손을 들어 주었습니다.

법인세 부분조사후 통합조사를 실시하는 경우

어느 세목의 특정과세기간에 대하여 모든 항목에 걸쳐 세무조사를 한 경우는 물론 그 과세기간의 특정항목에 대하여만 법인세 부분조사를 실시한 과세기간에 대해, **이후 법인세 통합조사를 실시하는것은 중복조사에 해당**, 다만 부분조사가 조사범위 확대에 따라 이루어진 경우는 중복조사에 해당하지 않음.

(대법원 2014두 12062, 2015.02.26)

10. 정당한 사유 없는 세무조사 기간연장은 어떻게 하나요?

세무지식이 부족한 납세자는 세무서에서 세무조사 기간을 연장하겠다고 하면 크게 당황합니다. 이미 생업을 제쳐두고 세무조사에 시달려 왔는데 과세관청에서 기간을 더 연장한다고 하면 어떻게 해야 할까요? 여기 한 사례를 살펴보겠습니다.

> **사례**
> **금융거래 현지 확인을 위한 세무조사 기간연장은 부당 (국세청납보 2018-30)**
> ○○○은 일선 세무서 조사과에서 두 달이라는 기간 동안 정식 세무조사를 받아왔습니다. 그런데 세무조사관이 조사 기간을 연장하겠다고 통보를 해왔습니다. 이미 엄청난 스트레스에 시달리며 사업에도 지장을 받으며 세무조사에 시달려 왔는데 또 조사 기간을 연장한다고 하니 걱정이 이만저만이 아니었습니다.
> 고민 끝에 ○○○은 국세청 납세자보호위원회의 문을 두드렸습니다. 과연 국세청 납세자보호위원회는 어떤 결정을 내렸을까요?
> 국세청 납세자보호위원회는 ○○○이 세무조사 기간 중에 자료제출을 거부하거나 고의로 지연 제출 했다고 볼만한 사정이 없는 점, 조사청이 납세자의 소명 요구 외에 적극적으로 세무조사를 한 것으로 볼 수 없는 점, 현재까지의 조사 진행 상황으로 보아 금융거래 현지 확인의 필요성이 충분한 것으로 보이지 않는 점 등을 종합적으로 판단해볼 때 세무조사 기간을 연장할 정당한 사유가 없다고 결론을 내렸습니다.

사례에서 보듯이 과세관청이 무리하게 세무조사 기간연장을 시도할 경우 국세청 납보실을 통해서 권리가 침해되지 않도록 해야하겠습니다.

금융거래 현지확인을 위한 연장은 부당

이미 두 달여 기간 동안 정식의 세무조사를 받으면서 자료 제출을 거부하거나 고의로 지연제출 하였다고 볼만한 사정이 없는 점, 조사청이 납세자의 소명요구 외에 적극적으로 세무조사를 한 것으로 볼 수 없는 점. 현재까지의 조사 진행 상황으로 보아 금융거래 현지확인의 필요성이 충분한 것으로 보이지 않는 점 등을 종합해 볼 때 세무조사기간을 연장하여 계속 조사하여야 하는 정당한 사유가 있다고 보기 어렵다.

(국세청납보 2018-30)

11 세무조사인지 아닌지 헷갈려요!

납세자는 과세관청이 실시하는 여러 조사가 과연 세무조사인지 아닌지 헷갈릴 때가 많습니다. 어떤 사례의 경우에 세무조사로 판명될 수 있는지 그 사례들을 살펴보겠습니다.

> **사례 1**
> 현장 확인을 세무조사로 판단하는 경우 (대법원 2015두 58089)
> 납세자 입장에서 볼 때 그 명목이 세무조사인지 현장 확인인지에 따라 달리 취급되어야 할 이유가 없고 세무조사의 형식을 취하지 않았더라도 질문, 조사권이 행사되고 이를 통해 과세요건 사실을 조사·확인해 과세에 필요한 자료를 수집하는 일련의 행위가 이뤄졌다면 이는 세무조사 개념에 부합됩니다. 따라서 이 사안에 대해 또다시 세무조사를 할 수 없다고 판결 내려졌습니다.

현장확인을 세무조사로 판단하는 경우

납세자측면에서 볼 때 그 명목이 세무조사인지, 감사조치 (현장확인) 인지에 따라 달리 취급되어야 할 이유가 없고
(중략)
세무조사의 형식을 취하지 않았더라도 질문, 조사권이 행사되었고, 이를 통해 과세요건 사실을 조사.확인하고 과세에 필요한 자료를 수집하는 일련 행위가 이뤄졌다면 그 실질은 세무조사 개념에 부합하고 납세자에 관계에서 세무조사로 보아야 함.

(광주고법 2015누 5329, 대법원 2015두58089 확정판결)

사례 2
서면확인을 세무조사로 판단하는 경우 (서울고법 2017두 73570)
세무조사는 과세관청이 우편을 통해 증빙자료를 제출받는 것도 포함됩니다. 우편으로 납세자가 제출한 서면확인도 세금에 대한 실질적인 답변을 하고 규정에서 정한 해명안내절차를 하고 있으므로 세무조사에 해당한다고 볼 수 있습니다.

> **서면확인을 세무조사로 판단하는 경우**
>
> 세무조사는 과세관청이 우편을 통해 증빙자료를 제출받는 경우도 포함되는 것으로 해석되며,
> (중략)
> 서면확인이 상속세 및 증여세 사무처리규정에서 정한 단순한 해명안내에 그치는 것으로 보이지 않을 뿐만 아니라 실질적으로 원고로 하여금 질문에 대답하고 검사를 수인할 의무를 부담하도록 하고 있으므로 위 규정이 정한 해명 안내 절차에 따른 것이라고 하여 세무조사가 아니라고 할 수는 없음.
> (서울고법 2017두 73570)

 사례와 같이 현장확인이나 서면확인 등이 중복조사로 판단되는 경우 재조사로 인한 권리침해를 당하지 않도록 해야 하겠습니다.

세무조사 세무

발행일 : 2025년 1월
저 자 : 이봉구 (e-mail: bonggu60@empas.com)
　　　　 양동원 (e-mail: liang2@daum.net)
감 수 : 김진기, 이형춘, 이래현
발행인 : 구 재 이
발행처 : 한국세무사회
주 소 : 서울시 서초구 명달로 105(서초동)
등 록 : 1991.11.20. 제21-286호
TEL. 02-597-2941　　　FAX. 0508-118-1857
ISBN 979-11-5520-188-6　　부가기호 93320

저 자 와
협의하에
인지생략

〈이 책의 내용을 한국세무사회의 허락없이 무단복제 출판하는 것을 금합니다.〉
본서는 항상 그 완전성이 보장되는 것은 아니기 때문에 실제 적용할 경우에는
충분히 검토하시고 저자 또는 전문가와 상의하시기 바랍니다.

정가 7,000원